岡田啓介

開戦に抗し、終戦を実現させた海軍大将のリアリズム

山田邦紀

現代書館

岡田啓介＊目次

第三章　脱出 …… 82

第四章　海軍 …… 122

【岡田、松尾、迫水関係　二・二六事件系譜】

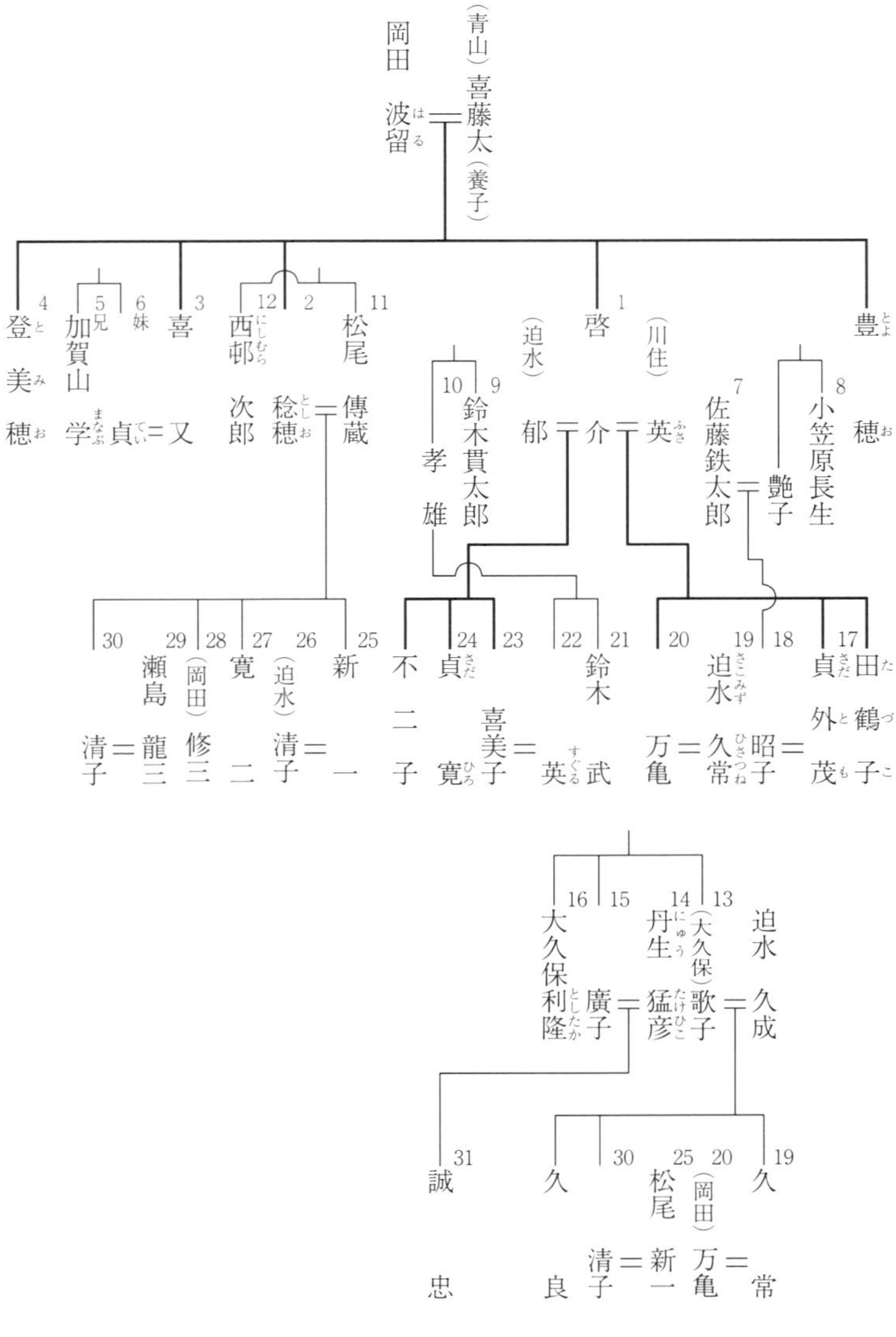

1 岡田 啓介 明治元年一月二十一日生 昭和八年一月二十一日後備役 昭和二十七年十月十七日歿 海兵15期

3 岡田 喜又 [1]啓介の弟 鉄道省局長[5]加賀山学《まなぶ》の妹[6]貞《てい》と結婚 [11]松尾傳蔵の三男[28]修三を養子とする

4 岡田登美穂《とみお》 [1]啓介末妹 離婚して大正十年頃岡田家へ戻り爾後岡田家の主婦、子女には母代わりとなる

7 佐藤鉄太郎 [17]岡田貞外茂に嫁した[18]昭子の父 戦術の大家 海軍中将 海兵14期

8 小笠原長生 子爵 小笠原壱岐守の嗣子 [7]佐藤鉄太郎に嫁した艶子の兄 艦隊派の右翼 海軍中将 海兵14期

9 鈴木貫太郎 二・二六事件当時侍従長 襲撃され重傷 終戦内閣の首相 海軍大将 海兵14期

10 鈴木 孝雄 [9]貫太郎の弟 陸軍大将 [23]岡田喜美子の夫[22]鈴木 英《すぐる》の父

11 松尾 傳蔵 退役陸軍大佐 [2]岡田稔穂《としお》の夫 [12]西邨《にしむら》次郎の実兄 陸士6期

13 迫水 歌子 [19]迫水久常の母 [15]丹生廣子・[16]大久保利隆の姉

14 丹生《にゅう》 猛彦 海軍大佐 艦長として座礁事故を起こし、責任を感じ周囲の慰留をおし切り辞表を出し予備役 海兵30期

16 大久保利隆 外務官僚 元アルゼンチン大使 岡田首相秘書官 [13]迫水歌子の弟

17 岡田貞外茂《さだとも》 [1]啓介長男 海軍大佐 昭和十九年十二月二十六日マニラで戦死 [18]佐藤昭子の夫 海兵55期

19 迫水 久常 大蔵官僚 戦後国会議員に出て経済企画庁長官、郵政相 [20]岡田万亀の夫 昭和五十三年歿

20 迫水 万亀 継母郁は[19]久常の叔母 従って久常とは血のつながらない従兄妹の関係

21 鈴木 武 [9]貫太郎の弟[10]孝雄の長男 拓務官僚 岡田首相秘書官

22 鈴木 英《すぐる》 [21]武の弟 海軍中佐 [23]岡田喜美子の夫 [17]岡田貞外茂と同期の海兵55期

24 岡田 貞寛《さだひろ》 [1]啓介二男 海軍主計少佐 二・二六事件のとき海軍経理学校三年生 海経25期

25 松尾 新一 [11]傳蔵長男 二・二六事件のとき山海関守備隊副官 陸軍大佐 陸士35期

26 松尾 清子 [19]迫水久常の妹 [25]松尾新一の妻

27 松尾 寛二 [11]傳蔵二男 本所で薬局開業 昭和二十年東京大空襲で歿

28 岡田 修三 [11]傳蔵三男 [3]岡田喜又の養子となる

30 瀬島 清子 [11]傳蔵長女 [29]瀬島龍三(陸軍中佐 陸士44期)に嫁す

31 丹生《にゅう》 誠忠《まさただ》 [14]丹生猛彦の長男 母[15]廣子は迫水久成の妻[13]歌子の妹 従って[19]迫水久常の従弟

(出典・岡田貞寛著『父と私の二・二六事件』光人社)

首相官邸（日本間）見取図

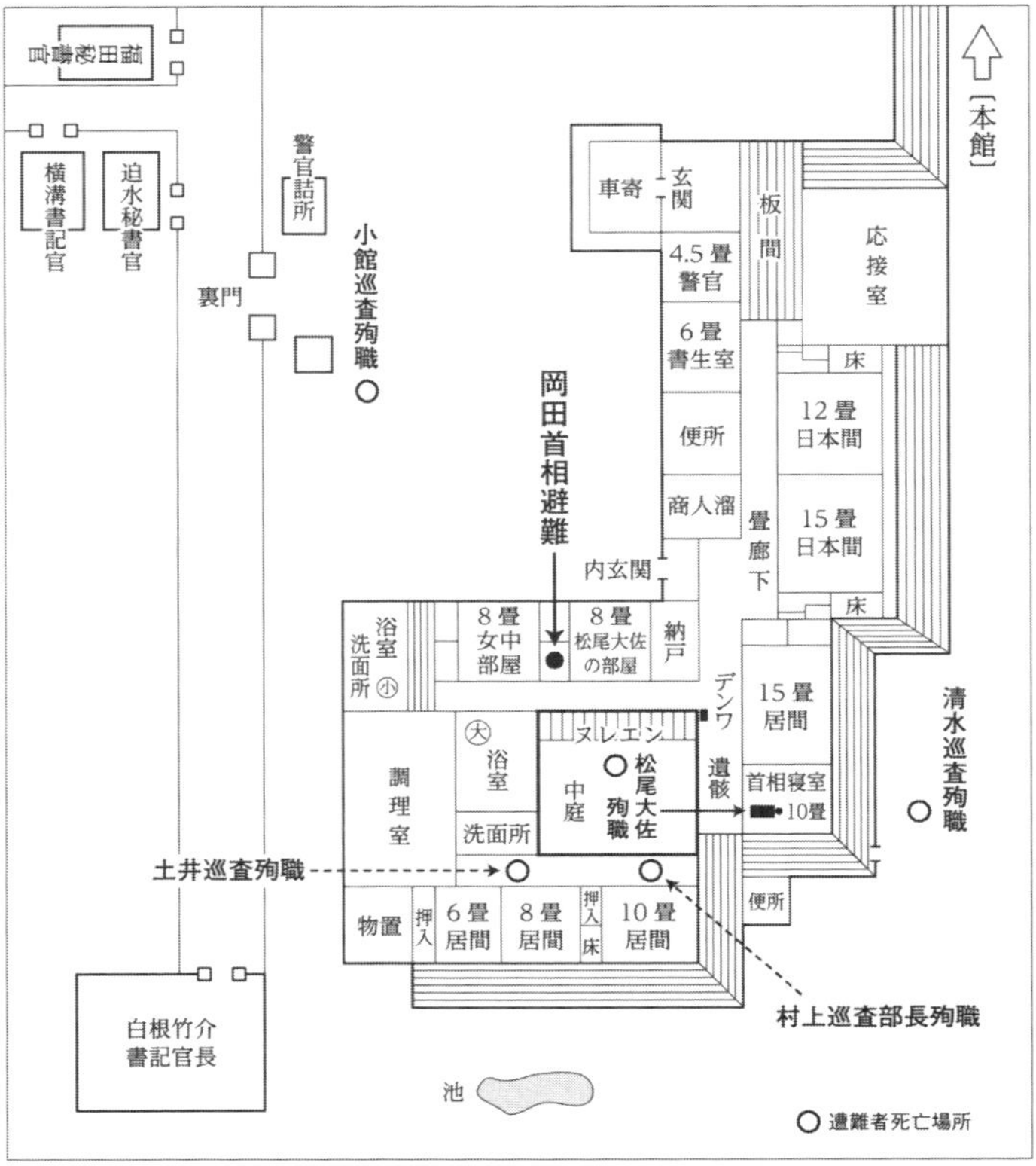

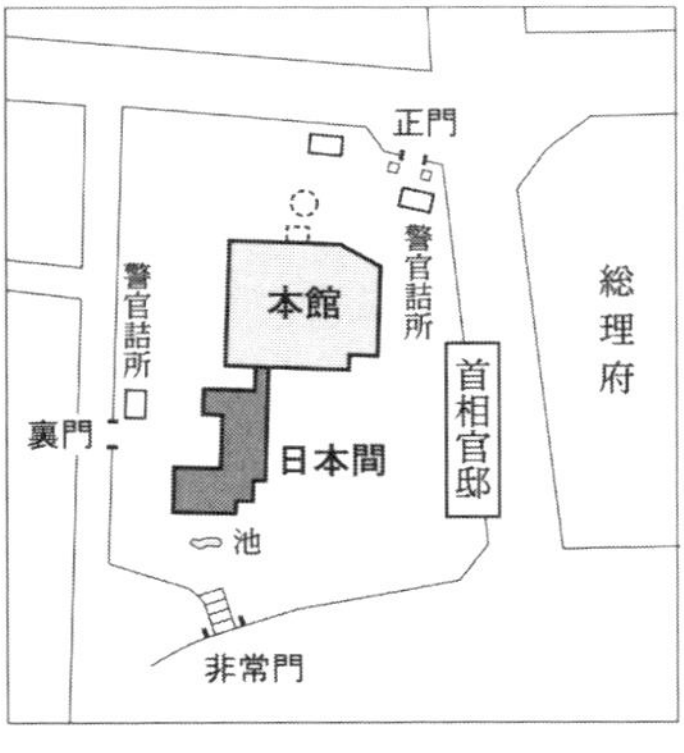

首相官邸位置図

まえがき

岡田啓介は福井県が生んだ最初の、もしかしたら最後になるかもしれない総理大臣である。もともと海軍の軍人だが、大物軍人にありがちな豪傑譚はほとんどない。日清・日露の戦いにも参加しているが、とくに華々しい軍歴もない。

しかし詳しくその経歴を辿ってみると、彼の人生は戦いの連続だといっていい。といっても戦争ではなく、軍縮・平和に向けての戦いである。

まず特筆されるのは昭和五（一九三〇）年のロンドン海軍軍縮会議での働きだ。海軍は条約推進派（後の条約派）と反対派（後の艦隊派）が対立、海軍はあわや分裂という事態になった。そこで岡田啓介は元老・西園寺公望や浜口雄幸首相の要請もあって海軍省・海軍軍令部・政府間を精力的に動き回り、軍縮条約調印に大きな役割を果たした。

この働きを認められて昭和九年に首相になったのだ

第 31 代内閣総理大臣（1934 年〜36 年）時代の岡田啓介

福井市駅前の東口広場にある岡田啓介（立像）と松尾伝蔵（胸像）の銅像

が、軍部（陸軍）の勢いはますます強まり、在満機構改革問題、天皇機関説問題などで一歩、また一歩と後退を余儀なくされ、必死の抵抗を試みたものの、ついに二・二六事件で内閣は瓦解する。

　同事件では周知のように海軍の先輩である斎藤実や蔵相・高橋是清らが兇弾に斃《たお》れ、また義弟の松尾伝蔵が身代わりになって死んでいる。奇跡的に暗殺を免れた岡田啓介は、「なぜおめおめと生き残ったのだ」などという心ない批判に甘んじた。岡田としてもむしろ生きているのが辛かっただろう。天皇や西園寺も岡田の切腹を心配した。

　しかし岡田は、いずれ国のために自分が死ぬべき時がくると思っていた。そして太平洋戦争が始まり、ミッドウェー海戦以降、ガダルカナル島からの撤退、インパール作戦の大失敗、マリアナ沖海戦の敗北などで日本の敗戦が必至になり、いよいよ存亡の危機に至った際、「ここでなんとしても東條内閣を倒さないといけない」と決心、若槻礼次郎や米内光政といった重臣（首相経験者）らとともに打倒東條の先頭に立ち、ついに東條英機内閣を総辞職に追い込んだ。この間の岡田啓介の働きはまるで鬼神のようだったとジャーナリストの有竹修二は書いている。

　東條と二人だけの息詰まるような対決場面は、そのハイライトといっていいだろう。あそこで辛うじて戦争を終わらせ「本土決戦」を避けることができたのは、もちろんさまざまな人の努力があったからだが、岡田啓介の果たした役割も決して小さくない。

その岡田啓介の孤独な戦いの全体像は、しかし十分に知られているとはいえない。戦前史の本や史料を見ても、岡田啓介はどちらかといえば脇役の扱いで、広田弘毅や鈴木貫太郎などに較べても話題になる機会は少ないようだ。

首相、陸軍大臣、参謀総長の三職を兼任し、史上空前の権限を一手に集中した東條英機を倒すべく奔走した岡田啓介という男はどんな人間だったのか、彼の考え・行動をもう一度見つめ直すことは、いまの時代においても、いや、いまのような日本の政治情況だからこそ、よりいっそう必要なのではないだろうか。

岡田啓介というユニークな人間がいたということを、一人でも多くの読者に知ってもらえれば、書き手として望外の幸せである。

第一章　襲撃

総選挙

岡田啓介総理の総務担当秘書官・福田耕《たがやす》が総理官邸裏門近くの官舎に戻ったのは昭和十一（一九三六）年二月二十六日水曜日の午前一時半だった。前夜は選挙の勝利祝賀会があり、大いに談じ、大いに飲んだため、ついつい〝午前様〟になったのだ。

衆議院が解散したのは同年一月二十一日。

この日は午前中に貴族院、午後からは衆議院において本会議が開かれ、衆議院では岡田首相の施政方針演説、広田弘毅外相の外交演説、さらに高橋是清蔵相の財政演説が終わった直後の三時十一分、政府は解散を断行した。白根竹介内閣書記官長が解散の詔書を浜田国松議長に伝達、浜田議長は「ただいま詔勅が下りました」と発言し、総員起立の中で「朕帝国憲法第七条ニ依リ衆議院議員ノ解散ヲ命ス」という天皇の詔勅を奉読した。四百二十七名の議員は「万歳」を唱和し各選挙区に散って行った。政府は同時に近衛文磨貴族院議長に貴族院停会の詔書を伝達し、ここに第六十八議会は終わった。

岡田総理が発表した衆議院の解散理由は次のとおり。

「政府は現下の重大なる時局に処するの途は一に挙国一致の協力に外なきを信じ、この方針の下に組閣以来当初声明せる政綱の実現に向って最善の努力をなし来ったのである。しかるに前二議会における審議経過に徴し、また最近の政情を察するに衆議院における実情は到底円滑なる国政の運用を期し難きものと認め、政府は厳粛公正なる選挙を行い明朗なる政情の下に所信を実現せんことを期し、ここに衆議院の解散を奏請した次第である」

岡田が解散を決意した直接の理由は野党の立憲政友会（鈴木喜三郎総裁）が岡田内閣の不信任案を提出したこと。

岡田内閣は前年（昭和十年）二月に起きた天皇機関説問題、そして国体明徴問題で窮地に追い込まれていた。詳しくは後述するが、「天皇機関説」（国家法人説）というのは貴族院議員でもある憲法学の大家・美濃部達吉の学説で、ざっくり言えば「国家を法人と見なし、天皇（君主）はその法人の最高機関である」こと、また「天皇（君主）の権力（主権）は無制限のものではなく、憲法の制約を受ける」ことを説く。これは明治時代からのいわば定説で、昭和天皇自身、これを認めていた。

ところがここに来て軍部や在郷軍人（退役軍人及び予備役）、それに右派の政治家などが天皇機関説を激しく排撃し始め、ついには美濃部を不敬罪で告訴する事態に発展、非難の矛先はや

昭和10年当時の岡田啓介首相（右）と迫水久常（左）、福田耕（中）両秘書官。迫水と福田の両秘書官は2・26事件の際、命をかけて岡田救出に努めた

がて岡田内閣にも向かい始めた。「政府としてどう対処するのか」と執拗に追及し出したのだ。

初めはのらりくらりとかわしていた岡田総理も徐々に追い詰められ、とうとう二度に亘る政府声明（国体明徴に関する声明）を出さざるを得なくなった。そのうえ、内閣は美濃部達吉の著書を発禁処分とした。これが国体明徴問題で、その結果、美濃部達吉自身も貴族院議員を退くことになった。

この流れを倒閣に利用しようと考えたのが立憲政友会の鈴木喜三郎総裁である。彼は、議会の多数派である立憲政友会に政権担当のお鉢が回ってこないのは元老・西園寺公望や「重臣（首相経験者）グループ」の意向によるものだとして以前より不満を抱いており、西園寺が推挙した岡田内閣にもまったく協力しなかった。それどころか、「いまがチャンス」とばかりに内閣不信任決議案を提出した。そこで岡田総理は、衆議院の任期満了が近づいていることでもあり、機先を制して解散に踏み切ったわけだ。

第十九回衆議院議員総選挙の投票日は二月二十日。その結果は意外なものだった。多数派だった政友会が惨敗（神奈川二区では総裁の鈴木喜三郎が落選）、代わって与党の民政党が第一党に躍り出た。

各政党の獲得議席数は以下のとおり。

民政	二〇五（七十九増）
政友	一七五（六十七減）
昭和	二〇（四減）
国同	一五（二減）

無産　二二
その他　三
中立　二六
計　四六六

国同は「国民同盟」（親軍部政党）のこと、また「昭和」は政友会から除名された議員たちが結成した政党・昭和会のこと。また「無産政党」は社会大衆党など労働者・農民など無産階級を代表する政党の総称で、この第十九回総選挙で大躍進した。河野密、安部磯雄、浅沼稲次郎、加藤勘十などはみんなトップ当選である。政党に属さない中立系候補の健闘も目立った。

政友会敗北の原因について、二月二十三日の『東京朝日新聞』はまず同党の政策が首尾一貫しなかったことを挙げ、さらにこう書いている。

「……政友会が選挙戦に当って特に旗印とした国体明徴問題は国民の関心をひかなかったと共に、所謂《いわゆる》美濃部問題以来政友会のとった国体明徴戦術はその動機に何等か不純なものを連想せしめ反感をのみ挑発していたことは所謂明徴派前代議士の多くが落選している事実からも想像できよう」

政友会が国体明徴問題を選挙の争点にしたのは、ただただ岡田内閣を倒したい一心からだったことを有権者に見透かされていたのである。

トップ当選

〝午前様〟となった福田耕もこの選挙で初めて福井で立候補（中立）、福井全県区でトップ当選した。福井全県区の定員は五人で、一位の福田耕以下、添田敬一郎、猪野毛利栄、斎藤直橘、熊谷五右衛門の順で当選した。当時は中選挙区制である。

福田耕は明治二十一（一八八八）年十二月、福井県今立郡片上村吉谷に生まれた。いまの鯖江市だ。十九歳のときにカナダに渡航、製材工場の作業員や社交場の従業員、ホテルのボーイなどを体験し、四年後に帰国。その後、京都・清和中学（現在の立命館大学附属中学）四学年に入学、卒業するとさらに金沢の第四高等学校（現在の金沢大学）に進む。そして大正六（一九一七）年には東京帝国大学法学部政治科に入学、卒業したのは大正十（一九二一）年。すでに三十三歳になっていた。

大学卒業後は東京市電気局に入り、道路局を経たあと大正十五（一九二六）年に日本無線電信株式会社に入社した。ＫＤＤ（国際電信電話）の前身である。昭和九（一九三四）年七月八日、岡田内閣の成立と同時に内閣総理大臣秘書官を拝命した。このとき四十六歳。

福田は東京帝大時代に「福井県法友クラブ」（東京帝大法学部の福井県出身者同窓会）設立に奔走、そのとき福井県出身の岡田啓介海軍中将、加藤寛治海軍中将（いずれも当時の肩書き。二人とものち大将）、山本条太郎（福井県出身の政治家・実業家）、松平慶民子爵（旧福井藩主・松平慶永の子。当時は宮内省式部長官）の四人に顧問就任を頼み、以来、岡田啓介とはことに親しくなった。岡田が福田耕を秘書官に抜擢したのはそういう縁からである。福田耕の父親は耕が十歳のときに死去しており、岡田総理とは血のつながりはないものの、福田にとって岡田は父親同然の存在だった。

その福田耕が最高点で当選、また与党の民政党も勝ったということで、二月二十五日の夜はまず首相官邸で身内だけのささやかな祝勝会が行われた。総理の岡田啓介以下、福田耕、迫水久常、松尾伝蔵の男四人、それに迫水夫人である岡田の娘・万亀《まき》、岡田の妹の登美穂《とみお》の計六人である。

のちに「革新官僚」の一人として知られることになる迫水久常は岡田総理の財務担当秘書官で、当時三十四歳。鹿児島県出身で、東京帝国大学卒業後大蔵省に入省、欧米駐在財務書記、甲府税務署長などを経て昭和九（一九三四）年、岡田首相書記官になった。迫水は岡田の娘婿ということになるが、岡田啓介の最初の妻・岡田英《ふさ》が三十一歳という若さで亡くなり、岡田は二年後、旧姓・迫水郁《いく》と再婚した。郁は迫水久常の叔母にあたる。だから迫水は若い頃から岡田を「叔父さん」と呼んでいた。岡田とは二重に縁があることになる。郁は昭和三年（一九二八）年に四十七歳で死去、以来、岡田はやもめ暮らしを続けていた。

松尾伝蔵は旧福井藩士・松尾新太郎の長男として明治五（一八七二）年八月十五日、福井市に生まれた。岡田啓介が明治元（一八六八）年一月二十一日生まれだから、松尾は岡田総理の四歳年下ということになる。旭小学校、福井中学校を経て陸軍士官学校（陸士）に入る。陸士六期で、同期の出世頭は南次郎大将だ。南はこの首相官邸での選挙祝賀会当時関東軍司令官である。松尾は明治二十八（一八九五）年陸軍歩兵少尉に任官、累進して大正六（一九一七）年陸軍歩兵大佐に。

その後、金沢連隊附、鯖江連隊附、宇都宮連隊長などを歴任、また日清・日露戦争、シベリア出兵

松尾伝蔵（左）と岡田啓介（右）

にも出征している。待命帰郷したのは大正十（一九二一）年。郷土の衆望を受け、福井市旭区教育会長を十四年間に亘って務め、大正十四（一九二五）年には福井市会議員に。

松尾の妻は岡田啓介の妹・稔穂《としお》で、松尾は岡田の義弟にあたる。義兄・岡田が総理に就任した昭和九年七月八日、内閣総理大臣秘書官嘱託を拝命。要するに私設秘書である。家族は「お父さん、そういうお仕事は若い人に任せたら」と反対したが松尾は聞き入れず、福井でのすべての公務（福井市会議員や在郷軍人分会長など十六の名誉職に就いていた）をなげうって上京した。なお松尾の長女・清子は瀬島龍三（陸軍中佐。陸士四十四期）に嫁している。瀬島は大本営作戦部長などを歴任、終戦時にソ連軍の捕虜となり十一年間のシベリア抑留生活を送った。戦後は伊藤忠商事会長、中曽根康弘元首相の顧問などを務めている。

松尾伝蔵については、岡田啓介自身こう述べている。

「松尾はわたしの妹の婿で、なんというか、非常に親切な男だった。その親切には、少しひとり決めのところがあって、わたしが静かにしていたいときでも、なにかと立ちまわって世話をやくというふうな性質だった。私が首相を引き受けたについて、これは義兄の一世一代の仕事だから、どうしても自分が出て行って、めんどうを見てやらねばならん、という気持ちで、総理大臣秘書を買って出たと思われる。陸軍大佐で当時六十一歳だった。どうしても、わたしのそばで役に立ちたいというものだから、『内閣嘱託』という辞令を出した。給料はたしか無給だった。それでも喜んで官邸に寝泊まりしていた」

（『岡田啓介回顧録』中央公論新社）

松尾は福田耕の選挙を手伝うため福田と二人で帰郷し、福田は投票の結果を見ないですぐ東京に戻っていたが、松尾は開票結果を確認（得票確定は二十二日）し、選挙活動の後始末を終えてからこの日、つまり二月二十五日夕方に官邸に帰ってきたばかりだった。朗らかな気性で、福井でも「どうだ、俺はだんだん総理に似てきただろう。最近はヒゲの刈りかたまで似せているんだ」などと周囲を笑わせていた。

官邸での祝賀会に参加した二人の女性のうち、迫水久常夫人である万亀については先に触れた。岡田の娘である。もう一人の岡田登美穂は岡田の末妹で、離婚して大正十年頃に岡田家に戻った。以降、岡田家の主婦として、また岡田家の子女たちには母代わりとして、兄・岡田啓介のために尽くしていた。

首相就任を祝う岡田家。右端は松尾伝蔵

火を吹く機関銃

身内だけのささやかな祝賀会では、松尾伝蔵が相変わらずにぎやかで、選挙運動中の失敗談などで座を盛り上げていた。福田耕と迫

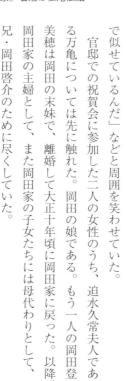

水久常は宴半ばで中座し、赤坂に向かった。別口の祝賀会があったからである。雪が激しく、電車が不通になる恐れもあったので、官邸での祝賀会は一応九時でお開きにし、登美穂と万亀は帰宅した。残った岡田と松尾は十一時までちびちびと飲んだ。

福田耕と迫水久常が出向いたのは赤坂の料亭だった。与党・民政党の勝利、そして何より福田耕のトップ当選を祝って、秘書官仲間の有末精三、小松光彦が一席設けてくれたのだ。二人とも陸軍軍人で陸相秘書官。正確にいうと有末が岡田内閣の前陸相・林銑十郎の、小松は林から途中でバトンタッチ（林銑十郎は相沢事件を受け昭和十年九月五日に辞任。詳しくは後述）した川島義之陸相の秘書官で、当時はともに少佐。有末精三は北海道出身で、イタリア大使館付武官、軍務課長、参謀本部第二部長などを歴任。のち中将。小松光彦は高知県出身で、ドイツ大使館付駐在武官などを経て、これまたのち中将。二人は陸士の同期（二十九期）で、仲がよかった（陸大は有末が三十六期、小松が三十八期）。うまい酒にすっかり酔った福田耕と迫水久常の二人は、午前一時半に官舎に戻るとすぐ寝についた。

福田が異変に気づいたのは朝の五時半頃である。間近で機関銃の音がする。麻布の第三連隊がときおり早朝から演習をやるので、それかとも思ったが、それにしては銃声が近い。総理官邸と麻布第三連隊は赤坂・溜池の谷間を挟んで向かい合っているので、静かな夜半などは号令の声などがよく聞こえるのだが、少し近すぎるのだ。

しばらくすると、また激しい銃声がした。「これは？」と思って窓から塀越しに総理官邸を見ると、官邸日本間の入口付近に雪明かりの中で大勢の兵隊が動いている姿が見える。総理官邸は執務室や閣議室、賓客のための大宴会場などがある部分を「表」、居間や寝室など総理の居住区を「日本間」といった。岡田総理が心配で、福田はすぐ洋服に着替えて官舎を飛び出した。すると三人の兵士が立ちふさがり、「出てはいかん」と銃剣を構える。「演習ですか?」と尋ねても兵士たちは無言で、さらに銃剣を福田の胸元に突きつけ、家の中に押し込んでしまった。福田は仕方なく二階に上がって外を見ると、白根竹介・書記官長官舎の前にはかなりの数の兵隊が屯《たむろ》しており、総理官邸の日本間入口の框《かまち》(サッシ)がひどく壊されているのが目に入った。

書記官長というのはいまの官房長官にあたる。白根竹介は山口県出身の内務官僚で、昭和八(一九三三)年に大阪で起きたゴー・ストップ事件(軍と警察の抗争事件)では兵庫県知事として軍・警察間の仲介役となり、事件解決に奔走したことで知られる。ついでに触れておくと、この日、白根竹介の娘(次女の美枝子と思われる)は雪の中、当時青山にあった女子学習院に登校している。官舎を出てから兵隊に銃剣を背中に突きつけられて歩いてきたという(榊原喜佐子著『徳川慶喜家の子ども部屋』草思社)。

大勢の兵隊が集まっている書記官長官舎、さらに入口の框がひどく壊されている総理官邸の様子を見た福田は、岡田総理の安否を気遣うあまり頭が真っ白になった。

「みんなやられた」の報に戦慄

「これでは岡田総理や松尾大佐はきっとやられてしまったにちがいないと、考えれば考えるほど身の置きどころもない。しばし思案に暮れて茫然自失、何の方法も浮かばない。

突然電話のベルが、けたたましく鳴る。おそるおそる受話器を耳にあてると、児玉拓務大臣からであった。高橋大蔵大臣・斎藤内大臣・鈴木貫太郎大将・渡辺教育総監・牧野伸顕伯・西園寺公・三井三菱の首脳者など、皆やられたとの話にさらに戦慄せざるをえなかった」

（福田耕著『栄枯論ずるに足らず』）

実際のところ、牧野伸顕は危うく難を逃れ、三井や三菱の首脳たちも無事だったのだが、そのときの福田にはわからない。岡田総理はいったいどうなったのか。焦燥の中、福田はとりあえず麹町憲兵分隊に電話をかけた。しかし宿直軍曹と内勤の伍長しかいないため、埒があかない。上司はまだ出てきていないという。

三度目の電話で、ようやく上司とおぼしき憲兵が電話口に出た。このとき電話を受けたのは麹町憲兵分隊班長の小坂慶助曹長だった。以下、小坂慶助の視点から書いてみる。

二月二十六日は小坂の三十六回目の誕生日だったが、長く、生涯忘れ得ぬ一日になった。

小坂は早朝五時一〇分、電話のベルで跳ね起きた。電話口に出ると、分隊の宿直軍曹からである。大変な慌てようで、「小坂班長ですか？　大事件が起こりました。すぐ出てきて下さい！」というなり電話は切れてしまった。瞬間、小坂は「やったな！」と直感、始発電車に飛び乗って分隊に急いだ。最寄りの目蒲線奥沢駅から電車に乗って目黒へ。幸い円タク（タクシー）が来たので拾い、「九段下の憲兵司令部へ急いでくれ！」と怒鳴るように行き先を告げた。ようやく着いたのが六時二〇分ごろ。司令部の玄関先には鉄兜姿の武装憲兵が四、五人、片手に拳銃を構えて立哨している。ものものしい警戒ぶりだ。小坂は転げるように麹町憲兵分隊の特高室に飛び込んだ。前年の七月まで憲兵司令部は大手町にあったが、同月、九段下の麹町区竹平町三番地の新しい庁舎に移転していた。同じビルに麹町憲兵分隊も同居している。

　分隊に着いてみると、各憲兵分隊から逐次報告が入ってきていた。高橋蔵相即死、斎藤内府即死、渡辺教育総監即死、鈴木侍従長瀕死の重傷、岡田総理の生死は連絡不能のためいまだ不明——恐るべき情報が次々に入ってくるのだ。重苦しい雰囲気の中、電話だけが狂ったようにひっきりなしに鳴り続ける。小坂の証言。


「『首相官邸の福田秘書官から電話です！』

当番の声に受話器を取った。

『モシモシ、麹町憲兵分隊です！』

『首相秘書官の福田ですが、憲兵を四、五名派遣して貰えないでしょうか』

哀願するように憔悴し切った声音である。岡田総理の生死を早く知りたいと思っていた矢先であったので、

『モシモシ、官邸からお電話ですか？』

『いや、秘書官官舎からです。官邸には兵隊がいて、入れて呉れません！　総理の安否も判らないので何とかして戴きたいのです！』

2・26事件の決起部隊

『そうですか！　憲兵を派遣するにしても、永田町一帯は、部隊に占拠されて近づくこともできないのです。目下のところ、方法が付きません！』

と電話を切った。草間伍長が、

『先程から、二回も電話を掛けてきているのです。これで三回目ですよ！』

『無理もないさ。総理の生死が判らないとすれば、秘書官としても、気が気でないよ。どうもお気の毒だが、今のところ仕方がない』

もう少し得心の行くまで説明してやれば良かった。むげに電話を切ったのが大変悪いことでもしたかのように思えてならなかった。

『また、福田さんから電話です』

随分しつこいとは思いながら電話器を取った。今度は先程とは全く違い語気も鋭く、始めから喧嘩腰である。

『兵隊を取締るのが憲兵ではないか！　直ぐに憲兵を派遣して総理の安否を確かめてほしい』

『現在の状態では不可能です！』

『軍人のやったことではないか！　一体これを誰が取締るんだ！』

怒りに声も慄え、送話器にでも齧《かじ》りつきそうな勢いでがなり立てる。正しいことをいっているのだが、今の場合どうにもならない。

『承知しました。出来うる限り、早く派遣するようにします！』

一時の気休めをいって電話を切ったが、まず派遣の見込みは全く立たなかった」

（小坂慶助著『特高　二・二六事件秘史』文藝春秋。以下『特高』と略記）

新選組、出動

小坂曹長に電話がつながる前、福田耕は司法大臣の小原直にも電話している。福田の本には書かれていないが、小原直はこんな当日の手記を残しているのだ。少し読みにくいが、原文のまま掲出する。小原は東京帝国大学法学部卒業後、千葉、東京各地裁検事などを経たあと東京地裁検事正、東京控訴院院長などを歴任、昭和九（一九三四）年司法大臣として岡田内閣に入閣した人物だ。

「一　午前六時十五分福田内閣秘書官電話
総理大臣官邸ハ軍隊ノ為ニ包囲セラレ内部ニ入ル能ハズ内部ノ様子全ク不明ナリ、何トカ軍隊ヲ撤退セシメル方法ナキヤ御考慮を乞フ
一　余直ニ後藤内務大臣ニ電話ヲ以テ右ノ次第ヲ報ズ、内務大臣曰ク軍ノ動キ居ル現時ノ状態ニ於テハ警察力ハ如何トモスル能ハズ兎ニ角御互ニ連絡ヲ取リテ刻々打合セラルコトトシ念ノ為各自居処ヲ変更セン」

（『小原直回顧録』）

あちこちに電話し、福田が懸命に岡田総理の安否を確認しようとしている姿がよくわかる。

一方、福田とともに午前一時半に赤坂の料亭から官舎に戻った迫水久常はどうしていたのか。二人の住む官舎は道路一本を隔てて隣同士である。

福田同様、迫水も前夜の選挙祝勝会の疲れでぐっすり眠り込んでいた。以下、迫水の著書『機関銃下の首相官邸』から引く。これまたきわめて生々しい当事者の記録である。

「ふと目がさめた。外がなんとなく騒がしい。この騒がしい気配で目がさめたのかもしれない。はっとして耳をすますと『ピーッ』という護衛の警官の吹く呼子の音が鋭くきこえ、続いて『パンパン』という銃声がきこえてくる。『とうとうきたか』ととびおき、窓をあけて官邸の方を見おろすと、昨夜からの雪はまだ激しく降りつづいており、その雪あかりのなかに裏門警備の警官たちが右往左往している。私は階下におりて、警視庁の特別警備隊に電話して事態を伝えた。先方のいうのには『ただいま、首相官邸の非常ベルが鳴ったので既に一個小隊出発しました。後続部隊はすぐに出発します』というので、かねての手配の通り、官邸詰の警官がちょっとの間防いでいるうち新選組がくるからと思い、二階に引きかえした。そのときまではまさか軍隊が襲撃してきているとは、まったく思わなかったのである。まもなく部隊の駆足の音が響いてきた。いよいよ新選組がきたかと期待しながらみていると、裏門前の警官が一人倒れるのがみえハッとした。そして他の警官がみな門内の詰所に逃げ込む光景がみられた。どうも不思議だなと思ってみているまもなくそこに現れたのは、剣付鉄砲をもった一隊の兵士である。私は、このとき、まだ軍隊の襲撃とは思わず、新選組よりも後援の軍隊のほうが早かったのかな、日本の軍隊はすばらしい機動力をもっていてたのもしいとさえ感じたことを覚えている」

迫水のいう新選組（新撰組とも表記する）というのは警視庁特別警備隊の別称、というか愛称である。その新選組、つまり警視庁特別警備隊が発足したのは昭和八（一九三三）年十月一日。当時は血盟団事件（昭和七年に起きた右翼団体によるテロ事件。浜口雄幸内閣の蔵相・井上準之助、三井合名会社理事長・団琢磨が相次いで暗殺された）や五・一五事件（昭和七年五月十五日に海軍青年将校らが起こしたクーデター未遂事件。犬養毅首相を暗殺）、それに神兵隊事件（昭和八年の右翼によるクーデター未遂事件。決行前日に発覚した）などの事件が続出したため、「非常突発ノ警察事故鎮圧ヲ目的トスル現場ノ警戒取締ヲ為スコト」「特別ナル警衛警戒現場ノ取締ヲ為スコト」「庁内警備ニ関スルコト」を任務として誕生した。四個中隊十二個小隊二十四個分隊で構成される。一個中隊の巡査は各七十人で、一個中隊は三個小隊をもって編成される。いまの機動隊の源流といっていいだろう。

当時、建設中だった国会議事堂に入る決起部隊

　二月二十六日早朝、その特別警備隊の非常ベルが鳴った。首相官邸では警護の警察官がボタンを押すと官邸内のすべての部屋で非常ベルが鳴り、同時に警視庁の特別警備隊でも鳴る仕組みになっていた。首相官邸内で非常ベルのボタンを押したのは私服の小館喜代松巡査（殉職）である。

　迫水が書いているとおり、警部補を長とする新選組の一個小隊は非常ベルを聞いてすぐさまトラック二台に分乗、サイレンの音も勇ましく警視庁を出発した。およそ二十五人ほどである。各隊員は拳銃を携行し、六尺棒を小脇に抱えての出動だった。当時の想定では、右翼や青年将校たちの襲撃があった場合、まず総理官邸内の護衛警官（約四十人）が一五分間ぐらい持ちこたえる。そのうちに新選組が駆けつけ、さらに二〇分後には麻布の連隊から軍部が出動するというものだった。

ところが総理官邸正門前あたりまでくると重機、軽機を備えた軍隊が陣地を構えており、さすがの新選組も近づけない。拳銃ではとうてい機関銃に対抗できないのだ。手も足も出ない新選組に対し「止まれ！」「下車しろ！」と命令したのは一つ星の新兵である。

全員下車した新選組の隊員たちに、この新兵はさらに「整列！　右向け右！」と号令をかけ、号令通り右を向くと次は「駆け足、前へ進め！」と号令をかけたため、新選組は仕方なくトラックを置いたまま駆け足で警視庁に帰っていった。あとで詳しく書くが、このときはすでに警視庁も決起軍に占拠され、新選組は帰るに帰れなかった。この経緯は、あまり名誉な話ではないからか、『警視庁史』にも書かれていない。

万事休す

迫水が官舎の二階から見ていると、兵士たちが裏門に近づき、号令のもと、あるいは門を乗り越え、あるいは塀を乗り越えて官邸内に殺到した。

銃剣が雪明かりの中でキラキラと光っている。そして激しい銃声が起こった。迫水はここでやっと軍隊が襲撃してきたことを理解したのである。

迫水たちも警察も、いずれ何か起きるとは予測し、防衛の手段を講じていたが、その規模は犬養毅首相暗殺の五・一五事件よりは大きいだろうが、まさか軍隊が部隊を組んで襲ってくるとはまったく考えていなかったのだ。

迫水は「大変な事態になった」と思いながら、とにかく官邸に入らなければと大急ぎで服を着替えて官舎の門を飛び出した。時間ははっきりとはわからないが、午前五時すぎだろう。

しかし官舎の門の前には数人の兵士たちがいて、たちまち着剣した銃を突きつけて迫水を官舎内に押し戻し、そのまま土足で家の中に踏み込んできた。そのため家族一同軟禁状態になってしまった。

仕方なく家の中にいると、撃ち合いらしい銃声が聞こえて来る。迫水は気が気ではなかった。

非常ベルと同時に駆け付けて来るはずの新選組も、また新選組の直後に来るはずの麻布連隊からの軍隊も来る気配がない。官邸護衛のわずかな数の警官ではどうにもならない。

迫水はどうしたものかと立ったり座ったりを繰り返していた。その時間はずいぶん長いような気がしたが、実際は三〇分ほどだ。

新選組は来ることは来たものの反乱軍に追い返されたのを、迫水はこの時点で知らない。また新選組の後に応援に駆け付けるはずの麻布の連隊（歩兵第三連隊）は反乱軍の主体だったので、来るはずはなかったのだ。このことも迫水は知らない。

家に入り込んでいた兵士たちは、やがて引き揚げたので、迫水は警視庁に電話をかけた。すると応対に出た男は「こちらは決起部隊だ」というではないか。これで警視庁も占領されたことがわかった。

迫水はさらに麴町の憲兵分隊にも電話してみたが、憲兵隊でももはや自分たちの手に負えないことを率直に答えた。

そして夜が明けかけたころ、官邸のほうから「万歳！」と叫ぶ声が聞こえてきた。とうとう岡田総理がやられてしまったのかと、迫水は全身の力が抜けた。やがて将校がやってきて、

「まことにお気の毒ですが、国家のためにお命をちょうだいしました」

という趣旨の挨拶をして帰って行った。

兵隊は若干の員数を残し、隊伍を整えて裏門から立ち去った。その隊列の最後に、官邸の守衛の一人が寝間着姿で連行されていくのが見えた。迫水は「万事休す」と思った。

虚脱状態になった迫水は、しばらくして気を取り直し、隣家の福田耕の官舎に入った。岡田総理殺害という目的を達した後なので、兵隊の警備もやや手薄になっていた。

対座した二人は首うなだれて言葉もない。涙も出なかった。「とうとうやってきたな」とつぶやき合うのが精一杯だった。しかし総理秘書官である二人にはまだ辛い仕事が残っている。とりあえず官邸に入って総理の遺骸を確認し、香華を手向ける必要がある。

二人は相談の結果、麴町憲兵分隊に電話、なんとか総理官邸に入れるよう斡旋と保護を依頼した。決起軍も、さすがに同じ陸軍の憲兵隊までは攻撃していなかった。憲兵隊の返事は「若干の憲兵が首相官邸に行っているので、それと連絡を取ってほしい」というものだった。そこで福田、迫水の二人は二階に陣取り、憲兵が出てくるのを待った。しかしいくら待っても憲兵が出てくる気配がない。

二人がジリジリしながら憲兵が出てくるのを待っている間に、このとき首相官邸になぜ決起軍に

とっては目の敵である憲兵がいたのか、急いで説明しておく。憲兵の存在が岡田首相の生死を分けたからだ。

周知のように憲兵というのは陸軍の軍事警察官。明治十四（一八八一）年三月に制定・公布された全文五十四カ条にわたる憲兵令（憲兵条例）の第一条には

「凡そ憲兵は、陸軍兵科の一部に位し、巡按検察の事を掌り、軍人の非違を視察し、行政警察・司法警察の事を兼ね、内務、海軍、司法の四省に兼隷して国内の安寧を掌る。その戦時、若くは事変の際における服務の方法は別に之を定む」

とあって、軍人の軍紀・風紀の取り締まり、それに国内の安寧の二つが憲兵の任務とされた。

二・二六事件の当日朝、首相官邸に入った憲兵は青柳利之軍曹とその部下である篠田惣寿、佐々木要喜、坂本日之出の各上等兵、それに警務班長・萩原弘司曹長で、計五人である。

憲兵司令部

二月二十六日の早朝五時すぎ、憲兵司令部構内の官舎に妻子とともに住んでいた青柳利之軍曹は、庁舎屋上に設置されている非常サイレンのけたたましい音で飛び起きた。非常呼集である。素早く身支度して官舎を出ると、雪が二〇センチほども降り積もっている。庁舎の裏階段を二段ずつ駆け上がり日直室に入ると、日直勤務の伍長から「ただいま、陸相官邸の斎藤伍長から、赤坂方面に銃声あり、

との連絡を受けました」との報告を受けた。いったん庁舎の四階屋上から近くの近歩（近衛歩兵）一、二連隊の様子を窺ったが、特に異常はない。すぐ日直室に戻ると、この間に陸軍省の警備班長加藤軍曹から「午前五時、総理大臣官邸方向に重機を含む激しい銃声あり、偵察兵を派遣せるも詳細不明」との電話連絡があり、加藤軍曹はさらにこう叫んだという。

「将校指揮の兵多数陸軍省西門に到着、守衛に開門を命じ、構内に侵入開始、軍装着剣、あっ、一隊が憲兵詰所のほうに向かい駆け足でやってくる、約二十名！」

それっきり電話は切れてしまった。

青柳軍曹は登庁してきた分隊長・森健太郎少佐の許可を取り、陸軍省方面偵察に向かった。同行したのは、さきほど名前を挙げた篠田惣寿、佐々木要喜、坂本日之出の三上等兵、及びたまたま来合わせた警務班長萩原弘司曹長で、増子上等兵の運転するフォードで出発した。

途中、特に異常はなかったが、三宅坂に差しかかったとき、不意に十数名の兵士が一斉に車の前に躍り出てきて「止まれ！」と大声で停車を命じた。兵士たちは完全武装しており、着剣した銃を構えている。青柳は下車して指揮官らしい歩一（第一師団歩兵第一連隊）の伍長に陸軍省へ連絡に行く旨を伝えたが、伍長は「合言葉は？」と繰り返すばかりでいっこうに要領を得ない。その頃は襟に兵科を示す色布と、連隊番号の数字をつけていたので、誰でも所属連隊がわかった。やがて下町のほうから五時半を告げるサイレンの音が聞こえた。これ以上は進めないと判断した青柳は、伍長にこう話しかけた。

「憲兵は帰るが、後で山口中隊長、栗原中尉、丹生中尉、池田少尉、誰でもいいから〝五時半頃に麹町の青柳憲兵軍曹が三宅坂まで来て引き返したが、非常に残念がっていた〟と伝えてくれ」

あたかもこれらの将校と待合せの約束があるように装ったのだ。

これが意外な効果があった。伍長は急に態度を改め、

「丹生中尉殿は自分たちの指揮官で、いま陸軍省にいます。すぐに伝令を走らせます」

というのだ。伝令を出されると嘘がばれると思い、青柳はこう返事した。

「やあ、それはありがたい。中尉どのが陸軍省におられるなら、伝令よりも案内兵をお願いしたい」

部下の四名の憲兵には赤坂坂上に車を回すように指示し、青柳は案内兵と一緒に陸軍省に走った。

2・26事件、決起将校の一人、丹生誠忠中尉

みちみち、さて丹生中尉に会ったらどの手で行こうかと考えているうち、陸軍省の西門に着いた。複数の歩哨が立っており、二梃の軽機関銃が据えられている。

と、前方から十人近くの兵とともに二人の将校が歩いてくる。いよいよ嘘がばれるかと肚を決めて近づくと、一人は運よく丹生中尉だった。青柳は丹生中尉とは懇意にしていた。昭和七（一九三二）年十月、群馬県下で行われた師団対抗演習の最中、小隊長だった丹生の部下が大きな事故を起こし、たまたま師団配属憲兵だった青柳が徹夜でこの件を処理してやったのである。爾来、二人はよく意見をたたかわせたり酒を酌み交わす間柄だった。

合言葉は「尊皇」「倒奸」

近づいてくる制服姿の憲兵を見て、丹生中尉は一瞬怪訝な表情をみせたが、すぐ青柳と気がついてこういった。

「よう、来たか。今日は制服か。俺はいま忙しい。栗原中尉が総理官邸にいるから先に行って待っていろ。詳しいことはそのときだ」

それから丹生は

「ここからこの近道をまっすぐ行けッ」

と道路を指差し、小声で

「途中で咎められたときの合言葉は〝尊皇〟〝討奸〟だ」

と教えてから、

「うまくやれよ」とつぶやくようにいった。

青柳は、丹生中尉が合言葉と近道を教えたところをみると自分を総理官邸に行かせたいのではないかと感じ、総理官邸に行く決心をした。ただし、最後の言葉の意味は青柳にはわからなかった。青柳は知らなかったのだが、丹生中尉は実は迫水久常の従兄弟であり、また岡田啓介とは親戚だった。陸士四十三期。栗原中尉とは無二の親友である。事件後、丹生は憲兵調書でこう述べている。

「私は（二・二六事件の）計画ならび徒党結盟には一切参与して居りませぬ。又実行の前日たる二月二十五日朝、栗原中尉から明朝決行する事を聞き、二十五日夜中隊長室に於て陸相官邸内で通過せしむべき人名表、惨殺すべき人名表を磯部（浅一）氏より写さしてもらひました。

決行の前夜迄、私に計画の内容を知らせなかったのは、私と岡田首相とは親戚（母の姉の配偶者と亡岡田首相夫人とは兄妹）の間柄であり、又秘書官大久保利隆は、叔父（母の弟）関係に当るので、秘密が漏れては不可と思って知らせなかったかも知れぬ」

大久保利隆はもともと外務官僚で、やはり岡田啓介総理の秘書官の一人。また丹生の母・廣子は迫水久常の母・歌子の妹（巻頭の人物表参照）。つまり丹生と迫水は従兄弟同士の間柄なのだ。

丹生が総理官邸襲撃に加わらなかったのは、栗原中尉がそのことを知っていたため、あえて外したのだろう。

2・26事件、決起将校の一人、栗原安秀中尉（中央のマント姿）

青柳は途中、二度ほど「尊皇！」と誰何《すいか》されたが、「討奸！」と答えて通過した。初めて使った合言葉はあまり気持ちのいいものではなかったと、のちに青柳は語っている。青柳は赤坂坂上で再び四名の部下と合流した。国会議事堂の裏手で警戒兵が憲兵の出現に驚き銃口をこちらに向けて詰め寄ってくる一幕があったものの、指揮官らしい曹長に丹生中尉との話を説明すると四人の案内兵をつけてくれ、青柳たちはようやく総理官邸中に入ることができた。

ここから先は青柳の著書『首相官邸の血しぶき』から直接引く。この本は青柳の死後刊行されたものので、青柳の遺著になった。

「……案内兵が官邸内に入ってから間もなく、一個分隊ほどの兵に守られた二人の将校が官邸の表玄関から正門に向かって進んできた。実に威風堂々たるものであった。二人は外套を着た長身の栗原中尉と、完全武装で白い襷を十字にかけた小柄の中尉であった。

その時の彼我の状況はといえば、向こうはますます士気旺盛なのに比べて、こちらは意気消沈哀れな姿であった。それは最初から嘘のでっち上げという引け目があり、そのうえ着剣した兵に囲まれていて圧迫感があるからであった。（中略）私たちが正門前の路上に整列していると、その前に一歩踏み出した栗原中尉は、私たちを物の数とも思わぬ威圧的な態度で、

『丹生中尉から指示があったそうであるが、ここは戦場である。作戦行動中に憲兵は不要。速やかに帰隊して次のことを隊長に伝えよ』

と前置きして、

『本日午前五時を期し、昭和維新を断行せり。歩一、歩三を主力とする蹶起部隊千五百名は君側の奸岡田首相、高橋蔵相、鈴木侍従長、斎藤内大臣を血祭りにあげたほか、牧野伸顕に対し天誅を加えたり。われらの部隊を尊皇義軍と呼び、総理大臣官邸を昭和維新発祥の地とする』

と申し渡してから『蹶起趣意書』と題する印刷物の一束を萩原曹長に手渡し、

『わかったか！』

と、とてつもない大声で念を押した。震え上がった一喝であった。

反乱軍司令官に必死の訴え

中尉たちはそのまま引き揚げて行ったが、私たちはすっかり度肝を抜かれてしまい、茫然としてその後ろ姿を見送っていた。

しかし、かくてはならじと気を取り直して追い縋り、

『中尉どの』と呼び止め、

『憲兵は命により帰りますが、戦場なればこそ、なおさら憲兵が必要です。人が死んだり器物の破損紛失などの渉外問題は憲兵が処置した方が、後々のためによいと思われます。二、三名残しては如何ですか』

と申し出た。

この咄嗟の申し出が、今後の私の運命を変えることになるのだが、何分にも恐怖が先に立って口の中はカラカラに乾き、喉がかすれて言葉にならず、えらく勇ましいものではなかった。

必死の申し出に一旦立ち止まった栗原中尉は恐ろしい顔をして振り返ったが、それよりも先に連れの中尉の方が腰の拳銃に手をかけて、

『うるさいぞ憲兵ッ、戦場で屁理屈が通ると思うか、貴様の指図は受けんわッ』

と後戻りしてきて、

『さっさと帰れ！』

と怒鳴った。私は浮き足立って、

『はいッ帰ります』

と答え、早々に退散しようとすると、栗原中尉がその中尉を制して、

『待てよ、渉外関係か。貴様にそれができるか。そうだ、憲兵は憲兵の仕事がある筈だ』

と頷き、

『彼奴は俺の知っている奴で、邪魔立てや裏切りはしない男だ』

とつぶやいてから、

『山田曹長、この憲兵をしばらくどこかへ監視を付けておけ、自由行動や外部との連絡は一切許さんぞ』

と吐き出すような口調で命じてから、連れの中尉を促してさっさと引き揚げて行った。

私はしばらく震えっ放しであった」

蹶起趣意書

栗原中尉と青柳はときどき会う関係であり、それで栗原中尉は「彼奴は俺の知っている奴で、邪魔立てや裏切りはしない男だ」といったのである。

栗原中尉のおかげで総理官邸に残れることになった五人のうち、萩原曹長は「蹶起趣意書」を携えて帰隊し、青柳以下の四人はひとまず正門前の警備警官詰所に入った。

萩原曹長の持ち帰った「蹶起趣意書」によって上司は初めて事件の全容を知り、応急対策を講じる

ことで憲兵隊としての面目も保てたという。
その「蹶起趣意書」の内容は次のとおりだ。

蹶起趣意書

謹んで惟《おもんみ》るに我神州たる所以《ゆえん》は、万世一神たる天皇陛下御統帥の下に、挙国一体生々化育を遂げ、終《つい》に八紘一宇《はっこういちう》を完ふするの国体に存す。此の国体の尊厳秀絶は天祖肇《ちょう》国神武建国より明治維新を経て益々体制を整え、今や方《まさ》に万方に向って開顕進展を遂ぐべきの秋《とき》なり。

然るに頃来《けいらい》遂に不逞凶悪の徒簇出《そうしゅつ》して私心我欲を恣《ほしいまま》にし、至尊絶対の尊厳を藐視《びょうし》僭上《せんじょう》之れ働き、万民の生々化育阻碍《そがい》して塗炭の痛苦に呻吟せしめ、随《よ》って外海外患日を逐《お》ふて激化す。

所謂《いわゆる》元老重臣軍閥官僚政党等は此の国体破壊の元凶なり。倫敦《ロンドン》海軍条約並に教育総監更迭に於ける統帥権干犯《かんぱん》、至尊兵馬大権の僭窃《せんせつ》を図りたる三月事件或は学匪共匪大逆教団等利害相結《むすん》で陰謀至らざるなき等は最も著しき事例にして、其の滔天《とうてん》の罪悪は流血憤怒真に譬へ難き所なり。中岡、佐郷屋、血盟団の先駆捨身、五・一五事件の噴騰、相沢中佐の閃発《せんぱつ》となる、寔《まこと》に故なきに非ず。而も幾度か頸血《けいけつ》を濺来《そそぎきた》って今尚些《いささか》も懺悔反省なく、然も依然として私権自欲に居って苟《こう》且偸安《しょとうあん》を事とせり。露支英米との間一触即発宗祖遺垂《いすい》の此の神州を一擲破滅に堕《おとしい》らしむるは火を睹《み》るよりも明かなり。

内外真に重大危急、今にして国体破壊の不義不臣を誅戮《ちゅうりく》して稜威《みいづ》を庶《さえぎ》り御維新を阻止し来れる奸賊を芟除《せんじょ》するに非ずんば皇謨《こうぼ》を一空せん。恰も第一師団出動の大命渙発《かんぱつ》せられ、年来後維新翼賛を誓ひ殉国捨身の奉公を期し来たりし帝都衛戍《えいじゅ》の我等同志は、将《まさ》に万里征途に上らんとして而も顧みて内の世状に憂心転々《うたた》禁ずる能はず。君側の奸臣軍賊を斬除して、彼《か》の中枢を粉砕するは我等の任として能《よ》く為すべし。臣子たり股肱《ここう》たるの絶対道を今にして尽さざれば、破滅沈淪《ちんりん》を翻へすに由なし。

茲《ここ》に同憂同志機を一にして蹶起し、奸賊を誅滅《ちゅうめつ》して大義を正し、国体の擁護開顕に肝脳を竭《つく》し、以て神州赤子の微衷《びちゅう》を献ぜんとす。

皇祖高宗の神霊　冀《こいねがわ》くば照覧冥助《めいじょ》を垂れ給はんことを。

昭和十一年二月二十六日

陸軍歩兵大尉　野中四郎

外同志一同

この「蹶起趣意書」は野中四郎が四日前の二月二十二日に原文を書き、二十四日に東京・中野の北一輝宅で村中孝次が筆を入れたとされる。巻紙に毛筆で書かれていた。西田税《みつぐ》も同席していたという。野中四郎大尉は警視庁襲撃の指導者で、事件四日後の二月二十九日、反乱の責任を取って陸相官邸で拳銃自殺した。享年三十三歳。北一輝（本名・輝次郎）は新潟・佐渡出身の国家社会主義者だが、大正八（一九一九）年、上海で書いた『日本改造法案大綱』は右翼や青年将校に大きな影響を与え、二・二六事件では「首魁」とされて翌昭和十二（一九三七）年八月十九日に処刑された。五十四歳。

村中孝次は元陸軍大尉で、二・二六事件の首謀者の一人として同日処刑。三十四歳。また同席していた西田税は元陸軍大尉で、北一輝とは親交があった。北や村中と同じ八月十九日に処刑された。三十六歳。

それにしても、この「蹶起趣意書」の難解な文章を、野中や村中ら三十代前半の軍人が書けるものなのか、少なからず疑問に思う。やはり北一輝が大幅に書き直したのであろう。

ようやく官邸に入る

さて官舎の二階から今か今かと総理官邸から憲兵が出てくるのを見張っていた福田耕、迫水久常の二人は、やがて一人の憲兵が西門（裏門）から出てくるのを認めた。赤い腕章をしているのですぐわかる。

二人は〝やれうれしや〟と官舎の門に出て憲兵を呼び止めて官邸内の様子を聞くと「岡田総理は殺されました」との返事。覚悟はしていたものの、やはり二人の秘書官の落胆は大きい。麴町憲兵分隊との電話での交渉のことを話し、「なんとか遺骸だけでも見られるように取りはからってほしい」と頼み込んだ。憲兵は承諾して日本間入口の衛兵の所に行き、指揮官に話してくれるよう頼んでくれた。またその憲兵は「あなたたちの方からも官邸占領の指揮官に電話で交渉してください。電話は通じています。指揮官は栗原中尉です」というので、福田と迫水の二人は官舎から電話で反乱軍と交渉した。

先に書いたとおり、この日の午前中に総理官邸にいた憲兵は五人。断定はできないが、このとき出てきた憲兵は時間的に見ておそらく「蹶起趣意書」を持って帰隊しようとした萩原曹長だろう。

ここから先は、福田耕と迫水久常の書き残している内容が少し違う。より詳しく書かれている迫水の著書に従って事態の推移を追ってみる。

交渉の結果、指揮官である第一歩兵連隊の栗原安秀中尉からようやく「秘書官二人に限り遺骸の検分を許す。案内者を差し向けるから、その指示に従うように」との許可がおりた。

二人は、「岡田の名をはずかしめないよう落ち着いて事後の処理をしよう」と話し合い、ありあわせの香炉と花立てを用意し、案内者の来るのを待った。やがて一人の一等兵がやってきて「隊長の命によってご案内に参りました」という。二人はその兵士に従って官舎を出た。一等兵は鉛筆書きの「通行証」と書かれた栗原中尉の名刺を持ってきていた。

官舎を出るとき、迫水は不思議な体験をする。

こんな状況だから自分の身にも何が起きるかわからないので、妻の万亀に「もし一時間たっても私が帰らなければ、何か異変があった場合だから、その時は病気のお母さんと子どもをよろしく頼む」というと、万亀は「ご心配はいりません。必ずお引き受けします。だけどお父さんはきっと生きていらっしゃいますよ」というのだ。

迫水は驚いた。父親である岡田総理の死を受け入れられず、神経に変調を来したのかと思ったのだ。だが万亀の表情を見ると、落ち着き払っている。迫水は、自分もそう信じたいが、とても不可能だろうと思いながら、「そうだな、生きていてくだされぱいいが」と答え、官舎を出た。

官舎から総理官邸の裏門までは、広い道路を挟んで約三十メートルある。その間には兵隊が雪の中で寒そうに立っていたが、その顔は何となく不安気で、殺気立った様子はあまり見えなかった。二人は案内に立った一等兵に話しかけた。よく見ると、その一等兵の服には血痕があちこちについている。彼は得意気に襲撃の模様を話した。「時は元禄十五年、卍巴《まんじともえ》と降る雪のなか、赤穂浪士、吉良邸討ち入りの段でござんしたよ」などというのだ。あとでわかったが、この坪井敬治という一等兵は江東の元・浪曲師だったのだそうだ。彼の名前はまたあとで出てくる。

官邸裏門前には機関銃が据え付けられていた。迫水と福田は、襲って来たのが数百人の大部隊で、機関銃で総理官邸を射撃したという事実を確認した。

二人は、この大部隊による襲撃では、かねて準備していた防衛手配では手も足も出なかったのは当たり前だと思うと、いいようのない無念さに胸が締め付けられるような気持で裏門に着いた。平素なら警衛の警察官の敬礼を受けながら胸を張って通る門を、今日は小腰を屈め一等兵の後について入る。さらに無念が増してくる。

玄関を通って屋内に入ると、平素は整然としている客室内は軍靴に踏み荒らされ、器物が散乱し、警備の警官のものと思われる拳銃さえ落ちている。そして廊下の所々に兵隊がいて、二人をじろじろとにらむように見守っている。なかには新兵らしい、まだ幼さが残る顔つきの兵士が血走った目をして混じっている。

二人は待ち受けていた一人の中尉と数人の剣付き鉄砲の兵士に取り囲まれるようにして奥に進んだ。どの部屋も無惨に散乱している。手洗所のタイルに血痕が付いている。さらに進んで総理が平素居間にしていた部屋に入ると、いつも壁間に掛けてあった総理の写真が畳の上に放り出されている。見ると、ちょうど顔のところに銃弾が当たったものか、写真の額に多くのヒビが入っていた。

遺体は別人！

待ち受けていた中尉というのは対馬勝雄中尉か竹島継夫中尉だと思われる。岡田の『回顧録』では栗原中尉だとしているが、当事者の迫水は栗原とは書いていない。また迫水は少しあとで、「岡田の私邸に行くので安全に警戒線外に出られるようはかってほしい」との要望を伝えるため栗原に会っている（後述）。栗原とはそのときが初対面だった。迫水の描写した「総理の写真」については、またあとで説明する。いよいよ一つのクライマックスに差しかかった迫水の文章はこう続く。

「中尉が、隣の部屋を指さして、どうぞといった。そこは首相が平素寝室として私用している部屋である。室内には首相の使用していたふとんの上に人が横たえられている気配である。掛けぶとんが顔の上までかけてあって顔はみえない。『ああ、やっぱりだめだったか』と、覚悟していたつもりだったが、やはり限りない悲しみに沈みながら、その部屋にはいろうとした。そのとき、一人の兵隊が私の耳もとでささやいた。『死骸をみてもお驚きになりませんように』。見ると憲兵の腕章をつけていた。私は死骸がよほどひどく傷つけられているのだなと思いながら、福田秘書官に続いて部屋にはいっていった。あとから考えてもこのときなぜそうしたのか自分でも判らないが、二人が部屋にはいると同時に、私は無意識に後ろについてきた兵士たちを次の部屋に残して襖をしめてしまったのである。したがって部屋のなかには私と福田秘書官の二人だけになってしまう形になった。あとにのこされた兵士たちはなにもいわずにそのまま次の部屋でまっていたのである。

さて、私たちはおもむろに遺体の前で礼拝し、顔までかかっていたふとんをもち上げてみた瞬間、はっと驚いて息をのんだ。思わずアッと小さな声を立てたかもしれない。岡田首相の遺体だとばかり思っていたのがなんと現実の死体は岡田首相ではなく、前夜福井から帰って官邸に寝ていた首相の義弟、松尾伝蔵陸軍大佐(岡田首相の妹の夫。その長男松尾新一大佐の妻は私の妹である)の遺骸である。私は一瞬わが目を疑ったが、やはり松尾大佐である」(前掲『機関銃下の首相官邸』)

迫水は咄嗟に小さく「あっ」と叫んだ。年長の福田は思わず右手でこれを制した。岡田総理の死体ではないなら、いったい総理はどこにいるのか。

さきほど二人に「死骸をみてもお驚きになりませんように」とささやいた憲兵は青柳利之である。青柳は福田と迫水が来る前に遺体を見ている。寝室に無造作に放り出してある遺体の前にひざまずき、「閣下」とつぶやいて手を合わせた最初の人間である。そのときは、それが岡田総理ではなく松尾大佐の遺骸だとはまったく気がつかなかった。岡田の顔を知らなかったからだ。むごたらしく殺された遺体を前に、せめてもと布団を顔にかけたのも青柳だった。

岡田総理はどこに?

岡田総理ではなく松尾大佐だとわかったとき、幸いなことに部屋の中には福田と迫水の二人しかいなかった。二人はお互いの耳に口を寄せ合って、ともかくこの松尾大佐の死骸を岡田総理であることにして押し通すことに決めた。誰かに見破られないよう、布団を引っ張って顔の上までかぶせた。そうすると足が少しはみ出す。松尾大佐のほうが岡田総理より約一〇センチ背が高いのだ。二人はもう涙も出ないのだが、わざとハンカチで目元を押えながら部屋を出ると、付き添ってきた中尉が
「岡田閣下のご遺骸に相違ありませんね?」
と聞く。二人が
「それに相違ありません」
と答えると中尉は威儀を正してこういった。
「まことにご立派なご最期でした。天皇陛下万歳を唱えられ、武人としての面目躍如たるものがありました。心から敬意を表します」
とりあえず中尉はごまかしたが、それにしても気になるのは岡田総理の安否である。しかしいまの二人には確認の手段がない。このとき二人は岡田総理の身の回りの世話をしているサク、キヌエという二人の女中がいるはずだと思い至った。中尉に「会わせてほしい」と頼んでみたら、案外たやすく許可してくれた。

女中部屋は台所に近い八畳間だが、部屋に入った迫水と福田両秘書官は異様な空気にはっとした。というのも、入口の襖を開けると、すぐ右手にある一間の押入れの前に二人の女中が一枚ずつの襖を守るかのように背中を当てて座っており、緊張しきった表情でこちらを睨んでいたからだ。二人の女中の様子は、まず普通ではない。
迫水は咄嗟に「総理はこの中にいるのではないか」と思った。しかし秘書官たちの後ろでは兵士た

ちがじっと監視しているので、うかつにものはいえない。まず迫水が「ケガはなかったか？」と聞いた。すると女中の一人が小さな声で「はい、おケガはございません」というではないか。自分たちのことに「お」をつけるはずがない。この言葉で迫水は「これはたしかに総理が無事でこの中にいるのだな」と確信した。飛び立つような思いだった。

そうとわかれば長居は無用である。迫水は「あとで迎えにくるからしっかりしていてくれ」と女中に言葉をかけ、福田秘書官を残して足早にその場を立ち去ると、ついてきた兵士たちも続いて広間のほうに移動した。

注意をそらすために、迫水はわざと大きな声で、ついてきた兵士に話しかけた。その一分ほどの間に、福田秘書官は岡田総理が押入れの中にいることを女中に確認し、必ず救い出すからといいおいて後に続いた。

それにしても岡田首相はどうして女中部屋に隠れることになったのか、ここからは官邸内の出来事を詳しく追って行く。

第二章　総理官邸

非常呼集

歩兵第一連隊（麻布）の栗原安秀中尉（機関銃隊の隊付将校）が約三百名の機関銃隊に非常呼集をかけたのは二月二十六日の午前三時半頃だった。非常呼集のラッパは鳴らさなかった。栗原は佐賀県出身で陸士四十一期。

消灯のまま、兵士たちは普段の訓練通りすばやくゲートル（脚絆）を巻き、剣を帯びて雑嚢と水筒を吊り、最後に銃を手にして身支度を整えた。廊下に並んだところで編成が下達され、続いて実包、食糧が支給された。準備が済んだあとはしばらく休憩になり、午前四時半になって雪の降り積もった営庭に集合。寒いため全員外套着用である。その場で「弾込め」をし、いよいよ出発となった。

実は約二週間前の二月十一日（紀元節）にも同じように非常呼集がかけられ、機関銃隊は装備を整えて宮城まで行進した。途中、総理官邸を駆け足で一周している。宮城参拝後は自由行動だった。これは明らかに〝本番〟のための予行演習で、実弾は持たなかった。しかし今回は各自に実弾が渡されたため、中には不審に思った兵士もいたが、多くは「今日は実弾演習か」と深刻には考えなかったようだ。

整列した兵士を前に、白布を巻いた軍刀を落とし差しにした栗原安秀中尉が指揮台に立ち、兵士たちの見知らぬ将校を紹介した。

「ここにおる方々は上官である。よって教官と思って命に従い行動せよ」

紹介されたのは村中孝次元大尉、磯部浅一元一等主計（両名は昭和十年八月に免官）、それに渋川善助ほか二名で、全員軍服を着用、その上から将校マントを着ていた。栗原中尉はおもむろに「蹶起趣意書」を読み上げ、さらに凛々と響く声で訓示を与えた。栗原は

「昭和維新のため、ただいまより出て行く。目標は首相官邸！」

と号令をかけ、また「尊皇」「斬奸」という合言葉を定めた旨を下達した。前に紹介した憲兵・青柳利之の本では「尊皇」「討奸」となっていた。どちらが正しいのかわからないが、ここは一応「憲兵調書」に書かれた通りにしておく。

都内要所を占領する決起部隊

歩兵第一連隊では第十一中隊も同日午前三時に中隊長代理の丹生誠忠中尉が部下およそ一七〇名に非常呼集を命じ、四時に全員を営庭に整列させて「蹶起趣意書」を読み上げ、同四時半、陸軍省襲撃のため出発した。

また歩一（歩兵第一連隊）と道路を隔てて向かい合っている歩三（歩兵第三連隊）の警視庁襲撃部隊も同時刻に出発している。こちらの指揮者は野中四郎大尉。

これらの各襲撃部隊は歩一の営門前で整列、歩三の警視庁襲撃部隊

を先頭に、次は栗原中尉の率いる機関銃隊、さらに丹生中尉の指揮する歩一の第十一中隊という順に出発した。師団長官舎前、氷川神社前、赤坂福吉町、溜池電車通を経て総理官邸に向かったのだが、歩三の警視庁襲撃隊だけは溜池で分かれた。栗原部隊と丹生部隊は総理官邸前まで共に前進し、栗原部隊が総理官邸を襲撃し始めるのを確認して丹生中尉以下の第十一中隊は陸軍省に向かった。歩三の警視庁襲撃や丹生中尉率いる第十一中隊の陸軍省襲撃、さらに他の部隊による斎藤実内大臣私邸襲撃、高橋是清大蔵大臣私邸襲撃、鈴木貫太郎侍従長官邸襲撃、渡辺錠太郎教育総監私邸襲撃などについては後述する。

総理官邸を襲撃した際の人員と兵器については、栗原中尉に従った林八郎少尉がのち憲兵隊の訊問調書（憲兵調書）でこう語っている。

「中隊下士官には、平素より昭和維新に付て充分教育してありました。直ちに下士官は兵を起し武装をさせました。服装は軍装にて背嚢を除き、重機関銃九銃に実包銃身六銃、空包銃身三銃、軽機関銃四銃、拳銃は所持数全部、消防用鉞《まさかり》、椅子を携行せしめました。

兵員二百八十名を小銃三小隊及機関銃一小隊に編成し、中隊長栗原中尉は第一小隊長を兼ね、第二小隊長は池田（俊彦）少尉、第三小隊長は林、機関銃小隊は尾島（健次郎）曹長が指揮をとりました」

重機関銃の実包は二千数百発、小銃（百数十梃）の実包は一万数千発である。

官邸襲撃開始

これらの弾薬はどうやって調達されたのか。

弾薬庫から弾薬を出させたのは栗原中尉である。

前日の二月二十五日夕刻、栗原は銃隊弾薬庫などから拳銃、機関銃実包を取り出し、午後八時、林少尉と他の中隊から軽機関銃六梃を借りた。さらに午後十時頃、栗原中尉は連隊本部に行き、連隊の兵器係である石堂信久曹長に「弾薬庫の鍵を持ってちょっと俺と一緒にこい」と命じ、銃隊将校室に連れ込んだ。それから林少尉とともに拳銃を出して石堂曹長に突きつけ、弾薬庫を開けるよう命令した。仕方なく石堂曹長が承諾したので、栗原中尉は林八郎少尉に命じて栗田伍長以下二十四、五名をつけて石堂曹長とともに弾薬庫に行かせ、機関銃、拳銃、小銃の実包を弾薬庫から搬出、銃隊兵器庫に移した。連隊弾薬庫から出させた弾薬の一部は陸軍省に向かう丹生誠忠中尉、高橋是清蔵相私邸に向かう近歩三（近衛歩兵第三連隊）の中橋基明中尉にも渡された。栗原中尉は石堂曹長を襲撃部隊が出発するまで将校室に監禁している。

また同襲撃隊には豊教（豊橋陸軍教導学校＝下士官養成学校）の対馬勝雄中尉、同じく竹島継夫中尉も加わっている。さらに見習下士官、見習医官などを加えると総勢約三百名となる。

午前五時少し前に総理官邸に到着した襲撃軍は、直ちに官邸の三つの出入口、すなわち正門、裏門（西門）、そして非常門に兵を置き、完全に包囲した。正門は栗原中尉の指揮する主力部隊百数十名が、裏門は林少尉の率いる一小隊約六十名が、そして非常門は栗田良作伍長の率いる約二十名がそれぞれ担当、すぐさま着剣が号令され、一斉に襲撃を開始した。各門の外には警備隊員を待機させて内部の者の逃亡に備えた。この間の動きについて、非常門の持ち場についた栗田良作伍長がこう書いている。

「私は第一小隊第一分隊長だが小隊長栗原中尉が中隊全般を指揮する関係で第一小隊長をも兼務した。この編成はすでに（二月）十一日に作られていたので掌握は簡単だった。

参考までに示すと第一小隊は訓練上の第一教練班をそのまま小隊としたもので更に分割した三つの班を各分隊に置換え兵力は約六十名である。

以下編成の内容は、第二小隊（小隊長池田少尉以下三コ分隊）、第三小隊（小隊長林少尉以下三コ分隊）、機関銃小隊（小隊長尾島曹長以下九コ分隊）で銃隊総兵力は約二八〇名であった。なお残留は二十名でこれは勤務要員と練兵休である。

営門を出て進む道はやはりあの日と同じであった。路面が凍りついて軍靴が滑りやすく慎重に歩行する。約三〇分で隊列は止まった。そしてたちまち各分隊が散開し持場についた。

目の前にある首相官邸はひっそりと静まりかえっている。

そして〇五・〇〇を期して襲撃が開始された。

私は第一分隊を指揮して非常門から入り散兵線を構成した。当隊に与えられた任務は屋内から飛出してくる者並びに抵抗する者を捕らえること、ただし別命あるまで発砲はしないというものであった。

栗原中尉は第一小隊の主力と第二小隊を指揮して正門から玄関へ、第三小隊は正門から進入し右に廻って日本間を襲撃するべく行動に移った。

私達は伏せをして事態の成行きを見守っていると間もなく日本間の方からボコッボコッという音が聞こえてきた。屋内で発砲される銃声はそのように聞えるのだ。遂に銃撃戦が始まったのである」

激しい銃撃戦

栗田伍長が書いているのは『新編埼玉県史』の別冊『二・二六事件と郷土兵』である。決起軍として動員された下士官、兵士は総数千五百余名にのぼるが、そのうちの過半数が埼玉県から入隊した兵隊で、二・二六事件と埼玉県は深い関係にある。埼玉県が県史の別冊として上下二冊のこの本を作ったのはそのためだ。

主力部隊を指揮する栗原中尉は、まず非常門で立哨中の巡査に拳銃を突きつけ、「表門を開けさせろ。必要以外の口をきいたら射殺する」と脅し、正門に向かって歩かせた。門に近づくと、門内立哨の巡査が「どうした」と聞く。栗原中尉と一緒に歩いてきた巡査が「早く開けてくれ」という。

ここからは栗原中尉と行動を共にした倉友音吉上等兵の手記で詳細を示す。倉友は前日の二月二十五日夜、栗原中尉から呼び出しを受けて将校室に入ったところ、栗原から「倉友上等兵、教官と一緒に死んでくれ」と言われている。倉友は即座に「はい、死にます」と答えたという。その倉友の手記。

「門内の巡査は、同僚と将校だから気にもかけなかったのだろう、さらに門に近づく。栗原中

尉の手がすばやくのびて中の巡査を捕え、一方の手で拳銃を突きつけて、

『開けろ！』

音をきしませて門が開く。栗原中尉、対馬中尉、林少尉を先頭になだれこむ。門わきの巡査詰所を包囲して就寝中の巡査全員から拳銃を押収する。門を開けさせてから一分とかからない間の出来ごとであった。

その場に一個分隊の監視兵を残して突進する栗原中尉のあとに私は従う。玄関わきの出入口にマサカリを叩きこむ。繰り返したがびくともしない。マサカリを捨てると私は栗原中尉と右へ走る。日本間玄関わきの窓を押し上げた私は、栗原中尉と三沢軍曹の二人から押しこまれるようにして部屋にとび込む。真暗で何もわからない」

（『文藝春秋』一九六八年一月号「一兵士の二・二六事件」より）

後年に書かれた倉友上等兵の手記、それに先に紹介した栗田良作伍長の手記（昭和五十七年）には、栗原中尉と一緒に林少尉も正門から入ったように書いているが、これは記憶違いであろう。林少尉とその部隊は裏門（西門）から侵入しているのだ。

第二小隊を指揮した池田俊彦少尉は事件直後、憲兵にこう語っている。

「栗原中尉は第一教練班及機関銃隊の主力を率い、表門より突入し、次で林少尉及林の部下一部は裏門から突入しました。そして林少尉は中に入り、私は機関銃二銃を以て表門の警戒に当た

りました」（池田俊彦調書）

さらに林少尉自身も

「西方入口より侵入した林の小隊は日本間の玄関の扉を開けようとしましたが開かないので、向って右側の窓を打ち壊し侵入しましたが、其時警察官が非常に抵抗して兵数名が負傷致しました」（林調書）

と語っている。

玄関の位置関係を整理しておくと、正門を入ったところにあるのが表（正面）玄関で、裏門（西門）から入ったところにあるのが裏玄関（日本間玄関）だ。

では林少尉の部隊はどうやって総理官邸に入ったのか。

林少尉の指揮で裏門（西門）から突入した部下・森田耕太郎二等兵の証言。

「先ず挺身隊が塀を乗越えて内部に入り内側から裏門を開ける計画だったがハシゴがこないので人間梯子を作って送り込んだ。錠を叩き壊して門が開かれると一斉に侵入した。目標は日本間玄関である。早駈けで玄関に達したがここも扉が頑丈でどうにもならぬ。そこで右側の高窓（地上より一・五米ぐらい）から入ることにした。しかしこのはめこみガラスがまたビクともせず床尾鈑で叩いたくらいでは全然受付けず、そこで携行してきたハンマーで叩きこわしてようやく進入口をあけた。早速私たち初年兵が踏台になって襲撃班を次々に送り込んだ。真先きに入ったのが倉友で以下栗原中尉、三沢軍曹の順だと記憶している」

（前掲『二・二六事件と郷土兵』）

なぜ倉友音吉上等兵や栗原安秀中尉が林八郎少尉の部隊と一緒にいるのか、不思議に思う読者がいるかもしれないが、これは森田二等兵の記憶違いではない。栗原中尉や倉友上等兵たちが頑丈な正面玄関にてこずりマサカリを叩き込んでいる間に裏門から日本間玄関（裏玄関）に殺到した林少尉の部隊だったが、こちらも扉やガラスが頑丈なため悪戦苦闘していた。そこへ正面玄関から入るのを断念した栗原中尉や倉友音吉一等兵たちが裏玄関に回ってきて、はからずも両部隊が合流したのである。倉友上等兵が、林少尉も正門から入ったと錯覚したのはそのためだろう。なお、官邸の「表」と「日本間（居住区）」の間には頑丈な鉄製のシャッターが下ろされていたので、栗原たちはどのみち正面玄関から日本間には入れなかっただろう。

第一章で、総理官邸で非常ベルのボタンを押したのは岡田総理を守るために官邸内に詰めていた小館喜代松巡査であることを紹介したが、邸内に突入した襲撃隊に激しく応戦した同巡査はその場で殺害された。ここから先は岡田啓介が語る『岡田啓介回顧録』から邸内の様子を紹介する。当事者にしか語れない、リアルな証言である。

斃《たお》れる護衛警官

「非常ベルが邸内になりひびいて、その音でわたしは目をさましたんだと思うが、間髪を入れずに、松尾（伝蔵）がわたしの寝室にとびこんできた。

『とうとう来ました！』

という。わたしと同郷の土井清松巡査と村上嘉茂右衛門巡査部長の二人がいっしょだ。来たといって、なにがどれくらい来たんだ？　ときくと、

『兵隊です、三百人ぐらいも押し寄せて来ました』

そんなに来られてしまっては、もうどうにもならないじゃないか、と言えば、

『そんなことを言っている場合じゃありません。すぐ避難してください』

とわたしの手をひっぱる。そうかそれじゃあといって、寝床に起き上がり、庭に降りようとした。雨戸はしまっているが、わたしの寝室の前にだけ非常用のくぐり戸がついていた。松尾はそれを開けて、まず庭にとびだした。

庭の向こうは築山になっているんだが、大雪のあとで、一面まっ白くなっている。夜はまだ明けていないが、雪あかりで見通しがきく。松尾がしゃにむに飛びだすと、同時にパンパンと銃声が起こった。よく見ると庭にはすでに兵隊が散兵線を布いている。非常口の外には、わたしが当然そこから避難すると思っていたのだろう。清水巡査が先回りして待っていたが、この射撃であえなく倒されてしまった。松尾は、とてもここから避難することはおぼつかない、と見てとってまた家の中へ走りこんできた」

当時、首相官邸には庭の裏手から崖下へ抜ける道があった。四年前の昭和七（一九三二）年に起きた五・一五事件（海軍将校らが首相官邸などを襲撃し犬養毅首相を射殺した事件）の教訓から、何かあったときのために作ったものだという。崖っぷちのずっと手前から土をくり抜いて段々の道になっており、そこを降りていくと土のかぶさったトンネルがある。通り抜けると「フロリダ」というダンスホールの裏に出る。山王方面に抜ける近道になっていたわけで、松尾が庭に飛び出したのはその非常通路から岡田を脱出させようと考えたからだ。しかしすぐさま決起兵が銃撃してきたので、外へ出るのはもう手遅れだ。

松尾と土井巡査、村上巡査の三人は岡田総理を抱き囲むようにして廊下づたいに台所のほうに向かった。寝室の隣に三坪ほどの中庭があり、その向こうが風呂場、さらに向こう隣が台所になっている。台所には風呂を沸かす大きな銅製のボイラーがあった。ひと抱えほどもあり、高さは九尺ぐらい。メートルに換算すると約二メートル七三センチである。そのボイラーを楯に取るような形で、四人はしばらく立っていた。

松尾伝蔵が台所にやってくるまでに廊下の電灯を一つ一つ消して、まっ暗にしてしまった。四人のいる日本間（総理官邸の居住区）の玄関は頑丈な造りになっていたので、兵隊たちはそれを壊すのに手間取ったようだが、どうにかこじ開けることができたようで、間もなく玄関のほうから一つ一つ電灯がつき、だんだんこちらへ近づいてくる。岡田たちをあちこち捜しているのだ。

ところが松尾がスイッチを切ってまっ暗にしてあったおかげで、彼らの進んでくる方向がよくわかる。つまり電灯のついたところが彼らのいる場所だと見当がつくのだ。そこで四人はその方向とは逆の廊下に出て彼らの後ろに回り、彼らがつけた電灯をまた一つずつ消していった。

このあたりの情景については倉友音吉上等兵もこう記している。


「栗原中尉の懐中電灯の光が暗闇を這う。撃ってこない。栗原中尉は懐中電灯で足もとを照らしながら廊下に出る。わたしもつづく。スイッチがあったので栗原中尉が押す。ぱっと明るくなる。視線を走らせながらそこらをさぐる。家の内部構造がだいたいわかったと思ったとき誰かが電灯を消す。また電灯をつける。だれかがまた消す。とつぜんどこからか銃弾がとんできた。拳銃で狙撃しているのである。そのほうへ撃ち返す。こうしてこれこそ暗中模索の乱射戦となった」

（前掲『文藝春秋』）


このとき拳銃で襲撃軍に応酬したのは村上巡査部長である。土井巡査は玄関から軍隊が入ってきたときに応戦し、もう銃弾がなかった。

ぐるりと廊下を回ってまた風呂場にきたとき、土井巡査は岡田総理を風呂場に押し込みガラス障子を閉めるや、向こうから五、六人の部下を連れてやってきた将校の一隊に対して身構えた。村上巡査部長は風呂場脇の洗面所から大きな椅子を持ってきてこれを楯に風呂場の外の廊下にがんばり、近づく連中にピストルで応戦したが、たちまち撃ち殺されてしまった。もう一人の土井巡査はピストルの弾を撃ち尽くして隊長らしい将校に飛びかかり、組み打ちになった。激しい物音が風呂場にいた岡田の耳に聞こえる。土井は柔道四段、剣道二段の剛の者で、手もなく将校を組み伏せたが、将校の部下に背後から銃剣で刺され、さらに背中にマサカリを叩き込まれて倒れた。

やがて物音は途絶えた。土井を倒した兵隊たちもどこかへ行ったようだ。倒れた土井巡査にはまだ息があるらしく、うめき声がかすかに聞こえる。岡田が身を隠している風呂場（大きすぎるので普段は別の小さな風呂場を使っていた）は酒などの置場になっており、空になった一升瓶がたくさん置かれている。岡田の周囲にも空き瓶がいくつもあり、ちょっと身動きすると瓶がカラカラと音を立てる。

すると土井巡査が苦しい息の下から
「まだ出てきてはいけませんぞ」

とうめくようにいう。
二、三度そんな注意をしてくれたのを岡田は聞いているが、しかしやがてそのうめき声も聞こえなくなった。

警官四人が壮烈な殉職

銃弾を撃ち尽くしていた土井巡査が素手で組み付いた将校というのは林八郎少尉である。

あとで判明したのだが、背中にマサカリを叩き込まれた土井巡査はそれでも屈せずに立ち向かい、林少尉の軍刀で左肩を斬られて長さ三二センチ、深さ二〇センチに達するものなど、数カ所に傷を受けて斃れたのだった。

先に紹介した憲兵の青柳利之が午前九時半頃、官邸内で林少尉と言葉を交わしている。

二人は偕行社（帝国陸軍将校や准仕官たちの親睦・互助組織）の軍刀鑑定会でよく顔を合わせており、

刀剣に詳しい青柳は若い将校たちから「孫六殿」と呼ばれていた。銘刀・関孫六に由来する綽名だろう。青柳は邸内の様子を探っているとき襲撃軍の某大尉（青柳は名前を書いていないが、野中四郎大尉だろう）に見咎められ、往復ビンタでしたたかに殴られ、さらに何度か蹴飛ばされた。早くこの場から逃げないと殴られるどころか本当にやられてしまうと、退散の機会を窺っていた。

ちょうどそのとき、若い将校が三人どかどかと入ってきて、その中の一人が青柳の顔を見るなり大声で

「ようッ、孫六殿か、よくきたな。君に鑑定してもらった備前義行、よく斬れたぜ。見てくれ」

といいいながら、身の丈ほどもある軍刀を引き抜いて青柳の目の前に突き出した。林八郎少尉だった。林少尉は小柄なので、よけい刀が大きく見えた。

少尉は胸のあたり一面に返り血を浴びており、青柳は「斬ったな！」と直感した。青柳は林少尉の軍刀を受け取り、作法通りに調べてみたが、刃こぼれはなかった。しかし時間がたっているため鍔元から柄にかけてべったりと血糊がついていた。

林少尉はすこぶるご機嫌で、

「この大業物《おおわざもの》を満州で存分に働かせてやるぞ」

と気焔をあげていた。

林少尉と別れたあと、青柳は部下の憲兵たちと邸内をあちこち見て回っており、西門の警官詰所前でおびただしい血を流して倒れている小館喜代松巡査を、裏の庭園の隅で拳銃を握ったままで息絶えている清水与四郎巡査を見つけた。二人の死体は無造作にその場に置かれていた。

青柳はさらに室内の洗面所に入り、血の海のなかで村上嘉茂右衛門巡査部長と土井清松巡査が折り重なって倒れているのを発見した。村上巡査部長は腹部貫通銃創で即死していたが、背中から林少尉に袈裟がけに斬られた土井巡査にはまだ息があった。驚いた青柳は部下の坂本上等兵を憲兵隊本部に急行させ、軍医の派遣を求めるとともに、他の上等兵に手伝わせて所持していたガーゼと三角巾を取り出し、仮包帯をした。反乱軍が連れてきた見習いの軍医が二人（船山市朗、羽生田進）きて土井巡査を牛込の陸軍病院（衛戍病院）へ運ぶよう指示したので、戸板で応援の兵に担がせて出発させた。土井巡査は、憲兵の連絡で病院に駆けつけた家族に見守られながら瞑目したという。土井巡査は岡田総理と同じ福井県出身（福井県坂井郡芦原村）であった。

襲撃軍の手で殺された村上巡査部長（四十八）、小館巡査（三十四）、土井巡査（三十二）、清水巡査（二十九）の四名、それに神奈川県湯河原で牧野伸顕元内府が襲撃された（後述）際に銃撃されて即死した皆川義孝巡査（三十二）の計五名の殉職が警視庁から発表されたのは三月一日午後一時。その日のうちから手紙や弔慰金が全国から警視庁に寄せられ始め、「二月に除隊して、目下苦しい生活をしてはいるが、殉職あるいは負傷した警察官の勇敢な行為にはただ感泣するほかない」という手紙を添えた七十歳の在郷軍人からの七十銭など貧者の一灯も多く、三月二日だけでも弔慰金は九十五口、七千八百円に達した（三月三日付『東京朝日新聞』）。

四月末の時点での弔慰金は六千二百余口、総額二一万九八三三円という巨額にのぼった。国民の怒り、同情の深さが窺われる。しかも四月三十日、弔慰金の受付終了が発表されると、警視庁や新聞社には抗議の手紙が殺到したという。

五名の殉職警官の合同警視庁葬は三月十六日、築地の本願寺で行われたが、斎場は百数十基の花輪で埋められ、焼香者は数千人に及んだ。

松尾伝蔵、身代わりに

ここでまた岡田の『回想録』に戻る。

護衛の警官全員を失った岡田総理がこの時点でいちばん心配したのは、暗闇の中での銃撃戦ではぐれてしまった松尾伝蔵の行方である。正確にいうと、銃撃戦が少し落ち着いたので、どんな状況になっているかを見ようと、松尾は中庭に出てしまったのだ。岡田はそのことを知らなかった。

「松尾はどうしたのだろう。わたしのいる風呂場から洗面所をへだてて中庭があり、その向こうがわたしの寝室。ガラス越しに風呂場から寝室の中まで見通せるようになっている。

『庭にだれかいるぞ』

という声がした。寝室と中庭との間の廊下に部下五、六人をひきつれた下士官が現れた。ふと中庭を見ると、戸袋のわきにくっつくようにして立っている人影がある。松尾であることがすぐにわかった。

『撃て』

と下士官がどなっている。しかし兵隊たちは、機関銃をもっているんだが、不思議なことに撃とうとしないんだ。みんな黙って、つっ立ったままでいる。

兵隊たちは撃とうとしないものだから、下士官は大いにおこったようだ。

『貴様らは今は日本にいるが、やがて満州へ行かなければならないんだぞ。満州へ行けば、朝から晩までいくさをやるんだ。毎日人を殺さねばならないんだ。今ごろこんなものが、一人や二人撃ち殺せんでどうするか』

と地団駄踏んで励ましている。それでも引金をひかない。しかし、やはり相手は上官だ。ためらっていた兵士たちもついに廊下の窓から中庭に向かって発砲した。松尾はこうして死んだ。これはあとで松尾の死体を調べてわかったことだが、十五、六発の弾丸がからだじゅうに入っており、さらに、いつこんな傷をつけたのか、あごや胸に銃剣でえぐったあとがあったとか。むごたらしい殺し方をしたものだ。松尾を殺した一隊は、日本間の非常口から外へ出て、表の本館のほうへ行った様子だ。今、思うと、村上や土井を倒した一隊が、わたしを捜して非常口から、どこかへ立ち去ったあと、新手の一隊が松尾を見つけて撃ったものであろう。

わたしの周囲には、兵隊の姿は、見当たらないが、官邸の中をあちらこちら捜しているような気配がする。しばらくしてどこからともなく現れた一隊が、廊下の窓から中庭に倒れている松尾の死体を見つけだした。『ここにだれか死んでおるぞ』と言いながら、庭におりた連中は口々に、

『じいさんだ。これが総理大臣かな』

と話しあっている。そのうちに松尾の死体をかつぎあげて、さっきまでわたしが寝ていた部屋に運びこみ、わたしの布団に横たえた。

その寝室は十畳で、隣は十五畳の居間になっており、そこの欄間にわたしの夏の背広姿の写真

が額に入れて飾ってあった。彼らは、それを銃剣で突きあげて下へ落とした。死体の顔とその写真とを見くらべて、死体の主がわたしであるかどうかを、確かめようとしたものらしい。

この事件で、あんなに大勢の軍隊に襲撃されながら、わたし一人がかすり傷ひとつ負わずにすんだことについては、いろいろな不思議があるんだが、その不思議の一つはこのとき起こった。もちろんこれは後になってわかったことなんだが、兵隊どもがわたしの写真を欄間から突き落としたとき、銃剣を持つ手もとが狂ったのか、剣先でしたのか、わたしの顔の眉間のところを突いたらしい。写真の上にはめこんであったガラスにひびがはいった。それも眉間のところを中心に四方へひろがっていた。

兵隊どもは額を拾いあげると松尾の顔をのぞきこむようにして、写真と見くらべている。しかしあんなにガラスがひびだらけじゃ写真の顔がよく見えなかっただろうと思う。それに彼らの気持も常態ではない。ついにわたしの写真をわたしだと断定してしまった。

『これだ、これだ、仕止めたぞ』

とがやがや話しながら寝室を出ていった」

女中の証言

反乱軍が岡田総理かどうかの判定材料に使った「額に入った写真」については、岡田啓介総理の子息である岡田貞寛氏がその著書『父と私の二・二六事件』（光人社）でこう書いている。

「額については父の思い違いで、夏の背広ではあるが、写真ではなくて、ドイツ人のエルンスト・リネンカンプがスケッチした絵である。正面ではなくて、七三の斜めから描いてあるうえ、外人が描いたものだけに、あまり似ていない」

首実検の材料としては極めて不適切だった、というのだ。この説を肯定した伝記もある。しかしこれはちょっと納得しにくい。決起軍の最大の目的は岡田総理の殺害で、のるかそるかの際にこんな杜撰なことをするだろうか。この絵が居間にあったことは確かだろうが、これを本人確認に使ったというのはいささか疑問だ。

と思っていたら、信頼に足る史料に出会った。有馬頼義《よりちか》の著書『二・二六暗殺の目撃者』（恒文社）だ。

周知のように有馬頼義は直木賞作家であり、有馬頼寧《よりやす》の三男。頼寧は戦前の政治家で、第一次近衛内閣の農相も務めている。戦後は中央競馬会理事長も務めた。毎年暮れに行われる「有馬記念」は彼の功績を記念したレースだ。

有馬頼義は二・二六事件で殺害された斎藤実内大臣の養子・斎藤斉《ひとし》の義弟である。有馬の長姉が斎藤斉と結婚しているのだ。二・二六事件の前夜から有馬はこの姉のところ（四谷）に泊まっていて、斎藤実暗殺の現場を直後に目撃することになる。反乱軍が斎藤実邸を襲撃したときの様子は後述するとして、その有馬は同書の中で総理官邸の女中の一人、府川キヌエ（当時十九歳）に長時間インタビューを行っている。二・二六事件については膨大な史料・書籍があるが、浅学の筆者が読んだ範囲では、女中さんにインタビューしているのは有馬頼義だけだ。このキヌエ、そしてもう一人の女中・秋本サク（作。当時二十九歳）は写真について興味深いことを語っている。また二人は松尾伝蔵が撃たれたところも目撃している。以下、その証言。

「土井さん（殉職した巡査）に〝危ないから、自分の部屋に帰っていろ〟といわれ、私たちは女中部屋に戻りました。二人して小さくなっていたんですけれども、表玄関のほうでは、ピストルの射ち合いの音が聞こえ、やがて、旦那さまのお居間のほうでは、旦那さま、松尾の旦那さま、土井さんなんかの大きな話し声がしていました。誰がなんといったかは、はっきりおぼえておりませんけれども、〝総理、かくれて下さい。犬死にしてなにになります。なんとか脱出してください〟〝話せばわかる。逃げないで、反乱軍に会おう〟〝犬養さんの二の舞になりますぞ〟といった大きな声がしていました。

それがすむと、今度は、反乱軍が一部屋、一部屋、唐紙をあけては、誰かを捜すような気配がしていました。だから、しばらくはさわがしかったんですけれども、やがて、とても静かになったんです。それで、おサクさんと〝静かになったわね〟といって、部屋を出てみたんでございます。玄関のほうに行ってみると、私たちは、反乱軍につかまってしまいました。おサクさんと私にそれぞれ三人の兵隊がつき、手を両方持たれて、一人からピストルをつきつけられ、〝総理はどこだ〟と聞かれました。〝私たちは部屋におりましたから知りません〟と答えると、今にもピストルの引き金を引きそうになったんです。そこに栗原中尉がやってきて〝女や子供に手を出すな〟といわれたものですから、私たちはは なされ、また部屋に戻りました。

それにしても、旦那さまたちが気になるので、また部屋を出て、今度は中庭のみえるところにまいったんでございます。そうすると突然〝誰か〟という大きな声がして、ピストルの音がいたしました。びっくりして、ガラス戸越に中庭のほうをみますと、一人の男が〝天皇陛下万歳、大日本帝国万歳〟と叫んで、雪の中に倒れていくところでございました。よくみると、それは松尾の旦那さまだったんです。雪に血がポタポタとにじんでいました。おサクさんと思わずだきあって泣いてしまいました。松尾の旦那さまは、袴、羽織をちゃんとつけたお姿でした。そこでまた私たちは、いそいで自分の部屋にかえってしまったんです。しばらく二人とも部屋の中にいたんですけれども、やはり旦那さまのことが心配になるので、また、部屋を出てみました。すると、寝床に人が一人ねていたのでこれは旦那さまかとはっとしました。枕もとには、旦那さまの大礼服をお召しになった大きなお写真と背広姿の同じくらいのお写真――これは両方とも居間に飾ってあった――がおかれ、その二つの写真は旦那さまの頭と胸の部分に銃剣でつかれたあとがありました。そして、寝床の人は旦那さまだと思って泣きながらそばによってお顔をみると、それが旦那さまではなくて、松尾の旦那さまだったので、二度びっくりいたしました。つまり、反乱軍は、中庭でうちころした松尾の旦那さまを、旦那さまだと思って、お部屋にはこんで、写真で首実検をしたんでございますね。それで、やはり旦那さまだと思ったんでございましょうかねえ」

(『二・二六暗殺の目撃者』)

反乱軍一等兵の疑問

この証言があるので、栗原中尉は居間に掛かっていた岡田総理の二枚の写真で首実検を行ったと考えて間違いないと思われる。まだ雨戸が閉め切られており、また照明も薄暗かったとはいえ、それでもやはり「いい加減」「杜撰」のそしりは免れないだろう。そもそも、襲撃の第一ターゲットだというのに、なぜ岡田総理の写真を事前に用意しておかなかったのか、理解に苦しむ。

また岡田啓介も二人の女中さんも、最初の銃撃で松尾伝蔵が即死したと思ったようだが、虫の息ながら彼はまだ生きていた。岡田が『回顧録』で言及している「しばらくしてどこからともなく現れた一隊」が松尾を見つけて取り囲んだあと、栗原中尉の命令で苦しんでいる松尾に止めを刺したのは倉友音吉上等兵である。倉友がこう書いている。

「日本間の中庭で兵隊が一団になっていた。岡田首相がいるという。栗原中尉につづいて私も駆けつけた。兵隊のかこみのなかで一人の老人が満身創痍、血だるまになり、敷居に腰を落として断末魔の呻きをあげながらも、姿勢を崩さず、端然としていた。凄惨きわまりないその姿に、兵隊は誰も手を下すことができなかったのである。実に立派だった。私の心に、いまも痛みをともなって、刻みこまれている。

しばらくして栗原中尉がいった。

『倉友、止めを』

私は拳銃しか持っていなかったので躊躇した。すると『拳銃でやれ』。

やむを得ず拳銃をかまえ、的をしぼった。一発は胸部に、一発は眉間に命中した。老人は前にのめるようにたおれた。庭の積雪が鮮血でそまった。

栗原中尉は日本間から岡田首相の写真を持ってきて見比べ、岡田首相に間違いなしと断定した。その瞬間、だれからともなく万歳の声がおこった。（それが岡田首相ではなく義弟の松尾伝蔵大佐だったと知ったのは、何日も経ってからである）

遺体を日本間に移した。

湯殿で血海のなかに顔を埋めていた巡査もあった。どの巡査も激しい抵抗をつづけ、最後の一弾も残さずに撃ちつくして戦ったのである。まことに立派な殉職だった。

栗原中尉の命令で、私は夜が明けたばかりの街に出た。酒を買うためである。甲週番と同じ役目を受持たされたことになる。特許局の前通りにあった酒屋で四斗樽一本を買い、リヤカーを借りて運んで玄関に据え、鏡をぬいた。栗原中尉は『昭和維新ここに第一歩を印した』といって、兵隊たちとともに乾杯した。酒は十分と保たなかった」

（前掲『文藝春秋』）


気になる人もいると思うのでここで書いておくと、倉友上等兵がのちに軍法会議で受けた判決は禁固一年半。ただし大いに反省しているとして二年の執行猶予がついた。

ところで、栗原中尉が岡田総理だと断定した死骸について、一人だけ疑問を持った兵士がいた。第一章に出てきた元浪曲語りの坪井敬治一等兵である。栗原中尉に「あれは違うんじゃないでしょうか」と進言したが、栗原は他の将校たちとのさまざまな連絡・打ち合わせで多忙を極めており、「余計なことをいうな」と坪井を叱りつけている。

それでも納得できない坪井一等兵は、二、三人の兵隊とともに、もう一度総理の寝室に行った。

このとき、岡田は寝室にいた。薄着一枚で松尾たちに寝床からひきずり出されたため、寒くて仕方がなく、そっと寝室にもどっていたのだ。岡田は「どうもありがとう、どうもありがとう」とつぶやきながら松尾の死体にぬかずき、その横で着替えをした。合わせを着て羽織をはおって袴の紐を結んでいるときに坪井たちがやってきたのである。ドヤドヤという足音に気づき、岡田はとっさに廊下に出て洗面所の壁のところに立った。坪井たちの話し声が聞こえる。

「いま、なにか変なものがいたぞ」

「たしかに地方人だ。じいさんだった」

「しかしもう誰もいるはずがない。変だぞ」

そのうちに
「気味が悪いな。帰ろう」

と、あわてて引き揚げた。あたりを見渡せば、なんなく岡田を見つけたはずだった。岡田はまたしても僥倖に恵まれた。のち坪井一等兵は憲兵の調査に対しこう語っている。

「寝室に近づいていくと、暗闇の中に一人の老人がいるのが見えた。誰か、と叫ぶと、その老人は音もなく天井に消えた。それでテッキリ首相の幽霊でも出たか、と思い、急に恐ろしくなって逃げ帰った」

二人の女中も「誰か」という兵士の声を聞いているが、これは誰何《すいか》する際の軍隊用語である。また

「地方人」というのも軍人が使う言葉で、一般人・民間人のことである。なお坪井一等兵は官邸で清水巡査に発砲、命中させたとして、のち軍法会議で禁固二年（執行猶予三年）の判決を受けた。

岡田、女中部屋に

幽霊と間違えて坪井一等兵たちが立ち去ったので、岡田はやれやれと思ってそのまま女中部屋のほうに行くと、サク、キヌエの二人の女中とばったり出会った。

「まあ、ご無事でしたか！　早くここにお入りください」

と二人は岡田を抱えるようにして女中部屋に押し込んだ。二人は岡田の身を案じて捜しに行くところだった。

女中部屋には一間の押入れがある。その押入れの上の段から天井に上がれるようになっていて、女中たちがしきりにそこへ上がれというので、岡田はどんなかしらんと思ってのぞいてみたが、何年前に人が入ったかわからないような状態で、汚いことおびただしい。

そこで岡田はまた下に降りて考えた。ここは裏門のすぐ近くで、外部の様子を探るには都合がいい。よし、女中部屋にいよう。そうなれば、この一間の押入れ以外にはない。上の段はベッドに作れるが、具合がよくない。下の段なら洗濯物などが多少置いてあるだけだから、そこがいいだろうと、岡田は女中に押入れの下の段を片づけさせた。

押入れの下はコンクリートで、その上に床板が張ってある。

女中たちはその板の上に布団を三枚くらい敷いて岡田が寝られるようにこしらえてくれた。そこへ横になっていたら、だんだん知恵が出てきて、洗濯物を岡田の周囲に積み上げて、もし押入れを開けられても見えないようにした。しかし思わぬことが起きた。岡田の『回顧録』にはこうある。

「女中たちはどうしていたかというと、押入れの唐紙を背にして、キチンとならんですわっていたらしい。

サクという女中は、気のきいた女で、わたしが押入れに入るなり、すぐ立って、松尾の寝ていた部屋へゆき、その寝床を片づけてしまったそうだ。寝床の数と見つかった人間の数とが合わないと、また面倒なことになると思ったのだろう。

そのあとどういう用事があって、押入れの外に出ていたのか、今となってはよく覚えていないが、わたしが部屋の中につっ立っているときだった。

急に廊下に人の近づく気配がした。来たなと思ったが、もうどうにもならんので、動かなかった。ガラリと唐紙があいた。廊下に立っているのは、永島という官邸の仕部（守衛のこと）なんだ。永島は、わたしを見るなりまっさおな顔になって、またぴしゃりと唐紙をしめてしまった。永島のうしろには、兵隊が立って、こちらを見ていた。とうとう兵隊に見つけられてしまったわけだ。ところが別段なにごとも起こらない。

わたしは、また押入れに入って寝たが、女中と三人で反乱軍の中に孤立している格好になっている。小用を催すと、小さな空瓶を持ってこさせて、用を済ませていた。

『おれは岡田だ』とこちらから名乗り出るようなことは、しないほうがいいと思った。向こうも、そんなことをすれば、なんとかしなければならなくなってしまう。女中は女中で、もしわたしが兵隊に見とがめられたら、父がいなかから上京して官邸に泊っている間に、こんな騒ぎにあったというふうに、とりつくろうつもりでいたらしい。

いつごろだったか、まただれか部屋に入ってきて、女中と問答をしている。そのうちに、いきなり唐紙があいた。チラリと見ただけだが、兵隊らしく軍服を着ている。わたしと顔を見合わせたかと思うと、またぴしゃりと唐紙をしめ、部屋を出ていった。そのときは、わたしは敷蒲団の上にあぐらをかいていたように覚えている。

「いよいよやってくるかな、思っていたが、あたりはしんとして人の動く様子は感じられない」

憲兵が総理生存を確認

岡田と顔を見合わせた兵隊というのは青柳利之の部下の篠田惣寿憲兵上等兵だった。篠田は官邸内の様子を探るため憲兵の腕章を外していた。そのほうが見回りの兵士たちに不審がられることがないからだ。

篠田は、女中たちはどうしているのか気になり、部屋をのぞくと、サクとキヌエは押入れの唐紙を背にしてキチンと座っていた。もうお昼近くだろうか。

「お前たちは、もうここにいても仕方ないし、危険だから引き取ったらどうだ」

というと、二人は

「旦那さまのご遺体がある間は帰るわけにはいきません」

と、妙にがんばる。なにか隠しているような印象を受けたので、

「そこをどきなさい」

といったがどこうとしない。女中の腕を取ってどかせようとしたはずみで唐紙が開いてしまい、中にいた岡田とまともに顔を合わせた。篠田は血相を変え、

「わかった。そのままにしていなさい」

と女中にいって、走り去った。篠田が岡田総理の生存を確認したことで事態は大きく動き出すのだが、その時点では岡田は篠原の名前も、彼が憲兵であることも知らない。ただ、兵隊に見つかったのに何も起こらないのが不思議だった。覚悟を決めていることもあって、そのあとも岡田は押入れの中で大いびきをかくので、二人の女中は困って、見回りの兵隊が廊下を通るときは自分たちのいびきであるかのように装ったものだ。

血相を変えた篠田上等兵はすぐ官邸内にいる上官の青柳利之に報告した。青柳は後刻、確認のため自ら女中部屋に行っている。

岡田はそれ以外にも何人かの兵士に隠れていることを知られている。中には押入れに手を入れ、布団の間から岡田の身体に触って確認した兵隊までいた。しかし彼らは上官や栗原中尉にはなにもいわなかった。反乱軍の中にも岡田の味方をする者がいたのである。

岡田は押入れの中で今後についていろいろと思案した。

（襲撃されたのはおそらく自分だけではないだろう。暗殺は覚悟していたが、五・一五事件のように若

干の将校が動くだけだろうと思っていた。しかし実際は軍隊が出てくるという予想以上のことが起きている。宮中はいかがな御様子だろう。また重臣たちは無事なのだろうか。とにかくこの暴挙を鎮めて跡始末をする責任が自分にはある。いたずらに死んではいけない）

岡田が推測したように、決起隊は重臣や閣僚たちを次々に襲っていた。すでに書き尽くされた感もあるので、概略のみを記してみる。

惨殺された閣僚たち

内大臣・斎藤実はその前夜、夫人とともにアメリカ大使ジョセフ・C・グルーに招かれ、大使館で晩餐をともにした。食事後、ロマンチックな米映画「NAUGHTY MARIETTA」（邦題『浮かれ姫君』。一九三五年製作）を楽しみ、四谷の自宅に戻ったのは日付が変わるころだった。朝五時、坂井直中尉、高橋太郎少尉、安田優少尉などに率いられた約百五十名の反乱軍に襲われ、斎藤内大臣は至近距離から機関銃や拳銃の弾丸四十数発を受けて即死、さらに数十カ所を刀で斬られた。春子夫人は夫におおいかぶさり、「殺すなら私を殺してください。できないなら私も一緒に殺してください」と手を合わせて懇願したが、兵士たちはその手を払いのけて撃った。襲撃にいかなる大義名分があるにせよ、これは明らかな虐殺である。夫人も大けがをした。

斎藤内大臣を襲ったのち、高橋太郎少尉、安田優少尉らは兵約三十名を率いてトラックで杉並区上荻窪の渡辺錠太郎教育総監私邸に乗りつけ、午前六時ごろ屋内に乱入。すず夫人の制止を無視して拳銃や機関銃を乱射した。渡辺大将は拳銃で反乱軍に応酬するも、全身に数十カ所の銃創、切創を受けて殺された。
赤坂区表町にあった高橋是清邸は午前五時すぎ、近歩三（近衛歩兵第三連隊）の中橋基明中尉、砲工校（砲工学校）中島莞爾少尉らが指揮する約百人の兵隊に襲われ、二階で就寝中の高橋蔵相は軍刀、拳銃で殺害された。現場はまさに酸鼻をきわめており、高橋蔵相とも親戚付き合いをしていた前記の作家・有馬頼義によると、右腕は胴からはなれ、胴は胴で輪切りにされていたという（前掲『二・二六暗殺の目撃者』）。拳銃を撃ったのは中島莞爾で、日本刀で斬ったのは中橋基明であった。

麹町区三番町にあった鈴木貫太郎侍従長の官邸が襲撃されたのは五時一〇分頃だった。約百五十名の兵士たちの指揮者は歩三の安藤輝三大尉。反乱軍は表玄関に機関銃を据えたのち侍従長寝室に殺到、二人の曹長に拳銃四発を撃ち込まれ鈴木侍従長は前に倒れた。かけ寄った夫人に向かって殺害の趣意を述べた安藤大尉が止めをさすため軍刀を抜くと、夫人が「それだけはやめてください」と懇願したので、安藤大尉は倒れている侍従長の横に膝をつき、捧げ銃《つつ》をして引き揚げた。鈴木侍従長は九死に一生を得た。

神奈川県湯河原の別荘にいた牧野伸顕前内務大臣を襲ったのは河野寿大尉ら五名。ハイヤー二台で歩一を前夜十一時頃に出発、二十六日朝四時に湯河原に到着した。河野大尉らは台所の戸を蹴破って乱入、警護の皆川義孝巡査が拳銃で応戦した。河野大尉の命令で別荘に放火したが、牧野元内府は辛うじて逃げた。皆川巡査は殉職した。

2・26 事件の決起部隊

歩一の丹生誠忠中尉、香田清貞大尉、それに村中孝次、磯部浅一、竹島継夫、山本又らが加わった約百五十人の襲撃部隊が向かったのは陸相官邸。朝五時である。主力部隊を表門に、陸軍省、参謀本部の各門に重・軽機関銃分隊を配置、午前七時頃、川島陸相に事後収拾などを要請した。人的・物的被害はなかった。

約四百人という、反乱軍最大の人数に襲われ占拠されたのが警視庁。野中四郎大尉以下、常盤稔少尉、鈴木金次郎少尉、清原康平少尉が参加。特別警備隊（新選組）には重機、軽機が向けられた。野中四郎、常盤稔は特別警備隊長（岡崎英城）らに決起の趣意を伝え、警察権の発動を停止させた。人的・物的被害はなし。この部隊の中には歩三に入営した直後の小林盛夫二等兵も動員された。噺家で、五代目の柳家小さんである。

反乱軍に加わった柳家小さん

せっかくの機会なので、小さんの手記を少し紹介しておく。何も知らないで駆り出され、気がついたら反乱軍の一員にされていた当時の下級兵士の様子がわかって興味深い。

「出かけた先が、桜田門の警視庁で、裏門に機関銃をすえると、弾をこめて、いつでも撃てる態勢がととのったが、この段階でも、まだ演習かと思っていたのだから、罪がない。その夜は、地下の自動車置場で夜営をし、交代で警備にあたった。

二日目の夕方くらいまでは、連隊のほうから食糧がきていたのに、これがピタリと止められた。

このころになって、こっちのやっていることが、おぼろげながらわかってきた。我々は、警視庁から、鉄道大臣の官邸に移され、ここを占領したのだが、なにしろ腹が減ってしかたがない。この官邸で、野中大尉は、

『勝てば官軍で、これはどうしても勝たねばならぬ。みんなの生命をくれ』

と、涙ながらに訴えた。

どうやらたいへんなことになったらしいことはわかるのだが、腹が減っているから、それどころじゃない。そのとき、どこで調達したのか、一人の下士官が、親子丼をひとつだけ持ってきた。

『親子丼を食うと思うな、精神を食え』

と、いわれて、たったひとつの丼を、六十人ばかりで分けあったのだが、ますます意気消沈してしまったのである。

こう士気がふるわなくては困るというので、分隊長が上官にかけあって、士気高揚のため、

『小林二等兵、なにか一席やれ』

と、いうことになった。しかたなく、『子ほめ』という与太郎ものの落語を一席やったのだが、だれもクスリともしない。私もこれまでずいぶん落語をやっているが、これくらいウケなかったこともなかった。

官邸を出て、三宅坂の土手から、半蔵門に向け機関銃をすえたとき、将校から、

『ここが、おまえたちの死に場所だ』

と、いわれた。(中略)

結局、武装を解除され、帰隊するまで、事件の内容は、なにがなんだかさっぱりわからなかったというのが実情である。有名な『兵ニ告グ』というビラ一枚、私たちの目にふれることはなかった。

その年の五月、私たちは満州へ送られた。満州では、反乱軍の汚名をそそぐという目的で徹底的にしごかれた」

（『太平洋戦争の肉声　第四巻　テロと陰謀の昭和史』文藝春秋）

小さんたちが空腹だったのは、反乱軍が食糧を一日分しか携行しなかったからだ。

反乱兵を多く出したというので、その責任を問われた歩三は満州チチハルに追いやられた。有り体にいえば「満州の最前線で死んでこい」というわけである。

また歩一には『ゴジラ』で有名な映画監督、本多猪四郎がいた。本多自身は反乱軍に加わっていなかったが、いわば〝連帯責任〟ということでやはり満州に行かされた。本多は都合三度召集され、実に八年半も戦場で過ごした。きわめて異例で、これまた懲罰的な意味合いの濃い仕打ちである。栗原安秀中尉は、前年まで本多のいた第五中隊の教官だった。本多は事件のこと、戦地のことはほとんど周囲に話さなかったそうだが、後年の日記（昭和六十三年四月七日）にこう書いている。

「二・二六の陸軍のだらしなさ、特に真崎、山下、荒木の責任、そして戒厳司令官香椎は原キョウ《ママ》である」（切通理作著『本多猪四郎　無冠の巨匠』洋泉社）

「真崎」は真崎甚三郎、「山下」は山下奉文、「荒木」は荒木貞夫、「香椎」は香椎浩平のことである。彼らはすべて皇道派（天皇中心の国体至上主義）で、ことに真崎、荒木は皇道派の中心人物である。真崎や荒木についてはまた改めて書く。

二月二十六日に決起した反乱軍はこの他、後藤文夫内務大臣官邸、東京朝日新聞、日本電報通信社、国民新聞社、報知新聞社、東京日日新聞社、時事新報社なども襲っている。

二・二六事件の遠因・近因としては、三月事件（昭和六年）、満州事変（昭和六年）、十月事件（昭和六年）、血盟団事件（昭和七年）、五・一五事件（昭和七年）、神兵隊事件（昭和八年）、陸軍士官学校事件（昭和九年）、天皇機関説問題とそれにからむ国体明徴問題（昭和十年）、真崎甚三郎教育総監更迭問題（昭和十年）、相沢事件（昭和十年）などが挙げられるが、これらについては後で必要に応じて述べるとして、次章では奇跡としかいいようのない岡田啓介総理の救出劇について書いてみる。

第三章　脱出

官邸一番乗りの新聞記者

反乱軍に占拠された総理官邸へ最初に入った新聞記者は中外商業新報の和田日出吉だった。中外商業新報は現在の日本経済新聞の前身で、当時の和田の肩書きは論説委員。といっても年齢はまだ三十八歳だ。和田は女優・木暮実千代の夫としても知られる。二十歳年下の木暮と結婚したのは終戦前年の昭和十九（一九四四）年。二人は従兄弟同士の関係だ。

それはともかく、和田は二月二十五日、つまり事件の前日、友人の大佛次郎（作家）と久しぶりに一献酌み交わし、酔ったあげく自宅に戻ったのは二十六日の午前一時すぎだった。

泥のように寝ていた和田は「大事件、スグ出社セヨ」という会社からの急電で叩き起こされた。急電というのは電報のことで、当時はウナ電ともいった。このころ電報はかなり頻繁に使われており、反乱軍が湯河原の牧野伸顕の別荘を襲ったときも、河野寿大尉が「電報、電報！」と叫んで台所の戸を叩いている。

電報を受け取った瞬間、和田は「やったか！」と思った。

和田はその頃、軍部の動きについて何度か総合雑誌に書いており、その取材の過程で青年将校たちと幾度も接触していた。青年将校が社に訪ねてきて社会問題や経済問題について議論を吹きかけることもたびたびで、彼らの動向がよくわかっていた。革命前夜ともいうべき危ない世相になってきており、来るべき三月初旬を期して軍の一部が直接行動を起こすのではないかという風聞も耳に入っていたのだ。

すぐに身支度を整えて自宅を出、茅場町の勤務先に駆けつけると、編集室は騒然としており、総理がやられた、蔵相がやられた、鈴木大将がやられた、朝日新聞がやられたといった断片的な情報が次々と飛び込んできて、編集室のほぼ全員が茫然と立ち尽くしていた。

和田が編集長の小汀《おばま》利得と新聞製作の方針などを話しているとき、給仕が、

「栗原さんという人から電話です」という。同名の知人がいるので、その人かと思って電話に出るのを渋っていると再び給仕が

「栗原中尉といっていますが」

というではないか。

「栗原中尉！」

和田はすぐ電話に飛びついた。栗原中尉は和田が接触を持っている青年将校のひとりで、四日ほど前にも会ったばかりである。会ったのは銀座の「松喜」というすき焼き屋で、栗原は軍服姿で、美しく若い細君を同伴していた。その際、栗原は和田に

「今日は夫婦で散歩してきた帰りです」

と話した。しかし実際は首相官邸の下見だった。そして別れ際には

「遠いところへ行くかも知れません」

といった。和田は、満州にでも行くのかと思った。

給仕からその栗原の電話を受け取った和田は、

「大変なことになったな。いったいどうなんだ」

と聞いた。

「まあ、ご覧の通りです」

と栗原。和田はさらに
「話を聞きたいのだが、君はどこにいるのだ」

と聞くと、栗原は
「首相官邸にいます」

という。

和田は息をのんだ。そのとき初めて栗原が決起軍の首謀者であることがわかったのだ。

「官邸に？」

おうむ返しにそういった和田は、

「すぐ会いに行く」

と栗原に伝えた。

「さあ」

と栗原は当惑したような返事だったが、和田は

「とにかく僕は官邸に乗り込んで行く」

と受話器を置き、小汀利得編集長の許可を取ってすぐ円タクで会社を出た。まず現場に行こうとするのは新聞記者の本能みたいなものである。「首相官邸まで」というと、タクシーの運転手は「あそこには近寄れませんよ」と行くのを嫌がったが、和田は「行けるところまで行ってくれ」と叱咤し、溜池口から官邸に行く坂道をのぼって行った。

栗原中尉に面会

すると途端に数名の兵士がバラバラっと銃剣をかざして車の前に現れ、「誰か!」と叫ぶ。自分の身分を述べ、栗原中尉と会う約束をしたといっても、なかなか信用しない。

ようやく正門を入り、官邸正面の車寄せのところに歩いていくと、そこでは青年将校たちが焚き火を囲んでいた。和田に気がついた栗原は「よく来られましたね」といって挙手の礼をした。和田が質問しようとすると、栗原中尉は「まずこれをお読みください」といって蹶起趣意書を見せた。読んだあと、和田が「君たちが暗殺したのは誰と誰か」と尋ねると、中尉はポケットから紙片を取り出して名前を挙げた。意外なことに財界人が入っていない。

「財界関係は狙わなかったのか」

と聞くと、

「根本さえやっつければ、あいつらはその必要もないでしょうから」

という。

いったん社に電話で報告して焚き火のところに戻り、

「高橋蔵相は負傷だけですんだそうだ」

と社から聞いた情報を伝えると、そばにいた近衛歩兵第三連隊の記章をつけた一人の中尉が、

「いや、亡くなりました。この私がやったんですから間違いありません」

という。あとでわかったのだが、彼は近歩三の中橋基明だった。

和田は、

「栗原君、総理を暗殺した場所は？」

と聞くと、栗原中尉は黙ってうつむいた。重ねて和田が聞くと
「ご覧になりますか？」

という。

「ぜひ」

と和田が答え、二人は邸内に入った。

めちゃめちゃに荒らされた部屋を四つほどすぎ、五つ目の部屋に入ると、大型の椅子に岡田総理の写真が立てかけられている。額のガラスは粉々に割れている。

「総理の顔を我々はよく知らないので、この写真を欄間から引き下ろして首実検したのです」

と中尉。彼はさらに
「ご覧になりますか」

と隣室に続く襖を指した。その襖を隔てた日本間に総理の遺骸があるとわかった。和田は後にこう

書いている。

「……私は即座に返事ができなかった。例へ新聞人という職業柄とは云へ、また異様な今回の事件の最中とは云へ、一国の首相の官邸の奥まった一室に反乱軍の行動隊を通じてまぎれ込み、その遺骸に接するとは、異常な呵責を感じたのである。

『御焼香のつもりで』

私はやうやく、それだけ云った。彼等には兎も角として私にとっては一国の首相であり、尊敬すべき先人である。私は襖から離れて立上がった。

襖は、栗原中尉によって静かに開かれた。その内部の日本座敷は幽暗な色が漂っている。十二畳敷でもあらうか。その座敷の真中に、西向きに一組の布団が敷かれている。掛け布団は花模様。その下に死體と思はれるものが動くことなく横たわっている様子。

まとまりのつかない異常な感慨であった。私は敷居越しに遠くから静かに頭を下げた。栗原も私の傍らに粛然と立っていたが、私の礼が終わると黙って襖を閉めた」

（『文藝春秋』一九五四年七月号）

和田が遺体に近づき、顔を見なかったことも、岡田にとっては幸運だった。和田日出吉記者は、岡田総理も松尾伝蔵もよく知っていたのである。

和田はそのあと栗原中尉と女中部屋に行っている。和田が

「女は可哀想ではないか」
というと、栗原中尉は
「そうでした」
といって女中に
「溜池まで行けば円タクもある。途中まで兵に送らせるからもう帰れ」
といった。女中は「はい」と返事したが、いっこうに帰ろうとしない。しばらく女中部屋で話をした和田と栗原中尉は引き揚げた。後年、和田が岡田の家で昔日の思い出話をした際、このことを話すと、岡田は「あのときの声は君だったのか」といって笑った。岡田は押入れの襖越しに和田日出吉と栗原中尉の会話を聞いていたのだ。

宮内大臣、岡田生存に驚愕

和田が再び正面玄関へ戻ってくると、黒っぽい洋服の紳士が門のあたりから雪の庭を横切って兵に送られて入ってきた。


「『何の用事ですか』と栗原は立上がって云った。

『総理大臣の秘書官です』

と答えた。見れば見覚えのある迫水久常君で、同君にとっては岡田首相は岳父の筈である。同君が日本間の方に消えてゆくのを見すまして、私も此処を去る事にした。この襲撃現場の経験が、私には一瞬のようでもあり、数時間のようでもあった。
『坂の途中まで兵に送らせます』
と栗原中尉は云って挙手した。正門まで来て振り返ると栗原はまだ私の方を見ていた。それが彼を見た最後だった」
（前掲『文藝春秋』）

和田の大スクープ記事は、だが幻となった。事件の報道はいっさい禁止になったからだ。和田と入れ違いに官邸に入った迫水が栗原中尉に会いにきたのは、岡田総理が生きていることを急ぎ天皇に奏上するためである。電話は盗聴されている可能性があり、迫水か福田が直接宮内省に行くほかない。そこで迫水が宮内省に行き、福田が残って官邸の女中たちとの連絡を取り続けるという役割分担になった。

もちろん、栗原中尉に「奏上するため宮内省に行く」とはいえないので、迫水は「総理の葬儀について打ち合わせをしたいので、総理の私邸に行く必要があります。安全に包囲網から出してください」と要請したのだ。二十六日の午前十時すぎ、あるいはもう少し遅い時間だったかもしれない。迫水はモーニングを着、チョッキの下にはひそかに防弾チョッキもつけていた。

初めは「電話で済ますことはできないのか」とか「いま急いで行くこともないだろう」となかなか承諾しなかった栗原中尉だったが、「婿の自分が行って段取りをつけるしかない」と食い下がる迫水に根負けして、やっと許可を出してくれた。

栗原中尉は一人の新兵をつけてくれたので、なんなく警戒線を通ることができた。新兵はそこで敬

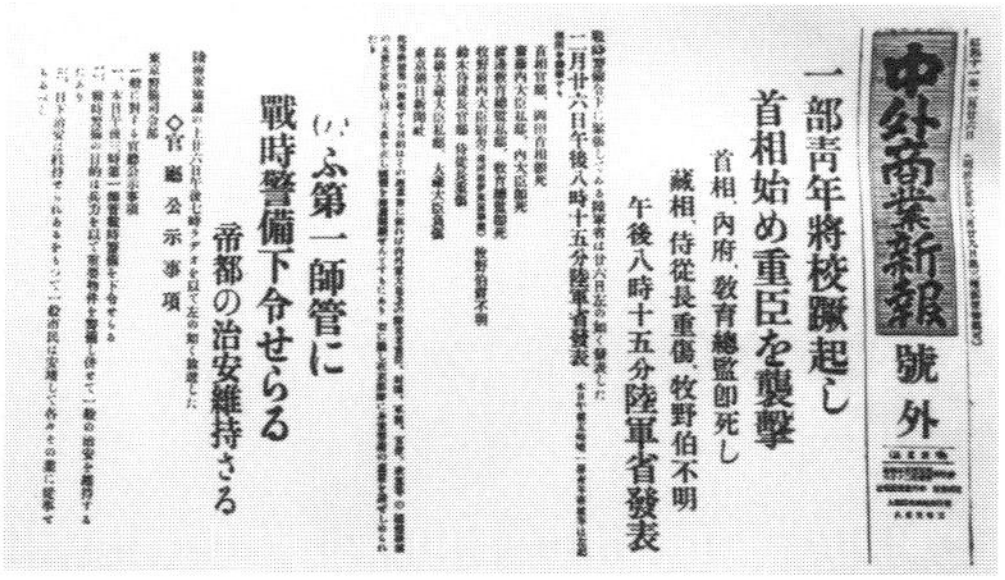
中外商業新報
號外
一部青年將校蹶起し
首相始め重臣を襲撃
首相、内府、教育總監即死し
藏相、侍從長重傷、牧野伯不明
午後八時十五分陸軍省發表
二月廿六日午後八時十五分陸軍省發表
いふ第一師管に
戰時警備下令せらる
帝都の治安維持さる
◇官廳公示事項

2・26事件を報じる中外商業新報（現・日本経済新聞）の号外。岡田について「即死」と報道している

礼し、引き返していった。迫水は道々その新兵と話したが、前年十二月に近衛歩兵第二連隊に入営したばかりだという彼は、「今日は初めての実弾演習なので張り切っています」という。迫水は「君たちは今朝、総理大臣を殺したのだよ」というと、新兵は顔色を変え、本当ですか、本当ですかと何度も聞いた。知らなかったのだ。

迫水は虎ノ門付近まで歩き、尾行がついていないことを確認してタクシーを拾って宮城に向かった。坂下門から入ろうとお堀端まできて警戒の警察官に氏名を名乗ると、「今日は平川門だけが開いていますので、そちらへどうぞ」というので、そこからは深い雪を踏みしめて宮城に向かった。門に立っていた皇宮警手は顔見知りだったので、すぐ宮城内に入ることができた。

宮内大臣の応接室に入ると、宮内大臣湯浅倉平がすぐに出てきて悔やみをいう。迫水がそれを遮って「岡田総理は生きています」というと、湯浅は驚きのあまり手に持っていたものを落とした。「岡田総理は即死」というニュースが広がっていたのだ（陸軍省が正式に「岡田総理即死」と発表したのは二十六日午後八時一五分）。湯浅は「すぐに上奏します」と、走るようにして部屋から出て行った。

湯浅は間もなく引き返してきて、

「岡田総理が生存していることを陛下に申し上げたら陛下は、それはよかったと非常にお喜びになり、岡田を一刻も早く安全地域に救い出すようにとの仰せでした」

と謹厳な口調で迫水に伝えた。

迫水は陛下のお言葉をありがたく承ったが、その一面、こうなったら必ず救い出さなければならないという強い責任を感じた。

それからしばらく迫水は湯浅宮相と話し合ったが、救出の名案は出ない。内閣官房からは各大臣、軍の長老たちに至急参内するように要請していたので、その頃には宮内省に数人の大臣、それに真崎甚三郎大将、荒木貞夫大将らも集まっていた。迫水はその中に近衛師団長・橋本虎之助中将がいるのに気がついた。正義感が強く、誠実な人柄の軍人である。彼に頼み、総理の遺骸を守るという名目で近衛兵を総理官邸に入れてもらって岡田を救出することはできないかと迫水は考えた。そのアイディアを湯浅宮内大臣に伝え、どうでしょうかと尋ねると、湯浅は沈痛な面持ちでこういった。

「近衛師団長も独断では措置がとれないでしょう。きっと上のほうに指揮を求めると思うが、あそこにいる将軍たち（と湯浅は将軍たちの集まっている部屋を指さして）はいったいどちらをむいているのかわからないから、非常に危険ではないだろうか」

たしかにそのとおりで、軍部には決起部隊に同情する者も多い。うかつなことはできないな、と迫水は思った。宮中にはどんどん軍部の首脳が集まってきていて、なかには大きな声で「岡田首相が軍のいうとおりにしないから、こういうことが起きる。けしからんのは岡田首相だ」という将軍もいたのである。

迫水は閣僚たちの集まっている部屋に行ってみた。筆頭閣僚の後藤文夫内務大臣がまだ参内していないので、閣議は始まっていない。後藤内相の官邸も襲撃（指揮者は歩三の鈴木金次郎）されたが、不在だったため後藤は無事だった。

救出に一役買った海軍陸戦隊

誰もが迫水に官邸の様子を聞いてくる。迫水は適当に受け流していたが、そのうちに海軍大臣の大角岑生《みねお》がやってきた。大角は海軍の大将でもある。海兵二十四期で、岡田の後輩（岡田は十五期）だ。

迫水は大角海相に対して
「海軍の先輩である総理大臣の遺骸を引き取りたいと思いますので、海軍陸戦隊を官邸に入れて警戒していただけませんでしょうか」

と申し入れてみた。すると大角は、

「とんでもない！　そんなことをして陸海軍の戦争になったらどうする」

と反対するので、迫水は決心してこういった。

「では、これから重大なことを申し上げます。もしこのことをご承知いただけない場合は、私の申し上げたことは全部聞かなかったことにして忘れていただきたいのですが、よろしいでしょうか」

と予め念を押してから岡田総理の生存を伝え、その救出のため海軍陸戦隊の出動を頼むと、大角は非常に当惑した顔で、「君、僕はこの話は聞かなかったことにするよ」

と向こうに行ってしまった。

そのとき迫水は涙が出そうになった。頼れる人がいないのである。同日の夜半になって、迫水は自身が最も信頼する司法大臣・小原直と岡田総理といちばん親しい鉄道大臣・内田信也の二人に直接言葉を交わす機会ができたので、岡田が生きていること、官邸内に隠れていることを話した。二人ともあまりの意外さに茫然とし、「大変なことになったなあ」「何とか助け出さないと」とはいうものの、名案は思いつかない。内田がしばらくして「大角に話したか？」というので迫水が大角海相とのやり取りを話すと、内田は「大角も頼りにならんなあ」とため息をついた。

2・26 事件に対し出動した海軍陸戦隊

もっとも、大角は総理官邸に陸戦隊を入れることを断ったものの、この日の朝、反乱軍に徹底抗戦するため、横須賀鎮守府が海軍陸戦隊を出動させている。当時の横須賀鎮守府参謀長・井上成美が立案、その上司である横須賀鎮守府司令長官・米内光政が決裁して、特別陸戦隊四個大隊が編成された。二千余名の陸戦隊を指揮したのは井上成美と同期の佐藤正四郎大佐（のち少将）。佐藤は砲術学校教頭をつとめる陸戦の権威である。佐藤の率いる四個大隊はすぐさま海軍省の守備に就き、反乱軍とにらみ合うことになる。また翌二十七日午後四時には旗艦「長門」をはじめ天皇のお召し艦である軍艦

「比叡」など四十隻の軍艦を芝浦沖に集結させ、砲門を市街に向けていつでも反乱軍を砲撃できる態勢をとった。

井上成美と米内光政のコンビは、こんな会話も交わしている。米内が井上に、

「おい、陸軍が宮城を占領したらどうするか」

と聞いたとき、井上はこう答えている。

「そうなったら、どんなことがあっても陛下に軍艦比叡においで願って、そしてあと日本国中に号令をかけなさい。陸軍がどんなことをいっても陛下をお守りする。とにかく軍艦に乗っていただければしめたものだ」

米内の反応はこうだ。

「そうか、貴様そう考えているか、ようし俺も肚《はら》がきまった」（新名丈夫著『沈黙の提督　井上成美　真実を語る』新人物往来社）

海軍のことを書いたのは、海軍陸戦隊が岡田啓介総理救出に一役買っているからだ。

陸戦隊を率いる佐藤正四郎大佐は翌日の二十七日午前九時、首相官邸に陣取る反乱軍の将校に、岡田総理の霊前への参拝を申し入れた。相手は主に栗原安秀中尉が応対した。交渉は難航したが、正午ちょうどに「指揮官と参謀一名だけ、短時間」という条件で霊前参拝の約束ができた。

麴町憲兵隊の動き

佐藤は陸戦隊の自動車に軍艦旗を掲げ、安田義達参謀と二人、武装兵数名に護衛されて官邸に向

かった。官邸に着くと、栗原中尉ほか将校三名、兵十数名が見守る中、遺体が安置されている日本間に案内された。部屋は泥靴に汚れ、器物が散乱している。安田参謀が用意の仏具を枕元に並べ、ロウソクをともし、線香を立てた。

栗原中尉が故人の顔にかかった白布を取り、佐藤は一、二歩進んで霊前に向かった。拝もうとして故人の顔を見た瞬間、佐藤は愕然とした。遺体は岡田総理ではなく、別人なのだ。佐藤は少佐時代に一年間、岡田連合艦隊兼第一艦隊司令長官の下で旗艦「長門」の砲術長として勤務したことがあり、岡田の顔はよく知っていた。

しかし佐藤は驚きを顔に出さず、丁重に合掌して、栗原中尉に「ありがとう」と礼を一言いって引き揚げた。佐藤は海軍省に戻るとすぐ大角海相に報告した。大角は「決して口外しないように」と佐藤に申し渡した。こうして海軍陸戦隊は松尾伝蔵の遺体引き取りと、生存が確認された岡田総理救出の陰の力になったのだ。

話は少し前に戻るが、迫水が大角海相に話しかけた二十六日午後二時ごろ、麴町憲兵分隊でも動きがあった。女中部屋で岡田総理の顔を見た憲兵の篠田惣寿上等兵が、息せき切って麴町憲兵分隊に戻ってきて、分隊長室にいた班長の小坂慶助、それに分隊長の森健太郎少佐に「岡田総理が生きています!」と報告したのである。篠田は年こそ若いがピンと立った立派なヒゲで仲間内では有名だった。林銑十郎大将のヒゲより立派で、本人も普段から手入れを欠かさない。その自慢のヒゲもいまはおかしいくらい乱れている。

「何かの間違いではないのか?」

と小坂が尋ねた。すると篠田はこういう。

「間違いありません。私がこの目で見たのです」

信用しないような二人の上司の態度に篠田は不満そうな面持ちである。森分隊長が
「岡田総理はどうしているのだ？」

と聞く。

「女中部屋の押入れに隠れています」

「お前はどうしてそれを見たのだ？」

と分隊長。

「官邸の中を歩いているうちに、女中部屋に二人の女中がいるのを見つけたんです。早く避難するようにと話したのですが、泣くばかりで押入れの前からどこうとしません。変だなと思って押入れを開けて中を見ると、岡田総理が和服姿で座っていたのです。自分は驚いて襖を閉めると、報告のためすぐ帰ってきたのであります」

篠田のいうことは理路整然としている。事実に相違ないとは思ったが、念のために
「お前は岡田総理の顔を知っているのか？」

と聞くと、

「知っています。東京駅や靖国神社で何度も見ています」

自信たっぷりに篠田は答える。分隊長は
「よし、わかった。この問題は重大である。三人だけの話としてほかに漏らすな。処置は十分に検

討して決める。ご苦労だった。帰ってよろしい。少し休養しろ」

「篠田、帰ります！」

と一礼して分隊長室を出ようとする篠田に、小坂も
「篠田、誰にも漏らすな」

と念を押した。

総理救出を決心

小坂と森分隊長はいったいどうしたらいいのか、語り合った。小坂はなんとしても岡田総理を救出すべきであると力説した。しかし分隊長は同意しない。分隊長の意見はこうだ。

「小坂、これはうっかり本部にも報告できないな。もし生存が間違いだったら笑いものになるし、事実とすれば、憲兵将校の中にも反乱軍に味方している者がある。牛込分隊長の森木少佐などは、すぐに栗原や安藤に内通すると思う。そうなると、せっかく生きている総理を、結果的に殺すことになる。これは篠田の報告を知らなかったことにして黙殺するよりほかにないな」

迫水の報告を「聞かなかったことにする」という大角海相と同じ態度である。

分隊長の考えもわからないわけではないが、しかし小坂はすでに総理救出の決心を固めていた。天皇陛下のご親任になった一国の総理の危難を、知っていて見殺しにはできない。何の処置も講じないとなれば、命がけで総理生存の情報をつかんできた篠田上等兵にも会わせる顔がない。小坂は篠田のヨレヨレになったヒゲを思い出していた。

分隊長室を出て、小坂は具体的な救出法を考えてみた。しかし、いくら考えても名案はない。ただ、具体案はまだ見つからないにせよ、あらかじめ兵力を整えておく必要がある。大人数では行動しにくいし、官邸にはまず入れないだろう。自分を入れて三人というところが妥当だろう。ではどんなメンバーにするか。まず頭に浮かんだのは現在官邸にいる青柳利之軍曹だ。特高班に所属する青柳は長野県出身で、かつて五・一五事件の際、首相官邸に一番乗りした男だ。剣道三段、柔道二段の猛者で、頭の良さも百四十人の分隊中でトップクラスだ。もう一人はやはり特高班の小倉倉一伍長。新潟県出身で、こちらも剣道二段、柔道二段。頭脳も優秀な憲兵である。この二人と一緒なら何とかなるだろう。今日の殊勲者は篠田上等兵だが、なんといっても若いし経験不足なので、この作戦からは外すことにした。

そこへ「班長殿、ただいま帰りました」と青柳が元気な顔を見せた。小坂は「ご苦労だった。大変だったろう。心配したぞ」と声をかけ、すぐ小倉伍長を呼んだ。

特高室から少し離れた取り調べ室に二人を入れ、声を潜めて小坂が岡田総理救出の決意を伝えると、青柳、小倉とも「やりましょう」「お手伝いします！」と同意してくれた。小坂は感激して二人の手を握りしめた。

「よし、万難を排してやろう」

三人は鼎坐《ていざ》して実行計画について打ち合わせをした。小坂がいう。

「これは本当に命がけの仕事だから、慎重の上にも慎重にやらないといけない。いちばんの難関は、いかにして警戒線を突破するかだ。これについて何か名案はあるか？　青柳、お前は官邸から帰ってきたばかりだが、もういちど官邸に入る見込みはあるか?」

「自信はありませんが、ぶつかれば何とかなると思います」

と青柳。

「官邸の栗原中尉に面会するとか、情報提供するというような口実ではどうだろうか」

「いや、警戒部隊は命令系統が違いますから、おそらくダメでしょう」

さらに小坂がこういう。

「とにかく、首相官邸にたどりつくのが先決だ。入ってしまえば何とかなると思う。とりあえず、陸相官邸に行って待機しながら機会を待つことにするか」

「それがいいと思います」

と青柳が答える。小坂は二人の部下にこう指示した。

「俺はもう一度分隊長の了解を得るように努める。二人はこれからすぐ出発して警戒の状況を偵察してくれ。青柳は半蔵門から三宅坂と、府立一中から氷川神社との二つの通路を見てきてくれ。小倉、お前は霞ヶ関と赤坂溜池の二カ所を見てきてくれ。その結果で最後の判断を下すことにしよう」

青柳と小倉は
「わかりました。すぐ出発します」

と直ちに出発した。

岡田首相の官邸脱出に協力した三人の憲兵。右から小倉伍長、青柳軍曹、小坂曹長

総理官邸に入る

暗くなってきた午後六時頃、青柳と小倉が相次いで帰ってきた。二人の報告を聞くと、三宅坂から陸軍省に行く道だけは唯一可能性があるようだ。しかし夜間の警戒は特に厳重なので、行くなら明朝早くしかない。小坂は二人にそれまで休息するよう命じ、自分は分隊長室に出向いた。

分隊長に青柳、小倉の偵察状況を報告すると、分隊長は小坂に

「岡田総理の救出は無謀に近い。成算のない仕事には手を出さないことだ」

という。やはり行かせたくないらしい。小坂は話題を変えて

「反乱軍の状態はどうなっていますか?」

と尋ねた。

「陸軍大臣はじめ、上司の方々が原隊復帰を説得しているが、なかなかいうことをきかない。そこで戒厳令の一部を施行して強制鎮圧を行うことになるようだ。まったく困ったことになったものだ」

東京市の区域に戒厳令の一部が施行されたのは二十七日の午前二時。戒厳司令官には香椎浩平中将が親補された。戒厳司令部は憲兵司令部のすぐ隣の軍人会館に置かれ、それと同時に憲兵司令官、警視総監は戒厳司令部の隷《れい》下に入った。麹町憲兵分隊特高室でも「これで一安心」と、全員仮眠に就いた。武装姿で、靴もはいたまま部屋の床にゴロ寝である。

午前五時、小坂は青柳、小倉の二人に起こされ、朝食をしたためたあと三人はすぐ出発した。半蔵門の反乱軍第一線陣地は分哨長が物わかりのいい曹長で、「陸軍省の交代ならよい」ということで意外に簡単に通れたが、三宅坂の第二線が「だめだっ、帰れ！」と強硬に通過を拒否した。控え室から出てきた下士官も「歩哨が帰れというたら帰れっ。帰らぬと射つ！」と取りつく島もない。しかたなく日比谷方面に向かって歩き出した。参謀本部正門から議事堂に通じる道路には、またしても警戒線が敷かれている。うんざりして立ち止まり、ふと参謀本部の建物を見上げると、雑木林の土手が見える。「ここからなら形ばかりの木柵を乗り越えて構内に入り込めるのではないか」と気づいた。やってみると果たして簡単に三人は参謀本部に入り込めた。

参謀本部、陸軍省は反乱軍に襲われ、出入りは制限・監視されているが、構内の行動は自由にできた。さっそく陸軍大臣官邸の憲兵詰所に行くと、事件勃発以来、分隊からの最初の連絡者到着というので、居合わせた五、六人の憲兵は珍客でも迎えるような騒ぎ方だった。

陸軍省の憲兵の話を聞くと、首相官邸へ行くためには反乱軍の警戒線を突破しなければいけないが、いちばん手薄というかチェックの甘いのはドイツ大使館前だという。そこで三人はすぐドイツ大使館前に行き、立哨中の伍長に

「寒いのにご苦労さまですね。私たち三名は、首相官邸の故・岡田首相のところへ勅使が御差遣《さけん》になることになったので、警衛のため首相官邸に行くのです。これは官邸の栗原中尉も承知しています。支障ありませんか？」

と話しかけた。嘘も方便というわけだ。伍長はあっさりと

「ご苦労さまです。どうぞお通り下さい」

と通してくれた。

ドイツ大使館の前から赤坂方面に延びる広いアスファルトの道路をしばらく歩くと、ついに首相官邸正門に着いた。時間は朝の九時半頃で、早朝五時に出発してから四時間半ちかくかかっている。散兵戦の中で重機のそばにいる曹長に
「栗原中尉殿に面会したいのですが、取り次いでください。こちらは麴町憲兵分隊の小坂曹長ほか二名です」

と申し込むと、すぐ栗原中尉のもとへ伝令を走らせてくれた。あいにく栗原中尉は外出中というので、またしばらく待ったが、やがて栗原中尉が帰ってきて面会するという。三人は栗原中尉に敬礼し、小坂はこう話しかけた。

「麴町憲兵分隊の小坂曹長です。栗原中尉殿に用件があって参りました」

「いまさら憲兵に用事はないが、何だ」

「岡田総理の遺骸に対し、勅使が御差遣になるということで、その準備と打ち合わせのために参りました」

「ここは我々の本部である。勅使は私邸のほうで受けるように帰って伝えろ」

栗原中尉のそばにいた林少尉も鋭い目つきで三人をにらみつけ
「憲兵など、ここにいる必要はない。帰ったほうがいいな」

形勢不利で、小坂曹長は冷や汗をかいていた。ここはなんとか話題を変えなければと思った矢先、

栗原中尉から変えてくれた。

「どうだ憲兵！　今度は完全に裏をかかれたな。憲兵隊長は地団駄を踏んでいるだろう。アッハッハ」

林少尉、池田少尉も笑っている。

「いや、憲兵も、何かやるな、ということはわかっていたのですが、こんなに早く実行されるとは思いませんでした」

「そうだろう。憲兵に嗅ぎつけられるようなへまはしないよ。いまの憲兵は六感ではなく鈍感だからな」

「ここまで来た以上は大いにがんばってください。現在の国内情勢がいいとは誰も思ってないのですから」

それを聞いて若い池田少尉がこういった。

「憲兵曹長、お前はなかなか話せるぞ！」

小坂憲兵曹長は、ここぞとばかり切り出した。

「栗原中尉殿、いかがでしょう、官邸には若い女もいますし、またいろいろ貴重な物もあります。間違いはないとは思いますが、ちょっとした出来心で間違いが起こらないとも限りません。せっかくの行動に汚点でも残すようなことがあるといけませんから、この点だけ私たち憲兵にお任せください。それに斎藤、高橋の両家ではすでに勅使の御差遣も済み、今明中には荼毘《だび》に付すそうです。岡田総理の遺骸引き取りということもありますので、いかがでしょうか？」

栗原中尉は小坂を鋭い目でにらみ、こういった。

「憲兵！　我らと行動を共にした兵の中には不心得者は一人もいない。憲兵根性を出すな！　しかし第二点については同感だ。岡田総理にはなんの私怨もない。礼は尽くすつもりだ。よし、憲兵の申し出は承知した」

女中部屋の総理

こうして小坂たち三人の憲兵は首相官邸内に入ることができた。

小坂は栗原との会話の中で「憲兵も、何かやるな、ということはわかっていた」といっているが、これは事実である。「栗原中尉一派が二月二十五日前後に重臣襲撃を決行しそうだ」との情報を三菱本館秘書課から受け取っていたのだ。

血盟団事件（昭和七年）で三井合名理事長の団琢磨と前蔵相の井上準之助が殺されて以降、三井や三菱といった財閥は青年将校や右翼の行動に神経を尖らせ、金の力で憲兵や警察が逆立ちしても敵わないほどの情報網を作り上げていた。政党、諸官庁、新聞通信社、待合、料理屋、左右両翼団体から浪人まで、ありとあらゆる所に金をばらまいて情報収集に努めていたのだ。

この完璧ともいえる財閥の情報網は事件突発をいち早くつかみ、三菱の場合だと総帥・岩崎小弥太は警視庁出身の護衛二名に守られ本郷の本邸から中央線の国分寺駅近くの別荘に避難した。しかし国分寺別荘の目と鼻の先にある市立明星中学校の体操教師・山本又（予備役少尉。軍事裁判で禁固十年）が反乱軍の幹部として参加している（丹生部隊）ことを知ってびっくり仰天、あわてふためいて今度は伊豆の別荘に逃げ込んだ。また三井の総帥・三井高公（第十一代三井家当主）もすばやく東京から姿を消している。

話が脇にそれた。官邸に入った小坂以下三名の憲兵の行動に戻る。

小坂は二人の部下にこう指示した。

「青柳、お前はすぐに官邸内の警戒状況を調べてくれ。特に屋内の歩哨の配置、員数、控え兵の休憩場所、兵力等だ。小倉、お前は裏門の警戒ぶりと兵力、下士官兵の士気などを探れ。俺は総理を確認したあと、死骸の安置されている部屋にいる」

小坂は女中部屋に急いだ。日本障子をそっと開けると、不意の侵入者に二人の女中は顔色を変える。おびえ、震えていた。

「私は憲兵だ。心配するな」

こういって小坂は押入れの襖を軽く開ける。岡田総理と目が合った。

「閣下、憲兵です。救出に参りました。もうしばらくご辛抱ください」

岡田が無言でうなずく。小坂は二人の女中に

「もう少しですから頑張ってください」

と声をかけ、総理の寝室に行く。次の間には屍《しかばね》歩哨が立っていた。小坂は遺体に合掌した。青柳、小坂も帰ってきた。三人は裏玄関正面の応接間に入った。

小坂は部下の報告を聞いた。まず青柳。

「官邸内は屍歩哨だけです。巡察は一時間ごとに下士官が行い、その間に臨時の将校巡察がありま

す。屍歩哨の控所は裏門脇の衛兵所です。日本間付近には兵隊の出入りするところはありません。屋外は庭園の芝生のところと表官邸と日本間の境のところに立哨しています」

次に小倉の報告。

「裏門は警察官詰所が衛兵所になって、長は歩一の軍曹です。歩哨は裏門に二名、立哨しています。外囲の交代は表玄関内の記者倶楽部が本部となっているようです」

それから三人はどうやったら総理を救出できるか協議したが、名案は浮かばない。どこかの部屋で電話が鳴っている。小坂は昨日の福田耕からの数回にわたる電話を思い出した。

「そうだ！　福田秘書官だ！　彼を仲間に入れよう。官邸内については詳しいし、万一失敗しても我々の真意は通じる。彼はまだ官舎内にカンヅメになっているはずだ。俺が秘書官官舎に行って連れてくる」

小坂は衛兵に、

「ご苦労ですね。ちょっとそこの秘書官官舎まで行ってきます」

と声をかけると
「どうぞ」

しごく簡単に出ることができた。裏門の道路沿いに二階建の建物が五棟並んでいる。いちばん手前の官舎の表札は「迫水」となっており、その次が福田耕の住んでいる官舎だ。なお、このとき迫水は官舎にいない。前日、岡田が生存していることを天皇に奏上、いったん帰ろうとしたのだが、官邸付近の警戒線に阻まれ、やむなく引き返して宮内省に泊まったのだ。小坂が福田耕の官舎の呼び鈴を押す。ここからは福田耕の著書から引く。

役割分担

「……玄関のベルが鳴った。こわごわ出て行った書生が、一枚の名刺を持ってもどってきた。憲兵曹長小坂慶助と書いてあった。ぜひお目にかかりたいとのことなので僕は玄関に出て行き、重大な話があると言うのでさらに二階の応接間に案内した。

『重大なお話とは何ですか』

『女中部屋の押入れに老人が一人おります。あれをどうなさるおつもりですか』

との突然の質問である。さては見つかったかと、一瞬からだ中の血が逆上したかのように思えた。のちに小坂曹長は、あなたの顔が真っ青になったので驚いたと語ったが、さもありなん、憲兵が敵か味方か判然としないとであったから、僕は『老人とは何のことですか、どこにいるのですか』など、ちんぷんかんぷんの応酬をした。小坂曹長はたまりかねたというような口調で『あれは岡田総理ですぞ。なんとかして救出したいと思ってご相談にきたのです』と僕の瞳をじっと見つめながら語る。『救出の相談』の一言、藁をもつかむ気持ちで小坂に抱きついた。泣いた。そのときどんな話をしたか、どんな表現を使ったかはまったく記憶がない。しばらくして興奮がやや静まったとき、小坂は一挺のピストルをテーブルの上に放り出した。これは官邸正門のかたわらの警官詰所で拾ったものです、弾も入っています、安全弁もはずしてあります、もし救出に失敗したらこれを使って下さい、と小坂は言った。僕は無言のまま、そのピストルを凝視した。

失敗したらこれで応戦せよと言うのか、機関銃の前では太刀打ちにはならない、総理を撃てと指示するのか、と思っただけで総毛立つ気持になった。

救出の方法は……と問えば、小坂は、それがなかなか見つからんのです、それでご相談にあがったのです。と答える」

（前掲『栄枯論ずるに足らず』）

小坂は、官邸に信頼できる部下が二人いるので、これから官邸に行って四人で考えましょう、と福田を連れて官邸に行き、日本間正面の応接室に入って青柳、小倉の二人の憲兵を紹介した。

しかし名案は出ない。女中二名を早く引き取れと栗原中尉が言っているので、女中が出るときに総理を女中の父親とか官邸の守衛、あるいは小使いに仕立てて一緒に出させる案も出たが、将校か下士官が立ち会う可能性が強く、また守衛や小使いの服を見つけてくるのも難しい。非常口から出るのはどうかと検討したが、裏庭の正面に歩哨が立っているので、これも無理だ。考えあぐねているとき、福田がこう言った。

「実は今朝早く、陸軍大臣の小松秘書官から、なにか困ったことがあれば、こちらから栗原中尉に連絡してやる、と電話してきたので、せめて総理の近親者だけでも官邸に入れて総理の遺骸に焼香させていただきたいとお願いしておきましたが、これを何とか利用できないでしょうか？」

官邸に弔問者を入れる！　これまで全く考えなかったことで、小坂は

「これだ、これだ、これで行きましょう。総理を弔問者に紛れて脱出させる。これがいちばん安全です。これでやりましょう！」

弔問者は総理の私邸に昨日から集まっていて、遺骸を引き取るのを待っていると福田は言う。さっそく四人は具体的な検討に入った。問題は栗原中尉がそれを承知しているかどうかだ。小松陸相秘書官から連絡が行っているはずだが、念のため青柳を栗原中尉のところへ聞きにやらせると、しばらくして青柳は戻ってきた。

「栗原中尉の承認を得てきました。予め承知していたようです。弔問者は憲兵に任せる、人員は十名内外なら差し支えないとのことです」

と青柳。そこで四人の役割分担を決めた。

小坂曹長――女中と協力、総理に洋服に着替えてもらい、いつでも出られるよう準備しておく。弔問者が遺骸のある部屋に入った瞬間、総理を裏玄関に連れ出し、福田秘書官と協力して「病人だ、自動車を入れろ」と怒鳴る。小倉伍長の手配した自動車に岡田総理と福田秘書官を乗せて裏門を突破する。

福田秘書官――官舎に帰って淀橋の総理私邸に電話し、待機中の近親者十名内外、特に六十歳前後の老人で男のみをただちに官舎に呼び寄せ、小坂の合図で官邸に誘導する。自動車一台を裏門脇に待機させて、運転手を必ず車の中に置く。一行が部屋に入ったら襖を閉めてすぐ女中部屋に行き、小坂と協力して、総理と一緒に自動車に乗り込み脱出する。

青柳軍曹――松尾大佐の遺骸のある部屋付近に位置して屍歩哨を懐柔、総理の着替えのための洋服類を運ぶ小坂を助ける。福田秘書官が連れてきた弔問者を玄関広間で受け継ぎ、室内に誘導する。焼香の際は遺骸のそばに弔問者が近づかないよう注意する。死に顔は絶対に見せてはならない。

小倉伍長――表玄関の警戒本部に行って巡察の時間を探り、裏門付近に待機する。小坂の「病人だ、自動車を入れろ」と怒鳴る声に応じ、裏門外に福田秘書官が準備してある自動車をただちに裏玄関車寄せまで呼び入れる。

弔問客にまぎれて脱出

役割分担の打ち合わせが終わったのは午後十二時二〇分だった。小坂や福田がいちばん心配したのは、何も知らない弔問者を巻き込まないで済まされるかどうかだった。責任は重大である。

女中に聞くと、総理の洋服類は寝室の隣の十二畳間左側の押入れにあるという。しかし十二畳の座敷には着剣の小銃を持った屍歩哨がいる。打ち合わせ通り青柳が歩哨に話しかけ、注意をそらそうとするが、動く気配がない。小坂が「青柳、間もなく弔問者が来るから、その準備をしておいてくれ」と助け舟を出す。青柳は歩哨に向かって「弔問者が来たときの位置は、この辺りにしてくれませんか?」と隣室に誘う。小坂はこの隙に十二畳部屋に入り、すばやく押入れを開けて乱箱の中にある洋服類全部を一抱えにして部屋を飛び出した。女中に見てもらうと、靴下、帽子、靴、ネクタイ、眼鏡がないという。小坂は隙を窺って再度十二畳部屋に入り、残りのものを持ち出して女中部屋に運んだ。

総理の準備が整ったところで小坂は小倉と一緒に衛兵の前に立った。

「ただいまから総理の弔問者を官邸に入れますから承知してください。栗原中尉の許可は受けてあります。私が迎えに行ってきます」

「承知しました」

小坂は福田の官舎に行き、書生に来意を告げると、すぐ福田が出てきた。軽くうなずき合う。

「『弔問者は十二名です。御用意が宜しければ直ぐに参りましょう』

『直ぐで結構です。私も御一緒に御案内致しましょう』

と、一足先に玄関を出て待っていると、福田秘書官を先頭に十二名の弔問者がゾロゾロと玄関から出て来た。何れも六十歳前後の老人ばかりである。よくこれまで揃ったものだと感心した。

（中略）裏門の歩哨線まで来た。

『弔問者十二名通ります』

と私がいった。厳重な警戒が一層緊迫の度を増したかのようである。歩哨の員数点検を受けた一行は、一団となって車寄せから玄関に這入った。青柳軍曹が既に玄関広間に出て、福田秘書官より弔問者を受継ぎ、

『弔問の方は、これから私の指示に従って行動して下さい』

と、小さいが力強い声でいった。瞬間、私は身を翻して、女中部屋へ駆足で行った。息詰るような緊迫感が胸を締め付ける。

『閣下！　出ましょう！』

呆気に取られている二人の女中を押し退けるようにして、押入れの襖を一杯に開け、総理の手を取って、力一杯引出すようにして座敷に出した。総理はすでに背広にオーバー姿であった。座敷に立った総理は二日間の窮屈な端座に、よろめくように私に寄り掛かってきた。総理の右脇下から左肩を入れて抱えた。女中の府川さんが総理の帽子を、秋本さくさんが黒いマスクをそれぞれ附けてくれた。廊下に出て裏玄関に急ぐ途中で、息をはずませて来た福田秘書官が、飛び付く

ように、総理の左脇に肩を入れ、丁度重病人を二人で抱えるようにして玄関広間に出た。生か？　死か？　名状し難い数秒だった。

『小倉伍長、急病人だ。車を入れろ！　屍体など見るからだッ！　車！』

大声で怒鳴りながら、車寄せに出た。突然の大声に何事かと、指令始め三、四名の控兵が飛び出して、こちらを見ているのにはギョッとした。

『小倉ッ！　早く車を入れろッ！』

僅か一、二秒のことであったが、自動車の来るのが長いように感じられた。自動車（尾崎行雄氏の女婿佐々木久二氏の乗用車フォード三五年型）は呆気に取られて眺めている警戒兵の前を通って、車寄せに横付けとなった。福田秘書官がドアーを開けた。総理の身体を押し込むようにして中に入れて、福田秘書官が直ぐ乗込んだ。車は音もなく、警戒兵注視の真ッ只中を、裏門を無事突破してその姿を消した。時は午後一時二十分であった」（前掲『特高』）

ついに脱出したのである。

総理救出に尽力した三人の憲兵には、三月十日の陸軍記念日に憲兵司令部において岩佐禄郎司令官から表彰状が授与された。しかし陸軍皇道派の反発・報復を恐れ、その事実は公表されなかった。

官邸から脱出した車は、ひとまず本郷の真浄寺に着いた。東本願寺派の寺で、福田秘書官が結婚して所帯を持ったとき、その離れを借りていたことがある。一応、福田は自分が行くことは告げてあったが、岡田総理のことは伏せていた。住職は大きなマスクをした老人が一緒なので不審そうな顔をしていたが、岡田がマスクを取ると、まじまじと顔を眺め、「南無阿弥陀仏、南無阿弥陀仏」とお念仏を唱え始めた。岡田だとわかったのだ。

車中、岡田は「俺はどうしても参内する」といって聞かなかったが、福田は「いまはまだいけません」と、強引に連れてきた。住職は「ここにいればいいのに」と親切に引き止めてくれたが、それを謝絶し、次に下落合三丁目の佐々木久二邸に行った。こんどは前もって連絡しなかった。玄関で案内を乞うと、清香夫人が出てきた。尾崎咢堂翁の娘である。夫人は二人を一目見て喫驚、すぐ奥に駆け込んだ。

すぐ佐々木が出てきた。佐々木は岡田の同郷人である。岡田総理の弔問に行き、友人宅に寄って、先ほど帰宅したばかりだという。弔問者を案内した福田秘書官がいなくなり、官邸玄関に出てくると車（フォード）もなくなっていたので心配していたら、死んだはずの岡田総理が自分の車に乗って現れたので、大いに驚いた。佐々木は岡田の無事を喜び、参内まで滞在するのを快く承知してくれた。

一方、宮内省にいた迫水秘書官が総理官邸に戻ったのは岡田総理と福田秘書官が脱出した直後である。弔問者たちが不安げに廊下に立っている。迫水を見ると、福田秘書官がいなくなった、我々はどうすればいいのだろう、などと尋ねてくる。迫水は返事もそこそこに女中部屋に飛んで行って「お父さんは？」と聞くと無事脱出したという。迫水は万歳と叫びたくなった。しかし素知らぬ顔で「福田はちょっといないようです。私がご案内します」と、弔問者を福田の官舎に連れて行った。

今度は松尾大佐の遺骸を岡田総理の私邸まで運ばなくてはならない。岡田の私邸で采配を振るっている親戚の加賀山学（元鉄道省工務局長。元参院議員・加賀山之雄の実兄）に電話し、今日のうちに遺体を引き取るので棺を用意してほしいと伝えた。実際は松尾大佐であることはまだ知らせていない。棺を買いに葬儀屋へ行ったのは岡田啓介の次男・岡田貞寛と、貞寛の従兄弟である松尾寛二の二人。貞寛は当時一九歳で、勝鬨の渡し（いまの勝鬨橋）あたりにあった海軍経理学校の生徒だった。事件当日、教官から「貴様のお父さんが亡くなられた」と聞かされ、角筈の自宅に帰ってきていたのだ。松尾寛二は松尾伝蔵大佐の次男である。

棺ができ上がるのを待って、貞寛は一人でハイヤーに乗り、後ろに霊柩車を従えて官邸に向かった。栗原中尉から伝えられていたものと見え、歩哨も裏門の衛兵もすんなり通してくれた。もう夕刻である。

迫水は、遺体が松尾であることを悟られないように納棺するのは自分一人では無理だと考え、たまたま焼香にきた海軍の平出英夫中佐（のち少将。岡田の軍事参議官時代の副官）、大久保利隆秘書官、横溝光暉書記官、鈴木武秘書官などに応援を求めた。鈴木武は鈴木貫太郎の弟・孝雄の長男で拓務官僚である。岡田の次男・貞寛には「お父さんの死骸は残酷になっているから見ないほうがいい」と、部屋の外に出した。

納棺が終わると平出中佐が栗原中尉に連絡、遺骸を私邸に運び出す旨を伝えた。総理の棺を見送るため、玄関前や道路に兵隊が整列、貞寛の乗った霊柩車は、栗原中尉や兵士たちが一斉に敬礼する前を静かに通り抜けた。霊柩車には二人の女中も乗っていた。かくて「総理の遺骸」、実は松尾伝蔵大佐の遺骸は無事に角筈の岡田私邸に戻った。

迫水は親戚の者たちに「いずれ警察から検死官が来るから、絶対に棺の蓋を開けてはいけない」と厳命し、後事を加賀山学に託してすぐ閣僚たちのいる宮内省に向かった。まず宮内大臣に、ついで閣僚たちに集まってもらい岡田総理の生存・脱出を報告し、さらに一刻も早く岡田を参内させたいと申し出た。大部分の閣僚は総理が即死したと思っていたので驚愕、喜んで参内に賛成してくれたが、後藤文雄内相などは参内に反対した。そのまま辞表を捧呈して謹慎すべきだというのだ。迫水は佐々木邸にいる福田秘書官に電話し、今晩の参内は無理であることを伝えた。

松尾夫人に打ち明ける

迫水は深夜になってから岡田邸に帰り、葬儀の指図をした。家の中では、まだ誰も棺の中の遺体が松尾であることを知らない。迫水がいちばん気になったのは松尾大佐夫人・稔穂だった。岡田総理の妹である。稔穂は夕刻から無言で棺の前に座っていた。夜も更けて二十八日の午前三時頃、稔穂の姿を見ていた迫水は胸が詰まってきて、稔穂、貞寛など親族だけを別室に呼び、真実、つまり岡田総理が生きていて棺の中の遺体は身替わりになって殺された松尾伝蔵であることを打ち明けた。稔穂は言葉少なく「松尾がお役に立ったとすれば結構なことです」と涙ひとつこぼさなかった。迫水はこのときの稔穂について「さすがに福井藩の侍の娘であった」とのちに回想している。しかし甥の貞寛は明け方、稔穂が松尾の棺に取りすがって嗚咽しているのを目撃している。貞寛はこらえきれず、自分の布団に戻って泣いた。

岡田の強く望んだ参内が実現したのは二十八日になってからである。迫水は「今日こそ総理を参内させなくては」と考え、宮内省に向かった。宮内省に着くと閣内最長老町田忠治商工相が「もう参内

都新聞
第三號外
岡田首相は健在
昨夕参內御詫を言上
遭難者は義弟の松尾大佐
後藤臨時首相代理解任さる
內閣總理大臣臨時代理內務大臣 後藤文夫
二十七日の夜おそく
官邸を出て某所に避難
閣僚始め側近の者が
廿七日夜生存を知った

昭和11年(1936)2月29日の都新聞(現・東京新聞)。ようやく岡田の生存が大きく報じられた。新聞記事中の写真は岡田(左)と松尾(右)

してもいいだろう」というので、すぐ角筈の私邸にいる福田耕に連絡、福田は時の憲兵司令官・岩佐禄郎中将に警衛を頼んだ。岩佐は中気（脳溢血）のため半身があまり利かず療養中だったが、「こんな事態になったのは私の責任です。一死をもって護衛の任に当たります」と、憲兵司令官の札を貼った車に岡田総理を乗せ、自らも助手席に乗って宮中まで岡田に同行してくれた。

宮内省に入ると、岡田はすぐ閣僚のいる部屋に行き、皆に挨拶した。生きていてよかったと心から喜んでくれる人がいた一方、なぜ生きているのかという表情で顔をそむける人もいた。しばらく待機したあと、拝謁のため御座所に向かう。長い廊下に立っていた舎人（宮内省の役人）の中には恐怖の表情で逃げる者や、思わずその場にへたり込んだ者もいた。岡田総理は死んだものと思っていたのだ。

拝謁は午後七時三〇分から同三四分までの四分間だった。天皇は「生きていてよかった」と大変喜んだ。また「引き続き政務をみよ」とのことで、岡田は感涙にむせんだ。岡田はそのあと十時五三分から五五分まで、再度拝謁、その夜は他の閣僚と同様、上衣とズボンを脱いだだけで、宮内省の仮設ベッドで寝た。

岡田総理の生存が発表されたのは翌二十九日である。宮内省と角筈の私邸で午後五時、同時に発表された。宮内省で白根竹介書記官長が発表した内容は次のとおり。

「今回の事件に対し岡田首相は官邸に於いて襲撃せられた旨を伝えられ、まことに痛惜に堪えぬ次第であったが、図らずも今日まで首相と信ぜられていた遭難者は義弟の松尾大佐であって、首相は安全に生存せられていたと判明した。昨朝首相は先ず後藤臨時代理を経て闕下に辞表を捧呈し、同夕刻参内して天機を奉伺すると共に、今回の事件に対し宸襟《しんきん》を悩まし奉り恐懼に堪へざる旨深くお詫びを申し上げたところ優渥なる御沙汰を拝し恐懼感激して御前を退下したのである。次いで後藤内務大臣に対し内閣総理大臣臨時代理被免の辞令が発せられた」（二月二十九日付『都新聞』号外より）

文中の「内閣総理大臣臨時代理」については説明が必要だろう。

本来、総理大臣が亡くなった場合、閣僚の一人に出される辞令は「臨時兼任内閣総理大臣」だ。犬養首相が兇弾に倒れた際も高橋是清蔵相にこの辞令が出ている。岡田総理が即死したと発表されているのに「内閣総理大臣臨時代理」が出されたのは迫水秘書官が総理秘書官であり内閣官房総務課長である横溝光暉に岡田総理の生存を話したためである。あとで脱出できても、すでに総理大臣ができていたのでは立場がなくなってしまうので、迫水は横溝に「生死が判明しない場合」に出されるこの辞令（二十六日夜）にしてもらったのだ。横溝は総理官邸裏門前の迫水の官舎の隣に住んでいた。

岡田内閣、総辞職

すでに迫水から岡田総理の生存を知らされていた小原直司法相と内田信也鉄相は別にして、他の閣僚でこの辞令の不自然さに気づいた者はいなかった。新聞記者も同様だったが、一人、朝日新聞政治部長の野村秀雄が「この辞令は変だな」とつぶやいた。それを聞いた部下の壁谷祐之が取材を始め、宮中の内田鉄相に電話してみた。内田は閣議中なので秘書官の高橋邦夫を呼び出し、「今度の後藤の辞令はおかしいじゃないか」と聞くと、「ああ、岡田が生きているんだよ」といってガチャンと電話を切ってしまった。これは大変だというので、壁谷はすぐ首相官邸に出かけた。岡田総理が脱出したあとで、迫水、福田両秘書官と稲田周一内閣官房課長らが日本間にいた。「生きてるんだろう」と聞くと秘書官たちはニヤリと笑い、「それ以上のことはいえない」という。

壁谷はさらに取材を続け、ついに落合の佐々木邸に岡田がいることを突き止め、庭から回って岡田に会い「おめでとうございます」といってすぐ会社に取って返して野村に報告した。だが当時、政府発表以外は記事掲載禁止だったので、このスクープも二十九日の正式発表まで記事にできなかった（『野村秀雄』野村秀雄伝記刊行会）。

岡田内閣は結局、総辞職した。二月二十九日（この年は閏年）である。この日の午後二時頃には反乱軍の原隊復帰もほぼ完了、戒厳司令部は午後二時三〇分「叛乱軍ハ鎮定セラリタリ」と発表した。広田弘毅に組閣命令が下ったのは三月五日だ。天皇は岡田が自決しないか心配した。また岡田を首相に推挙した元老・西園寺公望も岡田の自裁を恐れ、「岡田は腹を切るかもしれないが、腹を切ってはいかん。また腹を切らせてはならぬ。この場合、腹を切ると負けになる。暴力を振るった者が勝ちということになる。岡田が責任を取るのは、ほかに方法がある」と側近の原田熊雄に語ったという。原田は西園寺の考えを岡田に伝えるのにいちばんの適任者は福井の旧藩主松平康昌侯爵だと考え、松平に依頼した。松平は直ちに岡田を訪ね、「大丈夫ですか」と尋ねた。岡田はニコッと笑って「大丈夫です。ご安心下さい」と答えた。禅問答のような会話だが、岡田には「死んではいけません」という松平の真意はすぐにわかった。

松尾伝蔵の葬儀は三月三日、青山斎場で執り行われた。もちろん岡田も参列した。遺骨が郷里の福井市に戻ったのは三月七日で、翌八日、松尾の母校・旭小学校で旭区民葬が営まれた。多くの区民が松尾の死を悼み、別れを惜しんだ。アメリカの駐日特命全権大使、ジョセフ・C・グルーはその著書で松尾についてこう書いている。

「私は松尾こそ二・二六事件の本当の英雄だといいたい。彼らが護衛する人々を保護しようとして死んだ勇敢な、忠誠な警官は多数いるが、いわば職務を履行したのである。しかし松尾の行為は、まったく自発的の愛他主義だったからである」

（『滞日十年』筑摩書房）

松尾伝蔵大佐の葬儀での岡田啓介（右から2人目）。左のヒゲの男性は福田耕秘書官

岡田啓介と二・二六事件の関係についてはこのへんで終わろうと思うが、最後に迫水が丹生誠忠中尉と丹生の親友・栗原安秀中尉に会った際のやりとりを紹介しておきたい。先に書いた（三四頁）ように、丹生は岡田啓介の親戚で、迫水とは従兄弟同士だ。

「（二・二六事件と）同じ年の七月、丹生の死刑がきまったのち、彼からぜひ会いたいと連絡があったので、私は代々木の陸軍刑務所に面会にいった。彼はすっかり覚悟もできていたようで、頼もしい姿であったが、『岡田のおじさんが生きておられたことをずっとあとできいて、私はホッとしました。冥土への道の障りが一つ減った感じです。どうぞ長生きしてくださるように伝えてください』といった。

私は許されるなら彼に抱きつきたい衝動を感じた。そのとき丹生は、栗原中尉にも会っていってくださいというので私は会った。栗原中尉は私に『迫水秘書官、私はあなたにほんとうに見事にだまされました。このことをあなたに申し上げたいと思っていました。はじめ総理生存のことをきいたときには、あなたのことを思いだしてある感じを禁じ得ませんでしたが、いまでは罪が一つでも少なかったことを喜んでいます』といった。私は恩怨をこえた、人間としての複雑な感慨に打たれつつ刑務所の門をでた」

（前掲『機関銃下の首相官邸』）

丹生と栗原は同年七月十二日、ともに処刑された。二人は同じ明治四十一（一九〇八）年生まれで、享年二十七歳。

そして生き永らえた岡田啓介は、のち、自分の命の捨て場はここだと、東條英機との決死の対決に臨むことになる。

なお栗原中尉が事件の四日ほど前、妻と二人で首相官邸付近を散歩、帰りに『中外商業新報』の和田日出吉記者と銀座のすき焼き屋「松喜」で会ったことは前に触れたが、その妻・玉枝（二十三）は栗原が処刑された二週間後の七月二五日、「あの世で夫と暮らす」と遺書を書いて睡眠薬自殺を図っている。幸い発見が早く、一命は取りとめた（七月二七日付『中外商業新報』）。

第四章　海軍

祖父は松平春嶽の家庭教師

幕末の名君として聞こえた松平春嶽（慶永）が福井十六代藩主となったのは天保九（一八三八）年の七月二十七日である。田安徳川家の出で、従一位権大納言・田安斉匡《なりまさ》の六男。この年の春、福井（越前）第十五代藩主斉善《なりさわ》の養子になったばかりだが、斉善の急死によって、わずか十一歳で三十二万石の福井藩主の重職に就いた。幼名は錦之丞で、同年十二月、江戸城で元服すると同時に将軍家慶《いえよし》の慶の字をもらい、錦之丞を慶永《よしなが》に改め、号を春嶽とした。

江戸幕府の慣例では、藩主は十七歳に達するまで江戸藩邸に住み、領国に帰ることは許されないのだが、福井藩の特殊事情により、天保十四（一八四三）年五月、春嶽は十六歳で福井に向かった。

春嶽が福井に乗り込んできたとき、召し出されて小姓として君側に奉仕するようになったのが岡田喜八郎（貞幹）、すなわち岡田啓介の祖父である。喜八郎はこのとき三十八歳。殿様が十六歳でお小姓が三十八歳というのは少し奇異な感じがするかもしれないが、喜八郎は殿様の身の回りの細々した用をたし、佩刀を捧げて黙って控えているような並の小姓ではない。四書、五経などの経書《けいしょ》をご進講するかと思えば武術の稽古もつける、文武両道に秀でた「家庭教師」であった。

百五十石取りの喜八郎は若い殿様の教導係として尽くし、春嶽はその輔弼《ほひつ》の功を讃えて「静眠《せいみん》」の名を与え、後年、喜八郎を郡奉行にまで取り立てている。また明治一〇（一八七七）年に喜八郎が没したときは臨済宗の福井瑞源寺に墓地を賜っている。

その静眠（喜八郎）には女の子が三人あるだけで男子がいなかったため、福井藩士・青山弥五衛門の次男、喜藤太（貞弘）を次女波留子の婿として迎えた。この婿養子の岡田喜藤太が岡田啓介の父である。喜藤太について『福井藩士履歴』（福井県文書館編）は「実青山小三郎弟」と書いている。青山小三郎は福井藩の生んだ俊才の一人で、青山貞（てい。ただす、とも）のことである。喜藤太の紹介の前に、まず青山貞について触れておきたい。

青山貞は七歳のときから漢学を、十四歳で槍術、剣術を学び、間もなく免許皆伝の腕前になった。二十七歳のとき、近所の父兄から頼まれて少年たちに漢学を教え始め、安政二（一八五五）年に福井藩校・明道館がつくられたときも、明道館の設備が完備するまで私塾を続けるよう藩命を受けている。三十一歳で明道館の講師を命ぜられ、万延元（一八六〇）年には藩主・松平茂昭（春嶽の養子）にも論語、資治《しじ》通鑑《つがん》などの講義をした。この頃、春嶽は大老・井伊直弼と対立、徳川慶喜らとともに謹慎を命ぜられ、霊岸島邸で五年近く謹慎生活を送っていた。

明治維新後の松平春嶽

青山貞は翌年、藩の「生産方御用」を命ぜられ函館へ。

表向きは出張だが、実際はカラフト探検だった。幕末の激動期には藩命によって東奔西走、第一回長州征討の際は、長州の処分をめぐり西郷隆盛、勝海舟、吉井幸輔（友実。薩摩藩士）らと会談している。慶應四（一八六八）年には参与。福井藩では中根雪江、酒井十之丞、毛受洪、由利公正に次いで五人目の参与である。参与とは天皇の親政を補佐する職責で、総裁、議定に次ぐものだ。明治四（一八七一）年には高崎県、前橋県など七県を合併してできた群馬県の初代知事に。翌年、彼は県庁を高崎から前橋に変更している。その後、中判事、司法大丞などを歴任、官を辞して福井に戻ったのは明治十二（一八七九）年、五十四歳のときだ。いったん故郷に帰った青山だが、その後も元老院議官、秋田県知事などを命じられ、明治二十（一八八七）年には維新の功績を認められ男爵を授けられ、華族になった。我が国最初の貴族院議員の一人に選ばれたのは六十五歳のときだった。

シメタ君の誕生

その青山貞の弟で、岡田家に婿入りした岡田喜藤太もまた文武両道に秀でた侍だった。

たとえば安政六（一八五九）年六月十四日には横浜の警備に就いている。この年の四月、幕府は神奈川、長崎、函館を開港、米・英・蘭・仏・露の五カ国との交易を許したからだ。また国際的危機感が強まってきた文久二（一八六二）年、福井（越前）藩は農兵組織を作り始めたが、喜藤太はその農兵の差配役を仰せつかった。翌文久三年正月二十九日には農兵隊の教授方および指揮役になっている。農兵隊は農民などから荘丁を選抜して軍隊を組織したもので、長州で高杉晋作が作った奇兵隊のようなもの。福井藩では同年、四個大隊を編成している。米国汽船を購入して「黒龍丸」と命名したのもこの年だ。

慶應四（一八六八）年一月三日に起きた鳥羽・伏見の戦いでは福井藩は勤王方についているが、喜藤太は「お含み役」といって、探偵のような役で京都周辺の情報を集めている。明治と改元してからも喜藤太は東京詰めとなり、東京と福井の間を行き来した。その後、福井では農兵隊の中尉心得などになっている。お役御免になったのは明治五年一月十九日だ。

引退してからは、かねて興味のあった園芸に取り組み、新たに買い足した三千坪ほどの広い邸内に外国から取り寄せた珍しい果樹を植えたり新種の草花を作ったりした。また甘蔗（さとうきび）を栽培して砂糖を作ったり、周囲に養蚕を奨励したりもしている。進取の気性に富み、西洋の文明を勉強したいと、義父の喜八郎に洋行を願い出たこともある。横文字の本もすらすら読んだというから、相当なものである。

岡田啓介が生まれたのは慶應四年の一月二十一日。岡田家は女系家族というのか女子ばかりが生まれ、なかなか男児に恵まれなかったので、祖父の喜八郎は「よかった、よかった、お手柄」と喜び、親戚中に触れ回った。喜藤太が息子の誕生を聞いたのは鳥羽・伏見の戦いが終わって福井に帰ったときで、出迎えの者からその知らせを聞いて「シメタッ！」と叫んだ。それほど男児が欲しかったのだ。ちなみに喜藤太と波留子の間に生まれた子供は最初が女子の豊穂《とよお》で次が啓介、その下は次女・増穂《ますお》、三女・稔穂《としお》、次男・喜又、四女・登美穂《とみお》の二男四女である。

喜藤太が「シメタッ！」と叫んだことから、幼年時代の啓介は「占太」あるいは「〆太」と呼ばれた。

少年期の啓介は子ども仲間や大人たちからは「兎の啓ちゃん」と呼ばれた。小柄で色白、目のくりくりした愛らしい子どもで、おまけに動作が敏捷だったので、こんな綽名がついたという。

啓介は明治七（一八七四）年五月、開校したばかりの旭小学校に入学した。七歳になったときである。明治五（一八七二）年八月三日、明治新政府は日本最初の近代学校制度を頒布した。これが「学制」で、全国を大学区、中学区、小学区に分け、それぞれの学区に大学、中学校、小学校を作るというもの。福井でも学制に応じて学校が作られ、その小学校の一つが桜の馬場近くにできた旭小学校である。もと藩の米蔵だった建物を利用して作られた小学校で、板の間にムシロを敷き、そこに二十ばかりの机を入れた教室で授業を受けるという、いわば寺子屋のようなもので、地元では旭小学校とはいわずに「米蔵学校」と呼んでいた。先生は長崎で学んだ経験のある平瀬儀作という人で、習字を中心に和漢の学問を教えた。

啓介が頭脳の優秀さを発揮し始めたのはこの小学校時代からのようで、祖父の喜八郎（貞幹）からすでに「三字経」（中国の初学者用教科書）や「大学」（儒教の経書）などの素読の訓練を受けていたからか、よく漢字を知っており、しばしば上級生や先生を驚かせた。

毒蛇に噛まれる

もっとも一方では界隈きってのガキ大将で、近所の腕白小僧を集めては遊び回った。啓介の一級下にいたのが大森房吉である。これも一方のガキ大将だったが、啓介には一目置いていた。大森は小学生のときに上京、のち東京帝大に入り、卒業後は大学院に進んで英国から招聘されたミルン教授のもとで地震学を研究、ドイツやイタリアへの留学を経て東大教授に。地震動に関する大森公式や大森式地震計を作るなど世界的な地震学者になった。大正十二(一九二三)年九月一日、大森はオーストラリアのシドニーで開かれた汎太平洋学術会議に出席していたが、たまたまリバビュー天文台で関東大震災の強い揺れを観測、急いで日本に帰る途中船内で倒れ、帰国後の十一月八日に死去した。脳腫瘍だった。

話を戻すと、啓介はこの小学校時代、一度ひどい目にあっている。ある日父母が留守で退屈していたら、下男の松蔵が筍《たけのこ》を取りに行こうといいだした。ちょうどツツジの咲く頃である。よかろうと近くの勝見川の土手を竹から竹につかまって登っていったら、途中、何かに左手の甲をチクリと嚙まれた。蛇である。たちまち左手が腫れてきた。すぐ手拭いで縛って家に帰ってきたら、魚屋が「放っておいたら危ない。近所の隠居に見てもらえ」という。

隠居のじいさんに見てもらうと、じいさんは怪しげな鳥の羽根を持ち出し、その先で嚙まれたところをほじって「歯が二つ残っていたが、みなつまみ出したからもう大丈夫だ」という。そして吊るし柿を嚙みつぶして患部にはりつけてくれた。しばらく腕白連中と遊んでいると、だんだん手が腫れてきて、痛くてたまらない。家に帰って寝ていると、部屋の外を女中が通るだけでも痛みが響く。そこで家中大騒ぎになり、父母を呼びに走る一方、医者の往診を求めて貼り薬や飲み薬をもらった。そうしたら首から上はなんともないが、首から下は腫れあがって横にもなれない。

三週間ほどでようやく腫れが引いてきて、嚙まれた手の甲も元通りになったが、睾丸だけはなぜか腫れが引かない。医者は睾丸に鍼《はり》を立ててやろうというのだが、なんとか鍼はかんべんしてもらった。

治るまで結局一カ月もかかってしまった。

高等小学校（旭高等小学校）時代には三、四人の悪友ができた。当時は小学校が四年、それから高等小学校が四年あった。啓介は弁当を持って学校に行くようなふりをして自宅を出て、悪友の家に集まり花火作りに熱中した。河原で打ち上げて大いに喜んだものだ。それから足羽川で「ゴリびき」もやった。ゴリというのは体長五～七センチのハゼ科の魚で、見てくれはよくないがなかなかうまい。悪友の家から鍋や飯を持ち出して河原で食べた。こんな具合に勉強はそっちのけで遊んだため、学校の成績はみるみる下がってきた。ことに数学は落第点に近かった。

さすがに啓介は反省し、一念発起して日置勝驥《かつき》という先生の塾に入った。十一歳のときである。先生のお宅で勉強し、講義が終わって先生が部屋を去ってのちも啓介は納得の行くまで座敷に残って自習した。先生から「まだいるのか」といわれて「まだいいといわれないので勉強しています」と答えると、「もう帰ってよろしい」といわれ、ようやく帰ったこともある。日置先生の下で英語、漢文、算術などを相当勉強した。

啓介は明治十三（一八八〇）年に旭高等小学校を卒業、明新中学校に入学した。

福井藩の藩校は明道館といったが、明治五（一八七二）年、学制と同時に出された布達（文部省令第十三号）で、全国各藩の藩校はいったんすべて廃止を命じられた。明道館は福井私立中学に引き継がれ、翌明治六年にはその福井私立中学に師範学科が設置される。そしてさらに明治七（一八七四）年、その師範学科が福井師範学校（現在の福井大学）として独立したのを機に、福井私立中学校は福井明新中学校と改称された。「公立明新中学」になるのは明治十二（一八七九）年三月で、啓介が入学したのはその翌年、十二歳のときである。

明治十五年、明新中学校を母体に五年課程の福井県福井中学校が開設された。現在の県立藤島高校の前身である。

つまり啓介が入学したのは明新中学校だが、卒業したときは福井県福井中学校と改称されており、その第一回の卒業生になったわけだ。

卒業する頃、啓介は進路について相当悩んだようだ。父・喜藤太の手掛けている農事改良に従事するか、それとも東京に出て身を立てるか。

胸膨らませて上京

東京に出ようと決心したのは、同い年の友人・永井環に影響されたためである。永井は啓介の家に近い手寄町に士族の息子として生まれ、地区旭小学校、福井中学校と啓介と同じ道を歩いて通ったものだ。成績は優秀だったが、幼い頃に父母を失い、家は貧しかった。しかしその才能、人物を見込まれ、東京の「輔仁会」は彼を給費生に選抜した。

「輔仁会」というのは東京にある福井県人のための育英機関で、明治十五（一八八二）年、神田三崎町に開設された。現在の明倫学舎である。開設に奔走したのは村田氏寿《うじひさ》。氏寿は安政三（一八五六）年に藩校・明道館に勤め、翌年、藩主春嶽の命により横井小楠を招くため熊本に赴き、次いで京都に上って各地の志士と交わった。また橋本左内をたすけて一橋（徳川）慶喜を将軍継嗣にしようと活動した。文久二（一八六二）年に春嶽が幕府の政事総裁職に就くとその補佐にあたった。やはり福井（越前）藩士である。

永井環は「輔仁会」から第一回の給費生に選ばれ、共立学校（予備校）から大学予備門（第一高等学校）を経て東京帝国大学法科に学ぶ。卒業後は裁判官になり、横浜地裁判事、東京地裁判事などを勤めたあと内務省に転じ、宮崎県知事、門司市長、東京市助役などを経て大正十五（一九二六）年から福井市長になった人物。『最近蚕業資料』（丸山舎）などの著作もある。

啓介も永井と一緒に「輔仁会」に願書を提出したが、より困窮度が高い永井が第一回貸費生に決定、啓介はどうしようかと迷った。東京には伯父の青山貞がいた。啓介の父・喜藤太の実兄である。青山貞は「輔仁会」の役員でもあるので、「何とかなりませんか」と啓介は頼んでみた。すると青山貞は、「そんなことをしなくても俺が学費を出すから東京に出てこい」といってくれた。当時の青山貞は元老院議官、司法省三等出仕兼法務局長で、麹町の大きな大名屋敷に住んでいた。十七歳の啓介は勇躍上京することになった。福井を出たのは明治十八（一八八五）年一月、雪の降りしきる日である。

そのころ福井から上京するのは大変だった。汽車は敦賀まで出ないとなかったので、まず歩いて敦賀を目指した。北陸本線の敦賀―福井間が開業するのは明治二十九（一八九六）年である。

敦賀に着いたのは歩き始めて三日目。敦賀から汽車に乗って大垣（岐阜）に行き、大垣からは小舟で揖斐川を桑名（三重）へ下り、それから人力車で四日市に出て、四日市からは船に乗って横浜に向かった。船体の外側に大きな水かきが付いている外輪船である。横浜からは汽車で東京に着いた。まだ交通網が発達していない時代とはいえ、よくもまあこんなルートで上京したものだ。到着した夜は伯父の家に泊まった。

啓介が着いた夜、伯父の家に来客があった。その席へこいと引っ張り出されると、

「貴様、何になるつもりで東京に出てきたのだ」

と聞かれたので、啓介はこう答えた。

「太政大臣になるつもりです」

これを聞いてみんなが笑い、

「西洋の諺に、ポリティシャン（政治家）になろうとしてポリース（巡査）になる、というのがあるが、まあ、その類いだな」

と冷やかした。太政大臣というのは当時の総理大臣の呼称である。


以後、啓介は輔仁会に下宿した。輔仁会の貸費生になった永井環に続き、啓介もまず神田相生橋（現在の淡路町）にある共立学校に入った。共立学校の設立は明治四（一八七一）年で、大学予備門（第一高等学校）志望者のための受験予備校で、現在の開成高校の前身である。英語の先生は高橋是清だった。啓介と高橋是清の縁はここから始まる。

高橋是清は安政元（一八五四）年、幕府絵師・川村庄右衛門の子として江戸で生まれた。仙台藩士・高橋是忠の養子となり、慶應三（一八六七）年、藩留学生として渡米、オークランドで奴隷労働をしながら勉強した。明治元（一八六九）年に帰国し、森有礼《ありのり》の書生に。森有礼は薩摩藩出身の政治家で、第一次伊藤博文内閣で初代の文部大臣になった人物だ。

最初は陸軍を志望

高橋是清はその後下級官僚や相場師、学校の教師などを経験して明治二十（一八八七）年に初代特許局長に就任する。共立学校の教師になったのはその十年前の明治十（一八七七）年だ。さまざまな仕事を転々とし、苦闘していた時代である。啓介を共立学校で教えたのは是清三十一歳のときだ。

もっとも、啓介はすぐに共立学校を飛び出した。青山貞は伯父ではあるが、学費を出してもらうのは心苦しい。そこで啓介は自分で始末をつけようと考え、官立の学校を捜し始める。下宿先の輔仁会でも懸命に勉強した。消灯後も啓介の部屋から薄明かりが漏れているので、友人の永井環が見ると、啓介は豆ランプを置き、布団をかぶってしきりに勉強している。その様子がウサギのようだったからウサギと綽名されて「ウサギの啓ちゃん」となった――と永井はのちに語っている。幼少の頃と同じく、ここでも「ウサギの啓ちゃん」と呼ばれたわけで、面白い。あるいは昔の綽名が復活したのかもしれない。

それはともかくとして、啓介が下宿していた神田三崎町の輔仁会からは偕行社がよく見えた。偕行社というのは日本陸軍将校の親睦団体で、明治十（一八七七）年、当時約三千名近くに及んだ陸軍将校の一心同体を目指して東京・九段上に集会所を開設した。これが偕行社の始まりだ。のち全国の各師団所在地に偕行社は拡充していく。偕行とは「共に軍に加わろう」という意味である。

その偕行社は夜、まるで不夜城のようにがんがん灯りをともし、連夜のように宴会をやっている。「ははあ、陸軍というのはよほどいいところなんだな」と思った啓介は、これはひとつ陸軍に入ってやろう、と決心した。そこで共立学校をやめて本郷にあった陸軍有斐学校に入学した。この学校は陸軍士官学校に入るための予備校のようなもので、明治十四（一八八一）年に「紫溟《しめい》学舎」として駿河台で創設され、その後「有斐学舎」と名前を変え、さらに明治十（一八七七）年、本郷に移るとともに有斐学校と名称を変える。この学校ではドイツ語を学んだ。さらに啓介は「漢学も勉強する必要がある」と思い、小石川の松平藩邸で行われた笹川という先生の講義も受けている。

この年（明治十八年）の七月、陸軍士官学校の生徒募集があったので、啓介は願書を書いて青山元の家に行った。保証人になってもらうためである。青山元は伯父・青山貞の息子で、啓介とは従兄弟同士だ。元の家にはたまたま青山家の親戚にあたる海軍大尉の三上三郎という人がいた。三上は啓介の願書を見て、「なんだ貴様、陸軍に入るとはなにごとだ。君の叔父さんの青山悌二郎は黒龍丸に乗っていて長崎でコロリ（コレラのこと）にやられて死んだが、いま生きておれば海軍の相当の人だ。叔父さんのようになれ」という。

この三上三郎は元・福井藩士で、幕末には海援隊にも加わっている。海援隊は土佐藩を脱藩した坂本龍馬たちが長崎で設立した結社。前身は慶應元（一八六五）年に作られた亀山社中だ。関義臣（山本龍二。のち男爵）を筆頭に、渡辺剛八、山本洪堂、小谷耕蔵（この人は慶應三年に沈没した「いろは丸」の船長）ら、海援隊に参加した福井藩士は多く、三上もその一人だ。明治三十五（一九〇二）年には従七位勲六等を受けたと同年四月七日の官報に見えている。

叔父の青山悌二郎の話を聞いて啓介は「よし、海軍士官になるか！」という思いが湧き上がってきた。青山悌二郎は青山貞、貞弘（啓介の父・喜藤太）、悌二郎の青山三兄弟の一人で、かねてからその秀才ぶりはよく聞かされている。そこで三上に「どうすればいいんですか？」と尋ねると、親切に手続きを教えてくれた。啓介は三木に教えられた通りに願書を書き、海軍兵学校に提出した。

海軍兵学校（略称は海兵）は日本海軍の将校を養成するための学校で、明治二（一八六九）年東京・築地に設立された海軍操練所が起源。翌年、海軍兵学寮と改称され、明治九（一八七六）年に海軍兵学校となった。陸軍がドイツを範として作られたのに対し、海軍はイギリスをモデルとしているので、海兵ではイギリス風紳士教育に力を注いでいた。

そこで啓介が困ったのが語学である。これまでは陸軍志望だったのでドイツ語や漢学を勉強してきたのだが、海軍は英語が必須で、英語の学力がないと海兵入学は覚束ない。そこで小川町の私塾で英語を学ぶことにした。下宿している輔仁会の宿舎でも啓介は友人の笠原という男と同じランプの下で夜遅くまで英語の勉強に励んだ。

海兵の入学試験が行われたのは同年（明治十八年）の十月一日。いささか泥縄式の英語で試験を受けたのだが、十二月一日、「兵学校生徒申付ケ候事」という合格通知が届いた。猛勉強の甲斐があったわけだが、その頃の海兵はまだそれほどの難関ではなかった。人気になるのは日本海海戦で勝利した日露戦争以降で、啓介にとっては幸いだった。それでも二五三人の受験生のうち合格したのは八一人だったから、約三倍強の競争率である。

合格を知らされた啓介はさっそく福井の父親に報告した。喜藤太は自分の果たせなかった士官の道を息子が進むことになったのを大いに喜んだ。当時の海軍兵学校に東京・築地にあった。いまの築地市場の近くである。敷地はおよそ九万坪。広島（安芸）の殿様・松平安芸守の蔵屋敷、尾張藩の蔵屋敷、旗本の屋敷跡などを充てた広大なものだ。

海軍兵学校へ

啓介が入学した頃の海軍兵学校の校長は伊東祐麿《すけまろ》中将。薩摩藩出身で、兄の伊東祐亨《すけゆき》元帥とともに日本海軍の草分け的な軍人だ。

啓介はめでたく海軍兵学校第十五期生になったが、同期には錚々たる連中が揃っていた。日露戦争での旅順口閉塞作戦（ロシア海軍旅順艦隊を旅順港に海上封鎖する作戦）で福井県河野村右近家の持ち船・福井丸に乗って出撃、戦死した広瀬武夫中佐（豊後竹田出身）も同期である。旅順湾口で自沈したとき、部下の杉野孫七兵曹（戦死後兵曹長に）がいないことに気づいた広瀬は船内を探し回ったが見つからず、やむなく救命ボートに乗り移ろうとしたときにロシア軍の砲弾が頭を直撃、戦死した。広瀬が日本最初の「軍神」になったのは周知の通り。昭和十（一九三五）年、出身地の大分県竹田市に「広瀬神社」が作られたが、音頭を取ったのは地元有志と時の総理大臣・岡田啓介だ。

また同期からは岡田を含め四人の海軍大将が出た。四度海軍大臣になり、ロンドン軍縮会議全権になった財部彪《たからべたけし》（薩摩出身）。連合艦隊長官になった竹下勇（薩摩出身）。第三艦隊長官・舞鶴鎮守府司令長官になった小栗孝三郎（大聖寺藩出身）。そして岡田啓介。また一期上には終戦時の総理大臣・鈴木貫太郎大将（大阪・和泉出身）が、二期下には日本海軍きっての作戦家として知られるようになる日本海海戦時の連合艦隊先任参謀の秋山真之（松山出身）がいる。さらに三期下の十八期には啓介と同郷の加藤寛治（大将）もいる。加藤寛治は昭和五年のロンドン軍縮会議で啓介と対峙、統帥権干犯問題を起こすことになるが、その件は後述する。

当時の海兵学校は衣服、食事がすべて官費で支給され、入校の月から月額一円の手当がついた。巡

海軍兵学校時代の岡田啓介

査の初任給が七円、汁粉四銭、蕎麦一杯一銭という時代だから、結構な額である。ただし食べ盛りの年頃なので大半はうどんや親子丼などに使ってしまうが、中には一円をそのまま親に送るという生徒もいたという。

初登校の日、晴れがましい気持で正門をくぐって生徒館に行くと、玄関に新入生（四号生徒）用の夏冬の軍服、帽子、靴、肌着、短剣などが各生徒の名前をつけて準備されていた。衣服を着け、当直将校の部屋で到着を示す拇印を押すと、やがて集合の号令がかかり、将校から整列や敬礼の仕方を教わり、これからの生活や海軍軍人としての心構えについての訓示があった。それが終わると「本日は外出してもよろしい」とのことなので、啓介は木挽町に住んでいた祖父の弟を訪れ、五目寿司などをごちそうになった。帰校時間が近づいたので礼をいって学校に急いだが、途中からなぜか足が痛くなってきた。どうやら靴の具合が悪いらしい。学校の近くまでやっと歩いてきたが、塀にそって学校の門にさしかかる頃、ついに歩けなくなった。

足を引きずりながら、いったい他の連中はどうやって靴を履いているのか見てやろうと思って橋のところにたたずんでいると、一緒に入学した大島竹松という男がやってきて、「なにをしているんだ?」と聞く。「どうも足が痛いんだ」と啓介が答えると、「どれ、見せろ」と大島がいうので見せると、大島は「なんだ貴様、靴の左右をあべこべに履いているではないか」とあきれたような声を出した。

啓介も、それまで靴ぐらい履いたことはあるのだが、左右を間違えたことはない。どうやら木挽町に行って脱いだあと、家の人が左右を間違えて揃えたらしい。急いでいたので、そのまま足を突っ込んで歩いてきたのだ。大島は学校で啓介のあべこべぶりを吹聴するので大笑いになった。啓介も笑うほかなかった。この〝事件〟で周囲に「岡田はそそっかしい奴だ」という印象を与え、それが啓介の愛嬌にもなった。

外出禁止令

翌日からはさっそく訓練が始まった。

入校後一カ月間は入校特別訓練で、午前中は陸戦、午後はカッター（数人で漕ぐ大型のボート）に乗っての橈漕《とうそう》訓練が待っていた。この特別訓練の一カ月間は外出禁止である。

やっと入校特別訓練が終わると、新入生たちは一斉に校門をくぐり、銀座や神田に出かけた。とにかく腹が減って仕方ないので、食い物を求めての外出だ。一カ月も生活を共にしていると、お互いに気心も知れ、友人もできてくる。こうして啓介の四年間の海兵生活が始まった。

当時の海軍兵学校の日課は次のようなものだった。

起床＝五時。整列して体操。六時半まで

朝食＝六時四十分。八時から授業。十二時まで

昼食＝十二時。授業は十二時半から三時まで

夕食＝六時。七時から八時までは自習。八時に中休み。消灯は九時
ただしこれは夏の日課で、冬は起床と消灯時間が三十分遅くなる。
また外出は木曜日の午後、および日曜日で、学校からは特別手当として十銭もらえた。「十銭あれば、銀座の凮月堂でお菓子を食べ、コーヒーを飲むくらいのことはできた」と豊田穣は書いている（『最後の重臣　岡田啓介』光人社。豊田穣の絶筆）。豊田穣は『長良川』で直木賞を受章した作家だが、自身、海軍出身で、海軍兵学校の卒業（昭和十五年）生である。

ところが特別手当つきのこの有難い外出が、校長が有地品之丞《しなのじょう》少将に代わると禁止になってしまった。有地は長州・萩の出身で、もともとは陸軍だったのだが、のち海軍に転じた。海軍兵学校の校長になったのは明治二十（一八八七）年で、海兵の訓練科目に柔道を加えたのはこの有地だ。「生徒は外出することを得ず。ただし、品行方正、学術勉励なるものは、校長これを許すことあり」との例外規定はあったものの、生徒たちはがっかりした。この外出禁止令の背景には、当時の緊張したアジア情勢がある。

明治十五（一八八二）年、漢城（現在のソウル）で朝鮮の閔《びん》氏政権および日本政府に対して朝鮮人兵士たちが反乱を起こした。閔氏政権は日本の支援の下で開化政策を進めており、これに対する反乱だ。いわゆる壬午《じんご》事変である。日本政府はすぐに軍艦四隻と兵士千数百人を送り、一方、清国もまた朝鮮の宗主国としてこれに対抗、軍艦三隻と兵士三千人を派遣した。日本は乱後、閔氏政権と交渉、済物《さいもつ》浦《ぽ》条約を締結（明治十五年八月）、賠償金支払いや日本陸軍駐留（一個大隊）などを認めさせた。

さらに明治十七（一八八四）年には朝鮮で甲申《こうしん》事変が起きる。金玉均や朴泳孝ら親日派の独立党が、

親清派の事大党から政権を奪取しようとしたクーデター事件である。当時、清国はフランスと戦争中で、金玉均たちや日本政府は「清国は二正面作戦を取らないだろう」と見越してのクーデターだったが、案に相違して清国はフランスと和解、すばやく介入して、クーデターは失敗した。そこで日本は軍事的に清国を倒すことで朝鮮を支配下に置こうと考え始める。山県有朋などを中心にした対清国強硬論の台頭だ。

日本と清国の対立が鮮明になってきた明治十九（一八八六）年、その清国は北洋艦隊の「定遠」「鎮遠」という二隻の巨大戦艦を朝鮮やロシア、日本に歴訪させた。清国の力を示すためである。日本はこの二隻を見て衝撃を受けた。なにしろ満載時排水量が七三三五トン、主砲に三〇センチ砲を四門備えたバケモノのような巨大さだったからだ。

狐狩り

海軍兵学校校長の有地少将は、

「いまや我が国は近隣に複雑な問題を抱え、生徒たちもますます緊張して時局に対応すべき時期である。漠然と外出して食堂などに出入りしている場合ではない。今後、外出の代わりに軍事的に有効な訓育を行う」

と生徒たちに訓示、木曜日は狐狩り、日曜日は海岸で地引き網を引かせることにした。狐狩りと聞いて、箱根あたりに行けるのではないかと期待した啓介たちは、築地の学校校内でやるといわれて、二度がっかりした。

有地少将が考えたのは、狐狩りと称して広大な海軍兵学校の敷地を整理することである。九万坪の敷地は草ぼうぼうになっていたのだ。狐はいてもいなくても構わない。しかし有地は生徒たちにこう力説した。

「これだけの樹木があれば必ず狐がいる。わが郷里の長州でも狐が森林の中に棲んでいて普段は木の実や小動物を食しているが、雪でも降れば里に出てきて鶏などを襲う。

いいか、本日の狐狩りは単なる訓育ではない。これは一つの陸戦訓練、作戦行動である。まず戦闘部隊を編制し、これを勢子《せこ》と待ち受け方に分け、適当な丘を選んで一斉に猛烈果敢な攻撃を実施する。では戦闘開始！」

そこで一号生徒（四年生）が司令官役になって、四号（一年生）が「おーい、おーい」と勢子になって麓から追い上げる。途中、生い茂った雑草や笹竹を切り払っていかなければならないので大変である。

二号生徒（三年生）の啓介は小隊長役だったが、福井で蛇に嚙まれた経験があるのでおっかなびっくりで〝作戦〟に従事した。検分にきた有地校長が、

「おい、笹竹は根っこで地中につながっとるけん、根元まで掘って丸ごと引き抜け」

と、檄を飛ばすので、生徒たちは竹の根元まで掘り、数人がかりで一本の笹竹を引き抜こうとするが、抜けない。

「これでは狐狩りというよりも竹の根っ子掘りだな」

と四号はぼやく。ようやく狐のものらしい穴を見つけて鍬を振るうと、出てきたのは一匹の黒猫

だった。しかし有地校長は上機嫌で、

「今日は生徒一同、いい経験をした。菓子屋で団子などを食うよりはるかに有意義だ。これからもますます諸君の訓育に役立つような企画を本校長は考えたいと思う」

といい、その後も日曜日毎にこの狐狩りや宮城一周競技をやらせたりしたので、生徒たちの不満も強くなってきた。

生徒たちを慰撫する意図もあったのか、ある日、外国人教師のJ・W・ハモンドという大尉（イギリス人）が啓介たちを自分の官舎に招待してココアを飲ませてくれた。ハモンドはお雇い外国人で、海軍兵学校では砲術を教えていた。啓介たちは英国人が好む飲み物だと聞いて大いに期待したが、へんな匂いがするだけでうまくもなんともない。

「How is cocoa?」

と聞くので、

「Very good」

と答えたが、後で生徒たちは
「英国人は変なものをごちそうしてくれるもんじゃ。あんなものよりビールのほうがましじゃ」

とコボしたものだ。

あるとき、久しぶりに休みが取れたので、啓介は神田錦町の友人宅を訪ねた。同じ福井の出身である。この辺りは元下級の旗本や御家人が多く住んでいて、家屋はみな同じような棟割り長屋だ。初めてなので間違えてしまい、啓介は隣の家に入ってしまった。

「おうい、岡田や」

と福井弁で声をかけて中をのぞくと、見知らぬ老婦人が悲鳴を上げた。

「誰です、あなたは！」

と老婦人は詰問する。

「すみません、隣家と間違えました。わたしは築地にある海軍兵学校生徒の岡田といいます。失礼しました」

と平謝りに謝った。

この話を隣家の友人にすると大笑いして、

「無事でよかったよ。お隣の婦人は元旗本の後家で、薙刀の名手だそうだ。ばっさり斬られていたかもしれなかった」

という。啓介は改めて東京はどんな人がいるかわからない、恐ろしいところだと思った。

宴会に春嶽が現れる

そうこうしているうちに明治二十一（一八八八）年になった。啓介も二十一歳で、いよいよ最終学年の一号生徒である。その明治二十一年の元日に旧藩主の松平家に慶事があって啓介も招かれた。春嶽の養嗣子・松平茂昭《もちあき》が伯爵から侯爵に昇叙されることになったので、そのお祝いと新年会を兼ねて小石川水道町の松平邸で宴会が持たれたのだ。在京の旧藩士や福井出身の学生、士官たちが二階の大広間に招かれ、賑やかな宴会になった。

普段、腹を空かせているだけに、啓介は大喜びでごちそうを食べ、かつ飲んだ。その最中、老公・春嶽が姿を見せた。このとき六十歳。没する二年前である。春嶽は若い学生たちの食べっぷり、飲みっぷりに目を細めていたが、やがて啓介たち学生四人に、

「そこの若い生徒諸君、こちらに来なさい」

と手招きした。四人は恐る恐る春嶽の側に行き、それぞれの名前を名乗った。

「おう、そちが岡田喜藤太の息子か。それなら飲めるだろう。喜藤太もよく飲みよったでのう」

と春嶽はいい、啓介に盃を賜った。啓介は恐縮し、グイと一息に飲み干した。

「うむ、頼もしい飲みっぷりじゃ。もっと大きなものでやれ」

と春嶽は朱塗りの大きな盃になみなみと酒をつがせた。これも啓介はぐっと飲む。

そんなことを繰り返しているうちに、さすがの啓介も酔ってきた。うれしがった春嶽は、お運びの女性に命じて大きなギヤマンのコップに珍しい洋酒を溢れんばかりにつがせ、

「さあ飲め。だが酒を飲むのもいいが、勉学に励むことも大事じゃ。将来の日本の運命は海軍にかかっておる」

という。啓介は「これは大変だ。こんなに飲んでは酔っぱらってしまう」と思ったが、残すのは無礼に当たると、それも飲み干してしまった。春嶽がお立ちになった頃にはぐるぐると目が回り出してきた。

帰校時間が迫ってきたので侯爵邸を出たが、小石川から築地まではかなり距離がある。やっと学校の門のところまで歩いてきた啓介は、とうとうそこでダウンし、寝てしまった。ちょうど帰校時間で、

生徒たちが次々に帰ってきて、

「おい、岡田じゃないか」

「早く帰校しないと遅刻するぞ」

とみんなで啓介を担ぎ込んだ。部屋に連れて行って寝かせ、頭を水で冷やしてくれたので、少しは酔いも治まってきた。すぐ夕食の時間になったので、啓介も食堂に行った。当直将校が点呼し、食事が始まる。啓介は椅子の上に倒れ、大声で叫んだりしたので、酩酊していることが当直将校にバレた。

翌日、当直将校が玄関前で生徒を総員整列させ、啓介の名前が呼ばれた。懲罰のいい渡しである。

啓介は伍長補で制服の袖に金筋を一本付けていたが、懲罰を受けると伍長補を免じられる。当直将校は啓介に
「禁足二週間に処す」

と申し渡すと、横に立っていた守衛が進み出て袖の金筋をびりびりとはがしてしまった。格好悪いことこのうえない。

懲罰の宣告を行ったあと、当直将校は全生徒にこう訓示した。

「近頃どうも酒を飲んで酔って帰ってくる者が多い。特に昨日酔って帰った岡田啓介のごときは、猿の尻のように真っ赤な顔をしておった。不体裁きわまりない」

啓介の面目丸つぶれの一件だった。

青春真っ盛りという感じだが、その年、海軍兵学校は築地から瀬戸内海の広島県江田島村（現在の安芸郡江田島村）に移った。俗塵を離れて訓育に専念させようというわけで、以前から準備が進んで

いたのだ。敷地は築地より一万五千坪も広い十万五千坪。

同年八月、海軍兵学校の全生徒は「高砂丸」に乗船、築地を後にした。まだ生徒館が未完成なので、練習船「東京丸」が生徒たちの居住、学習の場となった。夏暑く冬寒い生活環境だが、とくに不平を鳴らす学生もいず、啓介も一生懸命砲術や航海術、帆船操練などに精を出した。

翌明治二十二（一八八九）年四月二十日は海軍兵学校の卒業式である。第十五期卒業生八十名、校長以下の教官、在学生が練兵場に設営されたテントの前に整列する。やがて卒業生の成績優秀者に賞状が贈られる。もらえれば末は連合艦隊司令長官や大将、海軍大臣なども夢ではなくなる。学術優等賞授与式で、まず名前を読み上げられたのは予想通り財部彪（薩摩出身）だった。財部はこの四年間ずっと首席で通してきた秀才だ。のち大将になる四人の卒業成績は、財部が一位、竹下勇が三位、小栗孝三郎が五位、そして岡田啓介は七位だった。

「金剛」でハワイに

こうして無事に海軍兵学校を卒業した啓介ら元一号生徒たちは、同年八月、少尉候補生として「比叡」、「金剛」の二隻に分乗し、横浜から遠洋航海に出かけることになった。啓介の乗ったのは「金剛」である。両艦は同型の姉妹艦で、英国で作られた。二二〇〇トン、速力一三ノット（時速約二三キロ）。それまでは甲鉄船「扶桑（三七〇〇トン）一隻だけで、この両艦が加わってようやく三隻になった。清国の超巨大船「定遠」、「鎮遠」を見て腰を抜かしかけたのも無理はない。いざというときは石炭をたいて走るが、普段は帆走である。

啓介の乗った「金剛」の艦長は鮫島員規《かずのり》大佐だった。鮫島はのち連合艦隊司令長官、そして大将になる。薩摩藩出身で、部下を可愛がり、度量の大きいことでも定評があった。鮫島の女婿が啓介と同期の竹下勇だ。

鮫島には有名なエピソードがある。鳥羽・伏見の戦いのとき、鮫島は捕虜にした幕府軍の旗本を、縄をかけずに司令部に連行した。捕虜の前に立って歩く鮫島を見て、部下が「捕虜は縛っておいたほうが安全でごわす」というのだが、鮫島は「この鮫島を斬るような武士は幕府軍にはありもはんで」と取り合わない。鮫島は人も知る示現流の達人だった。

捕虜の旗本は、無防備な鮫島の様子を見ていきなり背後から鮫島に抱きつき、鮫島の刀を抜いて肩に斬りつけた。しかし豪胆な鮫島は少しも騒がず、ひょいと刀をかわして振り向くと、「わい（貴様）は鮫島を斬ったな」という。旗本は度肝を抜かれ、刀を鮫島に返して頭を下げた。鮫島は刀を受け取り、鞘に納めるとこういった。

「今後、こげんことは慎むことでごわすな。おはんの腕ではこの鮫島は斬れもはん。かえって幕府の旗本は後ろから斬る、といって卑怯の汚名を残しもんど」

と微笑を残し、また捕虜の前に立って歩き出した。この旗本は司令部の捕虜収容所で仲間にこの話をし、「こんな腹の据わった武士が薩摩にいるのでは、とても幕府軍は勝てまい」といったので、鮫島の勇名は両軍に轟いたという。船乗りとしての初等教育をこの鮫島大佐から受けたことは、岡田にとってきわめて有益だった。

横須賀を出港して練習航海に乗り出した「比叡」と「金剛」は三十四、五日走ってハワイのオアフ島に入った。バナナを持った在留邦人が大勢出迎えてくれた。初めて見る果物で、啓介たちはそれまで聞いたこともなかった。食べてみて、「これは変なにおいがする」と半分食べて残りを捨ててしまった者もいた。居留民は「その香りがいいのですよ。まあ二、三日してごらんなさい。きっと好きになりますから」という。なるほど、二、三日するとみんな「うまい、うまい」というようになり、上陸してもバナナに夢中だった。

ハワイは当時独立国で、カメハメハ王朝である。在留邦人はすでに数万人にのぼっており、ホノルルあたりではみんな日本の領事館を「県庁」と呼んでいた。

ハワイを出た「比叡」と「金剛」は、赤道を越えてサモアのツツイラ島パンゴパンゴ港に入った。現地人は裸で腰にちょっと布を巻いているだけだ。入港の翌日上陸し、ぶらぶら歩いていると、地面に四本の柱を立て、草葺きの屋根をしつらえた集会所のような建物があり、年増の女性が出てきてみんなに来いと手招きする。

『金剛』、『比叡』の上陸員がその家のぐるりに集まった。腰巻きひとつの若い女性が四人、柱のところで踊り始める。初めは手を突き出したり尻を振ったり、ミクロネシアやマーシャル群島の住人・カナカ族による、いわゆるカナカの踊りと似たような踊りだったが、そのうちに裾をつまんで踊る。はてはすっかりまくってしまい、足を上げて踊る。みんなはあっけにとられるばかりで一向に感動の色を見せないので、女たちは懸命になってその真っ裸を持って回る。啓介はちょうど真ん中の最前列で、しかもちょっと押し出されていたため啓介の前に来て踊り続ける。啓介は弱った。

まともに見ていられないので横を向いたら女は啓介の顔を前に向かせては踊る。みんなはドッと笑って退散した。

エルトゥールル号

以後、ニューカレドニアのヌーメア、オーストラリアのシドニーなどに寄港、半年間の遠洋航海を終えて品川に帰ったのは翌明治二十三（一八九〇）年の二月である。回顧録で啓介は遠洋航海から帰った際、富岡（横須賀の北）あたりでトルコ軍艦エルトゥールル号を見かけたとしているが、これは記憶違いだろう。明治二十三年二月にはエルトゥールル号はまだ日本に到着しておらず、シンガポールにいた。特派全権大使のオスマン・パシャを乗せて同号が横浜港に着いたのは六月七日である。オスマン・パシャは東京で天皇に拝謁、オスマン帝国皇帝アブデュルハミト二世の親書を渡した。帰途、紀州大島の樫野崎灯台近くで座礁・沈没し、六百名近くが犠牲となった。助かったのは六九名だけだった。この事件について啓介はこう述べている。

「この艦の遭難のとき、嵐のなかを地元民は決死の救出作業をし、樫野崎灯台にはい上がった生存者を大島の人々が非常によく世話した。このときの日本国民の義侠的な行為にトルコではとても感激して、それ以来長く日本に対して敬意と感謝の念を忘れなかった。これは日本人というものが、戦争によらないで、その犠牲的な精神で世界に認められたはじめての大きな事件だった」（『岡田啓介回顧録』）

強い印象を持っていることから、啓介がエルトゥール号を見かけたのは間違いないが、それは次に紹介する『浪速』に乗り組んでいたときだろう。

遠洋航海の次はそれぞれ軍艦に配属され、初級士官教育を受けることになるのだが、啓介は翌月の三月、新鋭巡洋艦「浪速」の乗り組みを命じられた。清国の北洋艦隊に対抗するため日本海軍がイギリスに発注した三七〇〇トンの巡洋艦で、二六センチ砲二門、一五センチ砲六門、魚雷発射管四門という装備を誇った。速力も時速三三キロに達する、世界有数の軍艦だ。

艦長は東郷平八郎大佐。薩摩出身で、明治三十七、八年の日露戦争では連合艦隊司令長官として旅順口封鎖作戦を行い、黄海海戦ではロシア海軍極東艦隊を、日本海海戦ではバルチック艦隊を全滅させて世界を驚愕させた軍人である。大正二（一九一三）年には元帥に進んだ。東郷は若い頃は負けず嫌いで自我が強く、鹿児島では「ケスイボ」と綽名された。生意気な奴という意味である。また多弁でもあり、英国に留学するとき、初め大久保利通に頼んだところ断られた。大久保は「あいつはおしゃべりだから」と断った理由を周囲に漏らしたことを聞き、東郷は以後おしゃべりを自戒、のちに〝沈黙の提督〟と呼ばれるようになる。英国留学（ポーツマスなど）は西郷隆盛に頼んだら二つ返事で引き受けてくれた。この八年間に及ぶ英国留学で東郷は語学はもちろん、航海術や数学、国際法を猛勉強し、ことに国際法の知識が高陞《こうしょう》号事件のときの沈着・冷静な判断につながる。この事件のことは後述するが、ともあれ鮫島員規に続いて東郷平八郎に出会ったことは啓介にとって大きな財産になった。

軍艦「浪速」は清国の圧力で政情不安な朝鮮への航海に出発した。邦人保護が目的で、「浪速」は仁川港に入った。この航海中も啓介は天測や砲術の練習に明け暮れた。

水雷屋の岡田

七月六日に「浪速」は広島県の三原に帰投、啓介はここで海軍少尉に任官、改めて「浪速」の分隊士を命じられた。通常、軍艦内の組織は艦長以下、副長、各科長（砲術長など）、分隊長となっている。さらに分隊長の下は分隊士、准士官、下士官兵と続く。そして各分隊士は戦闘配置として航海士、砲術士、水雷士などに分かれる。啓介は水雷士を命じられた。

水雷というのは爆薬を爆発させて直接船舶を攻撃する兵器で、機雷（機械水雷）、魚雷（魚型水雷）、爆雷などに分かれる。爆雷は駆逐艦などが潜水艦を攻撃するときに使われるもので、この時代にはまだない。啓介たち水雷士たちが扱うのはもっぱら魚雷である。文字通り魚の形をしており、軍艦の舷側にある水雷発射管から発射されるとまっすぐ水中を突進し、目標物に命中すると爆発する。大きな軍艦も一発で轟沈できるという恐るべき兵器だ。「浪速」には四門の水雷発射管がある。また「浪速」には魚雷を抱いて敵艦に肉薄して発射する水雷艇隊もあった。魚雷は深度、速力、方角などを調整して発射されるわけだが、水雷士の仕事はこうしたデータの計算、調整である。

啓介はこの時期、張り切って訓練に励み、ことに水雷艇での突撃演習に熱中した。士官時代の岡田は海軍仲間から〝水雷屋の岡田〟と呼ばれるほどで、啓介と水雷の密接な関係はこの「浪速」時代から始まる。水雷訓練は瀬戸内海で行うことが多く、おそらくその帰途にエルトゥールル号に出会ったと思われる。

明治二十五（一八九二）年五月、二十四歳になった啓介はさらに水雷術の訓練のため軍艦「迅鯨《じんげい》」に乗り組む。「迅鯨」（初代）は明治十四（一八八一）年に竣工した練習艦だ。啓介は十月に大日本帝国水雷術練習艦尉官教程を卒業、二カ月後の十二月には発足したばかりの海軍大学校の丙号学生を命じられる。

海軍大学校の誕生は明治二十一（一八八八）年の七月十四日。海軍将校に高等の兵術を教授する教育機関で、その当時は甲、乙、丙の三種に分かれていた。甲号は「大尉にして砲術長水雷長機関長及び砲術水雷航海機関各科の職に適する学術を修むる者」、乙号は「佐官及び大尉にして必修科及び任意科を修むる者」、そして丙号は「少尉にして高等の数学物理学を修むる者」となっている。

これら三種の学生の主力は甲号で、第一回の甲号卒業者九名の中には加藤友三郎、郡司成忠《しげただ》の両大尉がいた。加藤は日清戦争時、東郷平八郎が率いた連合艦隊の参謀長で、のち海軍大臣となり、ロンドン軍縮会議では全権となり活躍した。風采は上がらなかったが世界的な評価を得て、フランス全権ド・ボン提督から「偉大なステーツマン（政治家）であり、ディプロマット（外交官）であり、同時にグレイト・セイラー（すぐれた船乗り）でもあるアドミラル加藤を持つことは、国境と民族をこえた世界海軍共通の誇りである」と嘆称されたほどだ。のち啓介は「軍縮・和平の提督」と称されることになるが、軍縮の父・加藤友三郎の影響が大きい。なお郡司成忠は明治の文豪・幸田露伴の兄で、のち北千島探検開拓団を率いて北地探検に赴き、わが国の北洋漁業の先駆者となる。

音楽隊の分隊長に

啓介は丙号、乙号、甲号の順に、すべての学生を経験した。啓介のクラスでは財部彪が宮様並みにどんどん進級して行ったが、啓介の進級は遅かった。そこで学生を志望する生徒がいると、上の者は「学生なんか受験するのはよせ。岡田を見ろ。片っ端から学生をやったが、いっこうにウダツが上がらんじゃないか」と忠告したものだ。

最初の丙号の学生課程を卒業したのは明治二十六（一八九三）年十二月九日で、成績優秀ということで双眼鏡を下賜された。同日、啓介は軍艦『厳島』への乗り込みを命じられた。『厳島』は日清・日露の両戦争で活躍した防護巡洋艦で、とくに日露戦争時の日本海海戦では「バルチック艦隊発見！」の報を受け直ちに急行、バルチック艦隊と並走して正確な位置や隊形、針路などを詳しく東郷平八郎司令官に通報した。

その『厳島』でも啓介は水雷の研究を中心に戦術、戦略の勉強に励んだ。その三カ月後の明治二十七（一八九四）年三月一日、今度は横浜鎮守府海兵団分隊長心得を仰せつかった。海兵団は艦船部隊における下士官や兵の欠員を補充し、下士官及び新兵の教育訓練に当たる部隊だ。若い士官は誰でも威勢のいい艦隊勤務を希望するもので、海兵団などに行くのを喜ばない。喜ばないどころか、着任してみると、なんと配置は軍楽隊の分隊長である。啓介は憮然とした。

音楽はおよそ柄ではなく、むしろ音痴といっていいほどだったから、啓介が教えられるのは敬礼の仕方くらいのもので、しょうがないのであとはベッドにひっくり返って寝てばかりいた。するとある日、楽長がきて「あなたは隊員の訓練のときもちっとも出てこないが、それではみんなの励みになりません。分隊長はぜひ毎日出てきてください」と進言した。「出ろというなら出るが、俺には技術上の指導などできんし、第一、さっぱり音楽なんて面白くないから出ないんだ」と啓介が答えると、楽長は「技術上のことは私がやりますが、あなたが聞いて面白くないのは音楽がわからないからです。私がわかるようにしてあげましょう」と、それから毎日のように啓介の部屋にやってきて、これがピッコロ、これがドラムと楽器の説明に始まり、「今日はこういう曲をやります」「これは誰が作曲したもので、この音にはこんな意味があります」などと面白い話をする。そうやって聞いているうちに、まんざら面白くないこともないようになった。後日、啓介が首相になったとき、食事の席上、演奏を聞きながら音楽の話をしたのでみんなびっくりしたが、それはこのときの経験があったからだ。

軍楽隊の分隊長は三カ月ほどで、次は『浪速』の分隊長に転じた。明治二十七（一八九四）年六月八日だ。『浪速』は二度目の乗艦で、四年前と同じく艦長は東郷平八郎大佐で、東郷に『浪速』の艦長が発令されたのは啓介と同じく六月八日だった。

『浪速』では、啓介は前部の十五センチ副砲の指揮官だった。

東郷は若いころイギリスに留学していただけになかなかハイカラな紳士で、小言をいったことのない穏やかな人。乗員はみんな東郷を尊敬していた。東郷は非常な勉強家で、よく国際法を研究していた。

東郷艦長の着任を啓介たち士官は『浪速』の舷門で出迎えた。東郷は啓介の顔を見ると懐かしそうにこういった。

「おう、今度は分隊長でごわすか。戦《ゆっさ》のときはよか頼みもすぞ」

たしかに戦は目前に近づいていた。東郷や啓介が『浪速』に乗り込んだ一カ月後の八月一日、ついに日清戦争が始まる。

第五章　戦争

朝鮮への出兵

明治新政府が誕生して以来、日本では朝鮮制圧が対外政策の重点の一つとされてきた。明治八（一八七五）年九月二十日、江華島事件が発生すると、日本政府はこれを理由に朝鮮政府にその責任を取るよう迫り、翌年二月二十六日に日朝修好条規を結ばせて同国の鎖国政策をやめさせた。江華島事件というのは日本の軍艦・雲揚号が朝鮮の江華島付近に侵入して砲撃を受けたため、日本が武力鎮圧した事件。日朝修好条規は朝鮮側に一方的に不利な不平等条約で、日本はこれによって朝鮮侵略の第一歩を踏み出した。

朝鮮の宗主国である清国との関係でいうと、前章で紹介した壬午事変（明治十五年）で日清間の対立は明確になったものの、その処理は日清間の協調で行われ、また甲申事変（明治十七年）処理のため清国と交わした天津条約（明治十八年四月調印）でも両国の朝鮮駐屯軍を撤兵させること、および以後朝鮮に出兵させる必要があるとき両国は互いに通知しあうことが決められ、朝鮮政府の承認を得ていない不当なものではあるにせよ、この条約によって日清間の朝鮮をめぐる紛争は起きなかった。

日本政府が一歩踏み出したのは、第一回帝国議会における当時の首相・山県有朋の施政方針演説によってである。明治二十三（一八九〇）年十一月二十五日、日本は歴史上初めて帝国議会を召集した。開会は十一月二十九日、閉会は翌年三月七日と決められた。山県首相は明治二十四年度予算案の提出に際し十二月六日、貴族院で施政方針演説を行った。その中で山県はこう述べた。

「蓋《けだし》国家独立自営の道に二途あり、第一に主権線を守護すること、第二には利益線を保護することである。其《そ》の主権線とは国の彊域《きょういき》（領域・国境のこと）を謂《い》ひ、利益線とは其の主権線の安危に、密着の関係ある区域を申し上げたのである」

そのために巨額の予算を組み、陸海軍の経費に充てるというわけだ。明確な軍備拡張路線である。山県のいう「利益線」とは日本の勢力圏である朝鮮を指し、清国から守る必要があるということで、つまりは日清戦争を意識した予算編成であり施政方針演説であるといっていいだろう。

日本は清国を叩こうと機をうかがっていたが、明治二十七（一八九四）年三月、朝鮮に甲午《こうご》農民戦争が起こった。東学党の乱ともいう。東学党というのは圧政に苦しむ朝鮮民衆の間に広まった宗教団体で、農民一揆をきっかけに武装蜂起し、朝鮮半島南部一帯に拡大、朝鮮政府は手に負えなくなったため宗主国である清国に出兵を要請した。同年六月、清国軍が出兵したのを見て、日本も「利益線」の朝鮮を守るためただちに出兵した。議会が朝鮮への出兵を決議したのは六月二日である。

清国軍が農民戦争の激しい地域に近い牙山方面に上陸したのに対し、日本軍は朝鮮の政治中枢地域である仁川・ソウルに布陣したこともあり、すぐに両国軍の衝突は起きなかったものの、同年七月二十五日、朝鮮中部の豊島《ほうとう》沖でついに戦闘が始まった。日本政府は八月一日、清国に宣戦布告し、ここに日清戦争が始まった。

豊島沖の戦いの二日前の七月二十三日、連合艦隊は朝鮮南西海岸に向け佐世保港を出発した。旗艦『松島』以下二十八隻で、司令長官は伊東祐亨中将。参謀長は啓介が『金剛』に乗り込んだときの艦長・鮫島員規少将で、参謀は島村速雄少佐心得だ。啓介が乗る巡洋艦『浪速』は『吉野』『秋津洲《あきつしま》』とともに第一遊撃隊として陸軍を朝鮮へ運ぶ輸送船護衛の任務に就いた。そして二十五日、豊島沖海戦で清国艦隊と交戦することになる。

清国側は『広乙』、『済遠』、それに少し遅れて参加した『操江』の三隻、日本側は長官の中将旗を掲げた『吉野』以下、『浪速』『秋津洲』の三隻である。まだ宣戦布告前なので、表面的には平常状態であり、将旗を掲げた他国の軍艦とすれ違うときは敬礼し、礼砲をうつ習わしになっているのだが、清国の軍艦はうんともすんともいわず、近づいたらいきなり実弾をうってきた。日本側はすぐさま応戦した。近代軍艦による最初の海戦である。

高陞号事件

しかし勝負はあっけなかった。『広乙』は遁走の途中座礁して爆発、『操江』は捕獲された。また『済遠』は逃走した。日本側は『浪速』が後甲板に一発被弾したのみであった。

この海戦の最中に起きたのが『高陞号《こうしょう》』事件である。少し遅れて海戦に参加した『操江』と一緒に、英国旗を掲げた汽船がやってきた。よくみると、どうも清国兵が乗っているらしい。そこで『浪速』の東郷平八郎艦長は停止・投錨を命じ、臨検士官を送って船内を調べさせると、多数の清国兵と兵器弾薬を積んでいたので捕獲することを決め、『浪速』の後についてこいと命令した。ところが乗っている清国将校が船長を青龍刀で脅して命令を聞かせない。

そこで東郷艦長は船長以下、清国兵以外の人間だけ『浪速』に収容して汽船を撃沈しようとしたが、清国将校がそれも許さない。何回かの警告のあと、東郷艦長は「乗員は船外に脱出せよ」という信号を送り、乗員が海に飛び込んだのを見極めて魚雷と砲撃で『高陞号』を撃沈、海中の乗員・清国兵を救助して『浪速』に収容した。

これを聞いて日本政府は蒼白になった。とにかくイギリスの船を撃沈してしまったのだから無理もない。伊藤博文首相などはテーブルを叩いて西郷従道海軍大臣を難詰した。へたをすればイギリスとの戦争になりかねない。国際世論もこぞって「暴挙」と非難した。ところが西郷従道海相は「東郷がでたらめなことをやるはずがない」とすましていた。東郷が若い頃イギリスに留学、国際法を勉強したことを知っていたからだ。

実際、東郷の対応は決してでたらめなものではなかった。ロンドンでこの事件を調査していたウェストレーキ、ホルラントという二人の国際法の世界的権威が相次いで「東郷の指揮は、国際法に照らして過ちではない」と『タイムズ』紙上に論文を発表したため、激高していたイギリスの世論も収まった。むしろ国際法に精通しているとして、東郷の評価が世界的に高まったのである。啓介は東郷の沈着・冷静さに感服すると同時に、自分ももっと国際法を勉強しようと思った。

ちなみに日露戦争直前の明治三十六（一九〇三）年、それまで舞鶴にいた（舞鶴鎮守府参謀長）東郷を常備艦隊司令長官に抜擢したのは時の海軍大臣・山本権兵衛である。海軍の慣習では、戦争になれば常備艦隊司令長官が連合艦隊司令長官の座に就くことになっていた。当時の常備艦隊司令長官は日高壮之丞である。本来なら連合艦隊司令長官になるはずの日高はクビになって激怒し、短刀を持って山本権兵衛に談じ込んだという。山本権兵衛、東郷平八郎、日高壮之丞はみな薩摩出身である。山本権兵衛が東郷を引き上げたのは日清戦争時の『高陞号』事件における東郷の対応を高く評価したためだ。

本格的海戦は九月十七日に行われた。黄海海戦である。

朝鮮半島制圧のためには、中国大陸からの海上連絡路である黄海、渤海湾の制海権が不可欠だが、そのためには当時世界有数といわれた清国の北洋艦隊を叩く必要がある。しかし同艦隊には七千トンを超える『定遠』『鎮遠』という超巨大戦艦がある。これにどう対応するかが問題だった。

午前一〇時五〇分、『吉野』が黄海洋上東北東に黒煙を見つけた。北洋艦隊だった。二時間後の零時五〇分、距離六千メートルまで近づいたところで『定遠』の三〇センチ砲が火を吹いた。これに対し日本側は三千メートルまで接近してからようやく砲撃を開始する。近づくほど命中率が上がるからだ。

坪井航三司令官が指揮する第一遊撃隊は北洋艦隊の左端にいた『揚威』に目標を定めて接近、「砲撃始め!」の信号が掲げられるや、『吉野』砲術長の加藤友三郎大尉はすぐさま「砲撃開始!」を下令、第一遊撃隊は一斉に砲撃の火蓋を切った。四番艦『浪速』の前部砲台にいた岡田啓介砲台長も「撃ち方始め!」と大声で叫び、ここに両国の運命をかけた黄海海戦が始まった。

日清戦争に勝利

こうなると朝から晩まで訓練に明け暮れた連合艦隊の砲撃は正確で、『揚威』はたちまち火達磨になった。坪井司令官は続いて『超勇』に目標を変えさせ、『超勇』もあっという間に大火災を起こした。第一遊撃隊は連合艦隊主力を攻撃中の『済遠』、『経遠』にも襲いかかり、これまた大損害を与えた。黄海海戦の主導権を握ったのは坪井司令官の率いる第一遊撃隊で、その高速と速射砲の活用で丁汝昌提督指揮の北洋艦隊を猟犬のように攻撃したのだ。第一遊撃隊の砲撃の前に、『揚威』、『超勇』、『経遠』は沈没、『済遠』は逃走した。『済遠』は豊島沖の戦いでも逃げ出したので、艦長の方伯謙はのち軍法会議で銃殺刑に処せられた。

北洋艦隊主力の『定遠』、『鎮遠』も、連合艦隊主力である『松島』、『千代田』、『比叡』、『厳島』などとの砲撃戦で大火災を起こし、午後三時頃には退却を開始した。

この戦いで『浪速』はすぐ近くに落ちて跳ね返った砲弾に当たって少し被害を受けたものの、さしたることはなかった。このときも大勝利で、これで清国の海軍はほとんど全滅してしまった。

ただし、ばらばらになった北洋艦隊の中で、『鎮遠』の林泰曹艦長と『経遠』の鄧世昌艦長の奮戦ぶりは「さすが丁提督の北洋艦隊だ」と啓介たちに感銘を与えたものだ。

明けて明治二十八年二月十二日、その丁汝昌提督は部下の命を助けることを条件に、ついに降伏した。丁提督の指揮する北洋艦隊は初め旅順湾内に逃げ込み、その後脱出（十月十八日）して山東半島の威海衛軍港に入っていた。『定遠』が擱座《かくざ》（浅瀬に乗り上げること）して航行不能になったので『鎮遠』に司令部を移して湾外に打って出ようとしたものの、水兵たちが命令に従わず、とうとう覚悟を決めたのだ。その心中を慮って連合艦隊司令長官の伊東祐亨中将は降伏文書を運んできた清国軍の水雷艇艦長に、丁提督への心ばかりの慰労品を託した。葡萄酒、シャンパン各一ダース、広島の干し柿一樽である。伊東と丁は面識があり、お互いに尊敬していた。丁提督は「国家非常の秋《とき》、かかる厚情の枠も、私的に受納すること能わざるを、深く悲しむ」と書き残して服毒自殺を遂げた。

陸戦でもすでに前年九月の平壌の戦いで日本軍は清国軍に勝利し、続いて北洋艦隊全滅の悲報を受けて清国は講和使節を日本に送ってきた。下関のふぐ料理店「春帆楼」で日清両国の講和会議が始まったのは明治二十八年三月二十日である。日本の全権は伊藤博文と陸奥宗光、清国の全権は李鴻章。途中、李鴻章が一人の日本人に襲われるという事件があったものの、四月十七日、ようやく講和条約（下関条約）調印の運びとなった。

その内容は

一　清国が朝鮮の独立を承認する
一　遼東半島・台湾・澎湖島を日本に割譲する
一　清国は賠償金二億両（約三億円）を支払う
一　沙市・重慶・蘇州・杭州を開市、開港するほか、欧米諸国が清国にもっている通商上の特権を日本にも認める

の四点で、日本国内では連日バンザイ、バンザイの提灯行列が続いた。

もちろん朝鮮の独立というのは名ばかりで、実質は日本への隷属を迫るものだ。この講和条約によって日本は朝鮮のみならず、中国に対しても圧迫国の地位を占めるようになり、帝国主義列強の仲

間入りを果たしたことになる。

啓介、結婚

しかしこのことが列強との軋轢を呼び、日清講和条約締結の六日後、ロシアはドイツ、フランスを抱き込んで「日本の遼東半島領有は朝鮮の独立を有名無実にし、東洋平和のために禍根を残す」との理由で遼東半島を清国に返すように求めてきた。いわゆる「三国干渉」である。

ことにロシアは東洋艦隊の武力を背景に日本に対して遼東半島の返還を強く求め、日本はこれに屈服、遼東半島を還付することになった。ロシアはこれを受けて自ら遼東半島を清国から租借、その先端の旅順を海軍基地とし、また清国から満州における鉄道施設権を獲得した。

日本は知らなかったのだが、ロシアは「三国干渉」で清国に恩を売り、一八九六（明治二十九）年六月三日、ニコライ二世の戴冠式でモスクワを訪れた清国代表・李鴻章をロシア外相ロバノフが強請して露清間の対日秘密条約を交わし、「日本の満州・朝鮮・ロシア侵略に対して共同防衛に当たること」、また「戦時は中国の港湾をロシアに開放すること」、さらに「兵員輸送のため北満州を横断してウラジオストクに到る鉄道（東清鉄道）の施設権をロシアに与えること」などを清国に約束させたのだ（李・ロバノフ条約）。この秘密条約締結にあたって、ロシアは李鴻章に莫大な賄賂を贈っている。

二年後、清国の対日賠償金を援助した見返りにロシアは鉄道施設権を拡大し、ハルビン（北満とウラジオストクの中間にある）から南下して旅順・大連に至る南支線の建設も始めることになる。大連とともに清国から租借（二十五年間）した旅順はロシア念願の不凍港で、ここに艦隊を置けば渤海湾周辺へのロシアの制海権は決定的なものになる。

こうしてロシアの満州進出が強まり、これが日露戦争の序曲となる。日清戦争で「眠れる獅子」の意外な弱体化ぶりを見たこと、またロシアへの警戒心・対抗意識もあって、他の列強の清国侵略も一気に加速した。

これに憤激した清国の民衆は明治三十二（一八九九）年三月、義和団事件（北清事変）を起こした。白蓮教系の秘密結社である義和団を中心として蜂起した排外抵抗運動で、「扶清滅洋」をスローガンに各国公使館やキリスト教会などを襲撃、一時は大きな勢力となったが、日本、イギリス、ロシア、アメリカ、フランス、ドイツ、イタリア、オーストリアの八カ国連合軍の出兵により同年八月、鎮圧された。

とくにロシアは鉄道権益の保護などを理由に大量の兵を投入して満州を占領、事変後も軍事力を背景に清国に駐兵権を求めるなど新たな権益拡大を図るようになる。日本は切歯扼腕するが強大な軍事力を持つロシアに対し忍従するほかなく、以降「臥薪嘗胆」を余儀なくされ、国民の間にもロシア憎しの感情が醸成されるようになる。

岡田啓介は『浪速』分隊長として日清戦争に従軍後、明治二十七年十二月に海軍大尉となり、こんどは巡洋艦『高千穂』の分隊長に。戦争後の明治二十八（一八九五）年十二月には日清戦争の功により功五級金鵄勲章・勲六等瑞宝章を授けられ、翌年四月一日、啓介は佐世保水雷団長崎水雷敷設分隊長になった。先に少し触れたように、海軍大学校水雷術専科乙種学生を命じられたのもこの年である。二十九歳だった。卒業は明治三十一（一八九八）年十二月で、丙種学生をやったときと同じく成績優秀ということで銀側時計を下賜された。そして翌年には甲種学生を命じられ、海軍少佐に昇進。このとき起きたのが前述の義和団事件で、鎮圧のため啓介は一時学業を中断、軍艦『富士』の分隊長として出撃、さらに軍艦『敷島』の水雷長に転じ、ようやく海軍大学甲種学生課程を修了したのは明治三十四（一九〇一）年五月二十四日だ。

その翌日の五月二十五日、啓介は結婚した。相手は川住英《ふさ》。英は静岡県士族・川住義謙の娘である。川住家はもと徳川旗本で、明治維新の際、徳川慶喜に従って駿府に移り住んだ。英は二十二歳、啓介は三十三歳。なお英は夏目漱石の妻・鏡子の従姉妹。つまり啓介と漱石は親戚にあたる。

英との間には一男二女が生まれた。最初の子が田鶴子、次に長男の貞外茂《さだとも》、そして次女の万亀《まき》である。長女の田鶴子は十五歳で病没、長男の貞外茂は海軍兵学校を二番で、海軍大学を首席で卒業、将来を嘱望されたが、太平洋戦争中の昭和十九（一九四四）年、フィリピン作戦の指導後、帰国の際に乗っていた飛行機が撃墜されて戦死した。二十七歳。海軍中佐だった。次女の万亀は迫水久常と結婚した。なお、啓介の妻・英は次女の万亀を産んだ明治四十三（一九一〇）年の暮れ、急性腹膜炎で死去した。まだ三十一歳だった。そしてその二カ月後の明治四十四年二月、父の喜藤太が死ぬ。八十一歳だった。

財部彪と広瀬武夫

話を元に戻すと、あわただしい結婚式のあと、啓介は海軍大学教官、常備艦隊特命検閲使、軍艦『千歳』副長心得などの軍務に就いていたが、明治三十六（一九〇三）年十月、肋膜炎で待命になった。

武雄温泉や嬉野温泉（いずれも佐賀県）で療養していたが、なかなかよくならないので啓介は肺病だと思い込み、すっかり悲観してしまった。ところがあるとき、内科で評判の軍医官が診察してくれ、「なんだ、こんなものは肺病でも何でもない。少し静かにしていればすぐ治ってしまう」という。啓介はすっかりうれしくなり、現金なもので、本当にすぐ治ってしまった。

ところで結婚といえば、海軍兵学校同期の秀才である財部彪は、海軍大臣で薩摩海軍の巨頭である山本権兵衛の長女・いね子と結婚している。最初、山本権兵衛は広瀬武夫に「俺の娘をやろう」といったが、広瀬は「私は親父の威光で出世したくありません」と断った。広瀬武夫は財部に「貴様は将来出世間違いない男だ。山本閣下の娘と結婚すれば閣下の引きで出世したと見られる。かえって貴様のためにならないから、この結婚はやめたほうがいい」と忠告している。財部は海軍大臣を四度務めた（山本権兵衛内閣、加藤高明内閣、第一次若槻礼次郎内閣、浜口雄幸内閣）が、四度目のとき、ロンドン軍縮会議（昭和五年）に全権として出席、統帥権干犯問題（後述）で攻撃され、二年後の昭和七（一九三二）年、予備役に編入された。つまらないことだが、財部はこのロンドン軍縮会議に妻のいね子を連れて行ったことでも批判された。薩摩の大先輩である東郷平八郎元帥などは「軍縮会議は宣戦布告のない戦争だ。そこへカカアを連れて行くとは何事か」と苦り切り、また軍縮派からも問題視された。広瀬武夫が心配したとおり、山本権兵衛の娘と結婚したばかりに財部は〝財部親王〟と陰口をいわれるほど周囲の妬みを買い、結局、あれだけの大秀才にしてついに首相にはなれなかった。晩年は不遇だったという。

啓介が「肋膜炎は全治した」と医者に宣言されたのは明治三十七（一九〇四）年二月二十八日。日露の国交が断絶したのが二月六日だから、約三週間後ということになる。しかし病後なので、しばらく捕獲審検所の評定官の仕事などをやっていた。これは戦時に敵国汽船や戦時禁制品を積んだ第三国の汽船などを拿捕した際、国際法の規定に照らして捕獲すべきか放免すべきかを調べる役目だ。

義和団事件（北清事変）のことは先に触れたが、明治三十四（一九〇一）年九月七日に北清事変講和議定書（辛丑和約）に調印したあとも、ロシアは撤兵しないどころかシベリア鉄道、東清鉄道（のちの満鉄）を利用して大部隊を南下させ、奉天付近に駐屯させた。三国干渉ののち清国から租借した旅順付近の要塞化を推し進めるためだ。

日本政府（桂太郎内閣）は同じくロシアの極東での勢力拡大を危惧していたイギリスと交渉、明治三十五年一月三十日、ロンドンで日英同盟協約に調印、即日実施した。日英同盟調印の二カ月後にロシアが清国と満州還付条約を結んだのは、日英同盟の効果といっていいだろう。その内容はロシアが満州から六カ月ずつ三期に分けて、一年半で撤兵を完了するというものだ。

しかしロシアは、第一期の撤兵こそ実行したものの、第二期期限の明治三十六（一九〇三）年四月には撤兵しないばかりか新たな利権要求を清国に突きつけてきた。日本政府はイギリス、アメリカとともに抗議したがロシアはこれを無視、同年五月からは鴨緑江《おうりょっこう》の森林事業に手を付け始めた。

このあたりから、参謀本部などを中心にロシアと開戦すべきだとの意見が強くなり、政府も六月二十三日の御前会議でロシアとの交渉開始を決めた。八月に出された日本側の協定案は、「韓国における日本の優勢なる利益」と「満州における鉄道経営に就き露国の特殊なる利益」を相互に承認し合うことを基礎にしたもので、「韓国の改革・善政のため助言および援助（軍事上の援助を含む）を与えるのは日本の専権である」ことをロシアに認めさせようとした。

日露戦争始まる

対してロシアは修正案を出し、「満州におけるロシアの行動に日本が介入する根拠はない」こと、「日本の朝鮮に対する軍事的支配に反対」し、「日本の援助は民政の改良だけにすべきである」こと、また「韓国領土の軍事的使用を禁止する」ことなどを要求した。交渉はさらに続いたがロシアの態度は変わらず、明治三十七（一九〇四）年一月十二日の御前会議ではロシアから満足な回答が得られない場合は開戦することになった。二月四日の御前会議では対露交渉打ち切り、開戦を決定。八日には陸軍の先遣部隊が仁川に上陸、また連合艦隊が旅順港外のロシア艦隊を攻撃した。翌九日、仁川沖でロシア軍艦二隻を撃沈して、いよいよ二月十日、ロシアに宣戦布告する。日露戦争の開始である。

本格的戦闘は、五月の海軍による旅順口閉塞作戦から始まった。連合艦隊司令長官は、前述のように、海軍大臣・山本権兵衛に抜擢された東郷平八郎である。

連合艦隊は最初、旅順港外にいるロシア艦隊（旅順艦隊）を奇襲した。しかしロシア艦隊はすばやく湾内深くに逃げ込み、またロシア陸上砲台の反撃は予想以上の激しさで、東郷たちはそれ以上近づけない。要塞砲の射程外に出てロシア艦隊が出てくるのを待つほかなかった。そこで考え出されたのが旅順口閉塞作戦だ。

地図を見るとわかるが、旅順港は巾着の袋のような地勢になっており、港口はごく狭い。また両岸は砂の堆積で、大型戦艦が通れるのは中央の百メートルほどだけだ。その狭い港口に船を沈めてロシア艦隊が航行できなくするというのが旅順口閉塞作戦で、一回目は『報国丸』が、二回目は『福井丸』が選ばれた。その『福井丸』で出撃、部下の杉野兵曹を捜しているときに戦死したのが前述（第四章一三五頁）の広瀬武夫である。広瀬は海軍兵学校同期の啓介たちとは仲が良かったが、もう一人、肝胆相照らす仲だったのが海軍兵学校で二期下の秋山真之だった。広瀬と秋山は明治二十六（一八九三）年、ともに『迅鯨』に乗り込み、水雷術練習艦尉官教程で机を並べることになり、手を取り合って喜んだと伝えられている。卒業成績は秋山が二番、広瀬は首席だった。やはり『迅鯨』に乗り込み、水雷術練習艦尉官教程を終了した啓介の一期下ということになる。

旅順口閉塞作戦は、参謀の秋山真之少佐や有馬良橘中佐、それに広瀬武夫少佐の意見を容れて立案された。その作戦で無二の親友・広瀬武夫を失った秋山の心中はいかばかりだったろうか。

旅順口閉塞作戦に続き、陸上では朝鮮を北上した第一軍の鴨緑江渡河作戦、遼東半島の大連北方に上陸した第二軍による南山の戦いが行われた。日本側は当初、満州での決戦を考えていたが、ロシアが欧州にいたバルチック艦隊を極東に回航させるという情報を得て、その到着前になんとか旅順を攻略しなければと考えた。六月二十二日、大山巌大将が満州軍総司令官となり、児玉源太郎中将が総参謀長で、旅順攻撃のため第三軍も編成された。大山巌大将は西郷隆盛の従兄弟で、このとき六十二歳。

余談になるが、大山は明治十六（一八八三）年十一月、山川捨松と結婚している。捨松は永井しげ、津田うめ、吉益りょう、上田ていらとともに選ばれてアメリカに留学（岩倉使節団に同行）した。捨松十二歳のときである。帰国後、親友の永井しげ（繁子）と海軍軍人・瓜生外吉（のち大将。日露戦争時は第二艦隊司令官）の結婚式に出席したとき、大山巌に見初められた。大山の一目惚れである。こ

郵 便 は が き

お手数ですが
切手をお貼り
ください。

102−0072
東京都千代田区飯田橋3−2−5
㈱ 現 代 書 館
「読者通信」係 行

ご購入ありがとうございました。この「読者通信」は
今後の刊行計画の参考とさせていただきたく存じます。

ご購入書店・Web サイト	書店	都道府県	市区町村
お名前《ふりがな》			
〒 ご住所			
TEL			
Eメールアドレス			
ご購読の新聞・雑誌等			特になし
よくご覧になる Web サイト			特になし

上記をすべてご記入いただいた読者の方に、毎月抽選で
5名の方に図書券500円分をプレゼントいたします。

お買い上げいただいた書籍のタイトル

本書のご感想及び、今後お読みになりたいテーマがありましたらお書きください。

本書をお買い上げになった動機（複数回答可）

1. 新聞・雑誌広告（　　　　　　　　　）　2. 書評（　　　　　　　）
3. 人に勧められて　4. ＳＮＳ　5. 小社ＨＰ　6. 小社ＤＭ
7. 実物を書店で見て　8. テーマに興味　9. 著者に興味
0. タイトルに興味　11. 資料として
2. その他（　　　　　　　　　　　　　　　　　　　　　　　　）

ご記入いただいたご感想は「読者のご意見」として、新聞等の広告媒体や小社
witter 等に匿名でご紹介させていただく場合がございます。
不可の場合のみ「いいえ」に○を付けてください。　　　　　　いいえ

社書籍のご注文について（本を新たにご注文される場合のみ）

下記の電話や FAX、小社 HP でご注文を承ります。なお、お近くの書店で取り寄せることが可能です。

TEL：03-3221-1321　FAX：03-3262-5906
http://www.gendaishokan.co.jp/

ご協力ありがとうございました。
なお、ご記入いただいたデータは小社からのご案内やプレゼントをお送りする以外には絶対に使用いたしません。

の結婚は当初、両家とも大反対した。捨松は会津若松の出身で、大山は薩摩である。戊辰戦争を戦った仇敵同士だ。しかし大山は周囲の反対を押し切って捨松と結婚した。捨松の長兄は山川浩（のち陸軍少将、男爵）で、次兄が山川健次郎。のち東京帝国大学総長、九州帝国大学初代総長を務めた。

知り合って初めて会話を交わしたとき、大山巌の鹿児島弁を聞いた捨松はまったく理解できなかった。そこで英語にしたらようやく話が分かったという。大山巌もジュネーブ（スイス）に六年間留学した経験があるので、英語は話せた。このあたり、まるで井上ひさしの『國語元年』である。巌と捨松の間に生まれた長男の高は、「陸軍に入ると親の七光りだといわれる」と海軍を選んだが、明治四十一（一九〇八）年、海軍兵学校卒業の折りの遠洋航海で、乗っていた軍艦『松島』が台湾の馬公軍港で原因不明の爆発を起こしたため死亡した。『松島』には捨松の親友・瓜生（永井）繁子の長男、武雄も乗っており（大山高と同期）、彼もまた死亡した。一緒にアメリカに渡り、子供の死も同時だったわけで、不思議な運命というべきだろう。

日本海海戦

余談はこれくらいにして、乃木希典（長州出身。出征中、大将に）率いる第三軍はさっそく旅順総攻撃を実施し、激戦に次ぐ激戦を繰り返した。とくに二百三高地では死傷者一万七千名に達した。三度目の総攻撃で旅順はようやく陥落したが、乃木希典は途中で更迭され、旅順陥落時の指揮官は児玉源太郎だった。二百三高地の占領は明治三十七年十二月六日で、旅順のロシア兵が降伏したのは翌明治三十八年一月一日であった。

このあと、陸軍は遼陽（中国・遼寧省中部の都市）北方に布陣し、明治三十七年十月中旬の沙河の会戦、同三十八年一月下旬の黒溝台の会戦でロシア軍を撃退しつつ旅順からの第三軍到着を待って全面的攻勢に出て、三十八年三月十日、やっと奉天を占領した。これが日露戦争における最大にして最後の陸戦である。ただし包囲作戦が不十分だったため、ロシア軍主力の後退を許した。陸軍にはこれを追撃する余力はなかった。

そして次は連合艦隊によるバルチック艦隊との日本海海戦になる。バルチック艦隊が戦艦八隻、艦船五十余隻の大艦隊（総計三二万トン）を組んでバルト海のリバウ軍港を出発したのは明治三十七年十月十五日である。これが旅順艦隊（一九万トン）と合流するようなことがあれば総計五〇万トンとなり、二六万トンの日本海軍（連合艦隊）はとても太刀打ちできない。あまりにもよく知られた海戦なので詳細を省くが、明治三十八年五月二十七〜二十八日の日本海海戦で日本の連合艦隊は大勝利を収めた。

これを機会に、日本政府はアメリカのルーズベルト大統領に講和の斡旋を依頼、八月にはポーツマス（アメリカ東海岸の軍港）での日露講和会議開催にこぎつけた。兵員、物資、そして戦費などの面で日本の戦力は限界に達していた。この戦争での日本軍の損害は戦死者約八万四千名、戦傷者約一四万三千名にのぼった。

明治三十八年九月五日にはポーツマス講和条約が締結された。日本の全権は小村寿太郎、ロシア全権はウィッテである。日本の韓国における権益の確認、関東州の租借および長春〜旅順間の鉄道譲渡、北緯五十度以南の樺太および付属の島の日本への譲渡、日本海・オホーツク海・ベーリング海のロシア領地沿岸における日本の漁業権を承認することなどが決められたが、賠償金を取れなかったため国民の不満は大きく、条約締結の九月五日には日比谷焼き討ち事件が起き、翌日から十一月二十九日まで東京に戒厳令が敷かれている。

賠償金は取れなかったものの、朝鮮半島の支配権を得、さらにロシアから遼東半島の租借権を奪ったことで日本は大陸進出の足掛かりをつかみ、ここにアメリカとの対立が芽生える。

日露戦争時、アメリカは日本に好意的だった。ロシアが満州を占領するのを恐れていたため、そのロシアと戦ってくれた日本のために講和を斡旋したのだ。キューバ独立戦争・米西戦争（アメリカとスペインの戦争）などで出遅れたものの、アメリカもまた満州進出を狙っていた。しかしいざ日本が満州における権益を手中にしてしまうと、「これはマズイ」と考え始めた。アメリカと日本の、この微妙な対立がやがて日米開戦へとつながっていく。

また日露戦争はヨーロッパ列強の支配下にあるインドや東南アジアの人々からは歓迎され、独立運動を勇気づけることになったが、肝心の日本では「我々こそアジアの盟主だ」とする優越思想が広まる結果になった。軍人人気がかつてないほど高まったのも日露戦争からで、軍国化への端緒となった。ちなみに、日本海海戦でバルチック艦隊を破った東郷平八郎元帥は、各地に「東郷神社」が造られるなど神格化が進んだが、岡田啓介は東郷の神格化には批判的だった。

妻の死

話を少し前に戻すと、啓介は療養のあと『八重山』の副長に任ぜられた。明治三十七年四月で、対露宣戦布告（二月十日）のすぐ後だ。『八重山』は千六百トンの小さな軍艦で、日清戦争のときは通報艦として活躍した。当時は無線がなかったので、長官が遠くにいっている軍艦に命令を下すときは旗《き》旒《りゅう》信号で『八重山』を呼び寄せ、手旗で「何々のもとへ至り、直ちに何々基地へ出動せよ」などと命令を与える。『八重山』はその艦を捜して長官の命令を伝えていたのだ。ずいぶんノンビリした話である。啓介は七月十三日には海軍少佐になり、翌明治三十八年一月には再び『千歳』に乗り込んだ。そして四月五日にこんどは『春日』の副長に。

七七〇〇トンの装甲巡洋艦『春日』はもともとアルゼンチンの軍艦だ。イタリアで建造中だったが、日露戦争に備えて日本が買った。『日進』は姉妹艦だ。『春日』は鈴木貫太郎中佐（当時）が、『日進』は竹内平太郎大佐（同）が回航委員長となって、日露戦争開戦直後、横須賀に到着した。

その『春日』で参戦した啓介だが、当初はバルチック艦隊が来るまで用がないので、鎮海湾あたりで来る日も来る日も射撃や水雷発射の訓練をやっていた。そして五月二十七日、『信濃』からバルチック艦隊発見の電報が入り、全艦隊が出撃して日本海海戦になった。

副長というのは、中甲板にあって防火、防水、傾斜の復元、乗組員の救助などに当たるのが主な任務である。

『春日』には数発の弾丸が当たった。啓介は被弾個所の応急処理に忙しく、戦闘の状況は詳しく見ている暇がなかった。

啓介は日本海海戦の三日後に勲四等瑞宝章を授章している。さらに翌明治三十九（一九〇六）年には日露戦争での功により功四級金鵄勲章および勲三等旭日中綬章を与えられている。

明治四十一（一九〇八）年三月、四十一歳になった啓介に待望の長男が生まれた。貞外茂《さだとも》である。そして半年後の九月二十五日には海軍大佐に任じられ、同日、海軍水雷学校長になった。任期は約二年だったが、当時生徒だった八角三郎《やすみ》によると、実に名校長だったそうだ。八角はのち中将、衆議院議員。米内光政（昭和十五年に首相）と中学の同期生（岩手・盛岡）で、八角自身、昭和二年に水雷学校長になっている。なお、啓介の次の水雷学校校長には鈴木貫太郎が就任している。

二年後の明治四十三年二月に次女万亀をもうけた啓介は、七月二十五日、今度は『春日』の艦長に任ぜられる。『春日』はかつて副長として勤務した懐かしい軍艦だ。しかし、禍福は糾《あざな》える縄のごとしの諺通り、十二月三十日、前述したように妻の英《ふさ》が急性腹膜炎のため死去した。三十一歳だった。啓介との結婚生活は十年にも満たなかった。啓介は『春日』船上で「フサ死ス」の電報を受け取り、当時『春日』が所属していた第二艦隊の島村速雄司令長官の許可をもらって横須賀に帰港、翌年一月二日、鎌倉の自宅に戻った。すでに両親を始めとする岡田家の一族は福井の家屋敷を処分して上京、さらに鎌倉材木座に居を構えていた。長女の田鶴子は七歳、長男の貞外茂は三歳、次女の万亀は生まれたばかりである。当初は英の妹が両親や三人の子供の面倒をみていたが、やがて啓介の妹・登美穂《とみお》が離婚して岡田家に戻ったため、以降、登美穂が家族の世話をすることになる。

再婚の相手

父の喜藤太は英の喪が明けて間もない明治四十四（一九一一）年二月一日、英のあとを追うように亡くなった。享年八十一歳だった。

喜藤太が死去する直前の一月十六日、啓介は海軍省人事局局員となっていたが、喜藤太の四十九日をすませると、啓介は母親や三人の子供、登美穂ら家族とともに勤務に都合のいい東京の借家（西大久保新田裏）に移り住んだ。

しかし乳飲み子を含め三人の子供がおり、母・波留の面倒も見なくてはならず、妹の登美穂が頑張ってくれてはいたが、やはり妻がいたほうがいいだろうということで、やがて周囲から再婚の話が出てきた。明治四十五（一九一二）年春のことである。

相手は迫水久中の三女・郁《いく》である。迫水家は代々薩摩藩の家老を務めてきた家柄で、郁の兄の久成は陸軍士官学校第二期を卒業した陸軍軍人である。その妻の歌子も陸軍中将・大久保利貞の娘だ。また郁の二人の姉妹の夫はいずれも海軍士官で、軍人の家というものをよく知っていた。郁の兄の久成の長男が迫水久常で、前述のように岡田啓介の次女・万亀と結婚することになる。また久成の妻・歌子には妹の廣子、弟の大久保利隆がおり、次女の廣子と丹生猛彦との間に生まれたのが二・二六事件で死刑になった丹生誠忠だ。大久保利隆は外務官僚で、啓介が首相になったときに首相秘書官を勤めている。

当時、海軍士官の結婚には結婚願允許《いんきょ》が必要で、允許を得た三月十三日に郁と結婚した。結婚式の夜、啓介は郁に「道しるべ」という和綴じの冊子を渡した。啓介自筆の、罫紙十八枚ほどのもので、「我家ノ今ノ有様ハ冬ノ枯野ノ如シ」「老タル母、幼キ子供ノ味方トナリ一向（ひたすら）ニ我家ノタメヲハタラカバ我家ハ再ビ花サク春ニ遇ヒテ我家ノ一族ハ皆之を徳トスベシ」「我家ハ今貧ノ極ナリ資産ナシ（しかし）清貧ニ安ジ足ルコトヲ知ラバ我家ノ幸福之ニ過ギザルベシ」などと書かれている。

岡田家の嫁としての心得を書き記したものだが、この頃から啓介の貧乏ぶりは相当なものだったようだ。この「道しるべ」について、伝記『岡田啓介』（岡田大将記録編纂会）の執筆に当たった有竹修二（ジャーナリスト）は「韓柳に匹敵する名文」だと激賞している。李白・杜甫・韓愈・柳宗元など唐代の四大文学者に比肩するというのだ。実際、啓介はかなりの文章家で、かつ達筆である。

啓介が再婚した郁は喜美子、貞寛、不二子の三人の子をもうけたが、昭和三（一九二八）年十一月三日、死去した。四十七歳だった。もともと身体が弱かったのだが、大正十二（一九二三）年、末娘の不二子を一歳十カ月で失って（肺炎）から、看病疲れと心労で体調を崩したのだ。

話が先に進んだので、もとに戻る。

啓介が再婚した半年後の明治四十五年七月三十日、明治天皇が六十一歳で崩御、年号が大正になった。

郁と結婚した啓介は大正元（一九一二）年十二月一日、八代目の『鹿島』艦長に補せられた。『鹿島』はイギリスで建造された一万六千四百トンの準弩《ど》級戦艦で、『香取』と同型。完成は日露戦争後だった。啓介が艦長になる前年には明治天皇皇太子（のちの大正天皇）のお召し艦になっている。同艦三代目の艦長に加藤定吉（のち大将、男爵）がいる。啓介は第一次世界大戦で加藤定吉の部下として青島攻略戦に加わることになる。

シーメンス事件

『鹿島』艦長の啓介は、すでに傑出した艦長として知られていた。『鹿島』が加わっていた当時の第一艦隊は、旗艦の『鹿島』以下『香取』、『朝日』、『三笠』、『石見《いわみ》』で編成されていた。演習や射撃訓練を終えたあと、各艦長が『鹿島』に集まって研究会を行うのだが、啓介は多くを話さず、ときどき言葉をはさむ程度だが、それがことごとく的確な指摘で、艦長ぶりが光って見えた。青年士官たちは「鹿島のケプ（艦長のこと）は偉えものだな」といい合っていたという。

一年間『鹿島』の艦長を務めたあと、翌大正二（一九一三）年、海軍少将にすすみ、同時に佐世保海軍工廠造兵部長を拝命した。啓介は家族を伴って佐世保市矢岳町に転居した。

日露戦争は戦艦六隻、巡洋艦六隻を中心とする、いわゆる「六・六艦隊」で勝利したが、その結果、満州、朝鮮、台湾、樺太など支配地が拡大したため、戦艦八隻、巡洋艦八隻とし、さらに軽巡洋艦、駆逐艦、潜水艦などなど百八十隻を建造しようと躍起になっていた。「八・八艦隊構想」である。そのため佐世保や横須賀、呉、舞鶴などの軍港には造船工廠が造られ、巨大なドックには大勢の人間が働いていた。このほか三菱や川崎、石川島、浦賀など二十数社の民間企業も造艦事業に参入していた。国を挙げて「八・八艦隊」作りにいそしんでいたのだ。その中心になったのが山本権兵衛首相であり、加藤友三郎海軍大臣である。このため国家予算に占める軍事費は五〇％近くにまで膨れ上がり、国民生活は困窮した。このため加藤友三郎はのち（大正十一年）、ワシントン軍縮会議で自分の推進した「八・八艦隊」案をあえて放棄、英米の主張する軍縮案を呑むことになる。「軍縮の父」と呼ばれる所以《ゆえん》だ。

啓介が佐世保に行く頃は日本全体が海軍増強熱に浮かされていた最中だったが、大正三（一九一四）年、思わぬ事件が起きた。シーメンス事件である。ドイツのシーメンス社が日本海軍高官へ贈賄した事件で、取り調べが続くうちにイギリスのヴィッカース社とも軍艦『金剛』建造にからむ汚職事件が発覚、国民の反政府運動に発展して三月二十四日、山本権兵衛内閣は総辞職する羽目になった。海軍に対する信頼もいっぺんに失墜した。収賄側のひとりである松本和中将（呉鎮守府長官）は啓介もよく知っている軍人で、次期海軍大臣候補と見られていた。海軍大臣になるための運動資金として収賄した事実を知り、啓介は暗澹たる気持になった。松本和中将は海軍兵学校第七期で、同期には加藤友三郎、島村速雄（ともに大将）などがいた。山本権兵衛内閣総辞職後、いったんは清浦奎吾に組閣の大命が下ったが、加藤友三郎が海軍大臣就任を断ったため組閣が進まず、結局、清浦奎吾は大命を拝辞して大隈重信が後継総理になった。

第一次世界大戦が勃発したのは同年七月二十八日である。

第一次世界大戦は三国同盟（ドイツ・オーストリア・イタリア）と三国協商（イギリス・フランス・ロシア）との対立を背景にして起きた世界的規模の大戦争で、日本は三国協商側について同年八月二十三日、対独宣戦布告した。

啓介は膠州湾《こうしゅう》（青島）攻略戦に参加した。水雷船隊司令官として加藤定吉中将の指揮下（第二艦隊）で働いた。加藤定吉は、かつて啓介が『春日』の副官をしていたときの艦長である。膠州湾攻略戦は初めて飛行機が出動した戦争で、日本海軍は外国製七機、国産五機を持っているだけだった。青島《チンタオ》港内にはドイツの水雷艇やオーストリアの巡洋艦などがいて、それを加藤第二艦隊が封鎖していたのだが、啓介は加藤に「自分が司令駆逐艦に乗って夜襲をかけようかと思います」と提案したが、慎重な加藤は岡田の進言を採用しなかった。もし岡田が夜襲をかけていれば、『高千穂』がS90（ドイツ水雷艇）に爆沈させられることはなかったかもしれない。こっそり近づいたドイツ水雷艇に沈められた『高千穂』は、日清戦争後に啓介が乗っていた巡洋艦である。

ワシントン軍縮会議

この青島攻略戦では、啓介の乗る司令駆逐艦にドイツ軍の水雷が命中したことがある。実戦は初めてという乗組員たちは上を下への大騒ぎになり、ある下士官が啓介の寝ている部屋に報告に行ったところ、啓介は「ソーカ」といってまた高いびきをかいて寝てしまったという。これは後に瓜生外吉海軍大将が啓介の秘書・福田耕に語ったエピソードで、啓介は水雷の当たったときの衝撃度で、被害がたいしたものではないことがわかっていたのだ。これで艦内の騒ぎは収まり、調べてみるとやはり被害は微小なものだった。瓜生によれば、啓介の沈着・冷静ぶりは当時有名になったそうだ。

第一次世界大戦は、最後まで頑強に戦い続けたドイツも大正七（一九一八）年十一月に降伏、翌年一月からパリのベルサイユで講和会議が開かれ、大正八（一九一九）年六月二十八日にベルサイユ条約が調印（同時に国際連盟規約も締結）された。日本は中国の山東省、膠州湾において旧ドイツが有していた全権利を引き継ぎ、加えて赤道以北の南洋諸島も手中に収めた。

中国では一九一一（明治四十四）年十月から始まった辛亥《しんがい》革命によって清国が倒れ、中国初の共和制政体である中華民国が誕生（一九一二年一月）、孫文が臨時大統領に就任したが、革命勢力が脆弱だったため、間もなく（三月十日）袁世凱《えんせいがい》が正式大統領になった。

中国政府は日本が旧ドイツの権益を引き継いだことに抗議、軍の撤退を要求したが、日本は逆に大正四（一九一五）年、対華二十一か条を突きつけた。山東省のドイツ利権のほか満州の日本利権の拡大など二十一か条からなる要求で、同年五月七日、最後通牒を発してむりやり中国に認めさせた。まさに「火事場泥棒」である。日本はこうして帝国主義国の仲間入りを果たした。

日清、日露、そして第一次世界大戦に参加した啓介は、その後、海軍省人事局長（大正四年）、海軍中将に昇進（大正六年。同時に佐世保海軍工廠長に）、海軍省艦政局長（大正七年）、海軍艦政本部長（大正九年）となる。

ワシントン軍縮会議が始まったのは大正十（一九二一）年十一月十二日である。アメリカ大統領ハーディングが提唱、日本、イギリス、アメリカ、フランス、イタリア、オランダ、中国、ベルギー、ポルトガルの九カ国が参加した。日本側全権は加藤友三郎、幣原喜重郎、徳川家達《いえさと》だ。

戦争中は思わぬ特需で好景気に湧いた日本だったが、大戦が終わると不況に襲われ、物価高で国民生活は困窮し始めた。いちばんの問題は軍事費、ことに造艦費だった。アジア進出を狙うアメリカの建艦運動との競争で、増大の一途をたどっていたからだ。

ワシントン軍縮会議の加藤友三郎全権（中央）を挟んで、左が幣原喜重郎、右が徳川家達

啓介、海軍次官に

加藤友三郎はそれまで海軍大臣・山本権兵衛の下で「八・八艦隊」実現のため議会の承認を得ようと努力していたが、経済の疲

弊、またアメリカの無制限な軍備拡大を抑えるためにも、ここは軍縮会議を成功させるほかないと考えていた。啓介は艦政本部長であり、造艦の責任者だったから、なんとか軍縮会議を成功させてほしいと思っていた。アメリカ側は「アメリカ、イギリス、日本の主力艦の比率を五・五・三に抑えたい」と主張、これに対し全権の主席随員である加藤寛治中将は「絶対に十・十・七でなければ認められない」と猛反発、「受諾されないなら日本は会議を脱退してもいい」と加藤友三郎全権に激しく迫った。加藤寛治は前述のように啓介と同郷である。大加藤と小加藤の論戦が続いたが、加藤友三郎全権は「会議が決裂すると各国の無制限建艦運動になる」と加藤寛治を抑え、アメリカ案を受け入れた。日・米・英・仏・伊の五大国間で締結された海軍軍縮条約では保有主力艦総トン数の比率を米英五、日本三、仏伊一・七五と定め、十年間は主力艦建造を停止することにした。また、すべてを第一次世界大戦直前の状態に戻すことが確認され、日本の中国・山東省の旧ドイツの権益返還、シベリア撤兵も決定した。加藤寛治ら海軍軍令部艦隊拡張派は憤激、日米対立の一因となるが、加藤友三郎全権は「無益な競争を避けて国民生活を守る」という確固たる信念を貫き通した。首席随員の加藤寛治は怒りのあまり体調を崩してさっさと帰国してしまった。

全権一行が横浜に帰ってきたのは大正十一（一九二二）年三月十日で、啓介は高橋是清総理や山下軍令部長らとともに横浜の桟橋に一行を出迎えた。啓介は同年一月二十五日、病気の井出謙治海軍次官に代わって次官代理になっている。

正式に海軍次官になったのは大正十二年五月二十五日。

前年六月十二日には衆望を担って加藤友三郎内閣が誕生し、加藤友三郎は海軍大臣を兼任、次官に啓介を据えた。啓介は生涯を通じて加藤友三郎を尊敬し、「自分は加藤さんのお弟子だと思っています」と語っている。

大正十二年五月、ワシントン会議の後始末も終わったため、加藤は海軍大臣の兼任をやめ、新たな海軍大臣として財部彪を指名した。財部はすでに大将である。啓介はその財部を次官として支えた。海軍では同期が大臣と次官というのはきわめて異例だが、このコンビはうまく行った。啓介の度量の大きさを示すものとして周囲から高く評価されたものだ。

加藤内閣はシベリアからの日本軍の撤兵（大正七年、ロシア革命への干渉を目的にシベリアに大軍を派遣）、「八・八艦隊」の建造中止などを行い、国民から支持されたが、同年八月二十五日、大腸がんが悪化したため急逝、啓介を落胆させた（加藤内閣のあとは山本権兵衛内閣に）。その直後に起きたのが関東大震災（大正十二年九月一日）とそれに伴う朝鮮人虐殺で、大杉栄・伊藤野枝も九月十六日、憲兵によって殺された（甘粕事件）。

啓介はその後、海軍大将（大正十三年）になり、そして同年十二月一日、ついに第一艦隊司令長官兼連合艦隊司令長官にまで上り詰めた。啓介五十六歳。

その間、私生活では大正三（一九一四）年八月に三女・喜美子が、大正六（一九一七）年一月に次男・貞寛が誕生したが、その翌年の大正七年九月十日に長女・田鶴子が死去、また大正十一（一九二二）年一月に四女・不二子が生まれたものの、翌大正十二年十二月三日、これまた死去した。

お国入り

悲喜こもごもの中で連合艦隊司令長官になった啓介はどんな司令長官だったのか。岡田大将記録編纂会の『岡田啓介』にはこんな記述がある。

「岡田司令長官の統裁のもとに、ともすればゴタツク連合艦隊が、何の問題もなく、司令官艦長以下、みなが艦隊生活を愉快に思った。大演習をやる。仮想敵国の艦隊と、日本固有の艦隊とが青軍、赤軍の二手に分れ、互に戦闘展開を行う。戦略的な動きから始まって、戦術的場面に入る、そして、最後は摑み合いの決戦になる。水雷戦隊を前にし、巡洋艦、主力艦と陣を布き、相互に空砲を撃ち合い、点数をとりながら、魚雷を放ち、全軍突撃で格闘に移る。思いきってきわどい激突をやる。下手をまごついて接触したり、突込んだりする。おまけに潜水艦が出る。演習のための犠牲はザラにある。ところが、岡田司令長官は、もうこの辺だという、いい汐時を見て、自ら『演習中止』を命ずる。無理をして事故を起こすことはない。もう勝敗は判っている、とうまいところで『それまで』をかけるのだ。かくして、岡田司令長官時代、一年間を通じて、艦隊に全く事故なしだった。無事故艦隊だった」

新しく連合艦隊司令長官が任命されると、艦隊は海上を動きながら射撃訓練や碇泊訓練などを行い、年度内に日本を一周することになっている。そして出身地の沖を通る際、二日ほど最寄りの港に入ることが許されていた。平時ならではの特典である。

啓介が「お国入り」したのは大正十四（一九二五）年八月二十七日。啓介率いる第一艦隊は舞鶴に入港、整備と補給を行っていたが、この日の正午過ぎ、三万トンの旗艦『陸奥』を先頭に『山城』、『扶桑』、『日向』の四戦艦、それに巡洋艦『大井』が敦賀赤崎沖に姿を現した。『扶桑』には高松宮宣《のぶ》仁《ひと》殿下（昭和天皇の弟）も海軍少尉として乗船していた。敦賀署のランチ『安寧丸』はさっそく豊田勝蔵・福井県知事などを乗せて岡田司令長官、高松宮殿下を表敬訪問、その夜は敦賀市内で歓迎会が開かれ、艦隊からは啓介以下、幹部数十人が出席した。翌日、こんどは旗艦『陸奥』で返礼の午餐会が開かれた。高松宮はこの日、気比神宮、金ヶ崎神社を参拝している。

また同日は軍艦見学が許され、県内各地から見学希望者が敦賀に殺到した。福井駅を朝五時に出る列車はあっという間に満員になり、後続の列車も同様だったので、急ぎ十五両編成の臨時列車まで走らせた。敦賀港の埠頭には三万人を超える見学者が集まり、軍艦まで運ぶ艀《はしけ》五十隻が往復したという（上坂紀夫著『宰相　岡田啓介の生涯』）。

連合艦隊司令長官時代の岡田（右端）

啓介率いる艦船は八月二十九日、敦賀を後にした。

連合艦隊司令長官時代のことについては、啓介はほとんど書き残していない。この時期、世の中はごく平穏で、啓介にいわせれば「どういう思い出もない。思い出のないというのがたいへんにいいことで、日本も平和だったよ」ということになる。いかにも啓介らしい感懐である。

連合艦隊司令長官の任を解かれ、横須賀鎮守府司令長官に補せられたのは大正十五（一九二六）年十二月十日。同日、啓介は海軍将官会議議員になった。

第六章　軍縮

海軍大臣に就任

啓介が連合艦隊司令長官の任を解かれ、横須賀鎮守府司令長官に転じたのは前述のとおり大正十五（一九二六）年十二月十日だった。大正天皇が四十八歳で没し、摂政裕仁親王が践祚《せんそ》、「昭和」と改元されたのは約二週間後の十二月二十五日である。横須賀鎮守府司令長官も無事に勤め上げた啓介は、昭和二（一九二七）年四月二十日、田中義一内閣発足と同時に海軍大臣に就任、ついに政界入りした。六十歳の時だった。平和主義者・啓介の本当の戦いが始まるのはここからである。

前政権は若槻礼次郎内閣（第一次）で、金融恐慌の中、政府の台湾銀行救済勅令案が枢密院で否決されたため総辞職した。金融恐慌のきっかけは震災手形の処理問題。震災手形というのは関東大震災で決裁不能になった手形のことで、その救済融資として、震災前に銀行が割引した手形を日本銀行に一時肩代わり（再割引）させ、日銀の損失については一億円を限度に政府が補償するというもの。しかし手形の中には投機の失敗など、震災に関係ないものが大量に含まれていたため処理が進まず、膨大な不良債権が残った。

そこで政府は昭和二年三月三十日、十年で償還する国債を発行して損失を処理する震災手形関係二

田中義一内閣の閣僚たち。左より三人目、高橋是清。五人目、田中義一。八人目の海軍礼服姿が岡田啓介

法案（震災手形損失補償公債法・善後処理法）を議会に提出した。その議会での答弁中、蔵相の片岡直温《なおはる》が未確認情報である「渡辺銀行の支払い停止」を発表してしまったため、各地で取り付け騒ぎが起きた。不良債権のかなりの部分が台湾銀行の保有するもので、台湾銀行は鈴木商店（商社）への取引を停止したため鈴木商店が破産、またその台湾銀行も休業を余儀なくされた。我が国の五大銀行の一つに数えられる十五銀行も倒産し、若槻内閣も倒れた。

　若槻の後を襲った田中義一は首相と外務大臣、拓務大臣を兼任、内政では第一回普通選挙を実施する一方、緊急勅令で治安維持法を改悪、三・一五、四・一六両事件で日本共産党とその支持者を徹底的に弾圧。また外交では三度にわたる山東出兵を強行するなど露骨な侵略政策を推進した。加藤高明内閣、若槻礼次郎内閣（第一次）の幣原喜重郎外相が「国際協調」「対外不干渉」を原則に外交に当たった、いわゆる「幣原外交」の反動だ。

　蔣介石を総司令とする中国の国民革命軍は、北京軍閥政権打倒（北伐）を目指して全国統一戦争を展開、北京に迫る勢いだったため、田中義一は「居留邦人保護」を名目に山東省に陸軍を出兵させた。これが山東出兵で、実際は国民革命軍による北伐への干渉である。日本軍は山東省・済南で国民革命軍と武力衝突し、済南事件を引き起こしている。日本軍の集中砲火で多数の一般市民が殺傷され、以降、中国の対日感情は極度に悪化した。

陸軍はさらに中国に対する強圧的な実力干渉を企てた。

張作霖軍が河南で国民革命軍に大敗し、山海関《さんかいかん》を越えて満州に戻ろうとした際、陸軍を出兵させて張作霖の退路を断とうとしたのだ。山海関は華北と東北（満州）の境界線あたりに位置する古い要塞で、万里の長城の一部を構成している。

張作霖は馬賊出身の軍人・政治家で、日本の援助を受けて東三省（奉天省・吉林省・黒竜江省）を支配下に収め、一九二七年には北京で大元帥の地位に就いた。しかし蒋介石の北伐軍に敗れたためもともとの地盤である奉天に帰ろうとした。日本陸軍が張作霖軍の退路を断とうとしたのは、空っぽになった満州を手に入れようとしたためだ。

この陸軍の企てを未然に防いだのは啓介だ。

「山海関に陸軍一個師団を上陸させようという計画だったが、陸軍側からの話で、突然あす閣議に出す、承認されるだろう、という話なんだ。陸、海、外務三者の打ち合わせがあり、海軍からは軍令部の米内光政（当時少将）が出席した。米内はまっこうから『海軍は反対』と突っ張り、帰って軍令部長鈴木貫太郎大将にそのことを報告した。北京、天津近くに兵を入れることは古くからの列強との約束に反するばかりか、国際的に考えても非道なことであり、たちまち大問題になる。海軍部内から閣議で葬るように努めてもらいたいと私にいってきた。

翌日の閣議では、はたして山海関出兵案が持ちだされ、一同異議なく決定されようとした。そこでわたしは発言した。わたしは、こんなことをすれば列強を刺激して、たいへんなことになるというようなことはわざと言わない。ただ、列国との間に決めた約束を、たいした理由もなく無視して顧みないというならば、英米との戦争も一応覚悟しておかねばならぬ。

そういうことになると、この際延び延びになっている海軍の弾丸、火薬、水雷などの補充を至急しておかねばならぬから、その経費五千万円を支出してほしい、と申し出たんだ。すると田中首相は、いまそんな金はとても出せないという。しかも、田中首相は兼摂外相だったが、列国との間に京津地方への出兵の際の古い約束があったことなどまったく知らなかったらしい。のんきな話だよ。『ああ、そんな約束があるのか、そんならこれはだめだ』といって、あっさり取り止めということになった」

（『岡田啓介回顧録』）

京津地方というのは北京・天津を指す。啓介は「古い約束」としかいっていないが、これは北京議定書のことだ。辛丑《しんちゅう》条約・辛丑和約ともいう。

日清戦争後の一八九九年、前述のごとく中国に「義和団事件」が起きた。欧米列国が清国を次々に侵略、これに反抗して華北を中心に民衆による反帝国主義運動が燃え上がったのだ（第五章一六二頁）。

北京議定書

その主体になったのが「義和団」と呼ばれる宗教的秘密結社。山東省で起きた反キリスト教運動がたちまち各地に飛び火、社会矛盾や列強の侵略とも相まって一九〇〇年六月には北京、天津にまで拡大し、「扶清滅洋」を合い言葉に各国公使館やキリスト教教会などを襲撃した。清国が義和団を支持し、対外宣戦を布告したため暴動は激しくなる一方で、ここに至って日本、イギリス、ロシア、アメリカ、フランス、ドイツ、イタリア、オーストリアの八カ国は連合軍を出兵させ、ようやく鎮圧した。一九〇〇年八月である。翌一九〇一年九月七日、清国は列国と北京議定書（辛丑条約）を締結し、四億五千万両（テール）の賠償金を支払うとともに、外国軍の駐留も認めることになった。気息奄々の清国をハイエナたちが襲っている格好で、中国の半植民地化はいよいよ進んだ。日本では一八九九年の義和団蜂起から連合軍の鎮圧までの戦争を「北清事変」と呼んでいる。

鎮圧後は各国公使（日本は小村寿太郎）会議で議論、要求をまとめて清国に提示するという方法が取られた。国際協調が建前だったからだが、一方ではどこかの国が抜け駆けするのを恐れたためでもある。北京議定書の調印国は上記八カ国にベルギー、スペイン、オランダも加わって十一カ国になったが、その議定書に駐兵権の規定がある（第七条及び第九条）。天津守備、北京公使館守備、それに北京・海岸間鉄道線守備（山海関に駐屯）などのためだ。

以降、中国政府との間に生じたさまざまな問題はすべて各国公使団によって討議されることとなった。啓介のいった「列国との古い約束」とはこの国際協調のことで、山海関方面に多数の兵力を出せば、ただちに列国駐屯軍との関係が悪化する。日本軍が単独で増兵したり進軍したりできないことになっていたのだ。田中義一首相がこの条約のことを知らないわけはないのだが、なぜ「そんな約束があるのか」などといったのかわからない。本当に記憶していなかったのか、それとも知らないふりをして条約を無視しようとしたのか。啓介が指摘しなければそのまま閣議で決定しただろう。

もっとも、櫻井良樹著『華北駐屯日本軍』（岩波書店）によれば、この直後、京津方面、山海関方面で日本は増兵している。一九二八（昭和三）年五月八日の第三次山東出兵の前後、おそらく九日だろうという。空っぽになった満州を手に入れる作戦は海軍の反対であきらめたが、張作霖と北伐軍の戦争が満州に持ち込まれると満州が大混乱に陥るので、その際は山海関の駐屯軍を治安維持に当たらせようとしたのだ。

満州権益を守るうえで山海関はもはや日本にとって最も重要な地点になっていた。なにしろ北京議定書調印からすでに二十八年が経過、アメリカの撤兵開始など議定自体が変質してきた。情勢の変化とともに駐屯日本軍の任務が拡大、そのため、ことに第二次山東出兵（昭和三年四月）以降はなし崩し的に兵力の増員が始まって議定兵員は守られなくなり、国際協調の機能が低下してきたのである。

張作霖軍と北伐軍の戦いは満州には拡大せず、実際に満州が大混乱に陥ることはなかったのだが、その代わり起きたのが同年六月四日の張作霖爆殺事件である。

北伐軍に敗れて奉天に帰る途中、奉天郊外の満鉄交差点にさし掛かると、線路に仕掛けてあった爆弾で張作霖の乗った特別列車が爆発、張は殺された。当初、張作霖の死は公表されなかったため「満州某重大事件」とも呼ばれる。

この事件の黒幕は関東軍参謀の河本大作大佐だった。

関東軍は張作霖が日本への恩義を忘れて勝手な振る舞いをするので怒り、役に立たないならむしろ張を排除し、混乱に乗じて奉天を占領、別の人物を擁立して満州を支配下に置こうとしたのである。

関東軍は日露戦争で獲得した南満州鉄道（満鉄）や遼東半島租借地（関東州）の守備隊として誕生し

たが、一九一九年になって関東軍として独立した。以降、関東軍は日本の満州進出の急先鋒となっていた。駐屯軍とは別枠の軍隊である。

天皇の怒り

この事件は政府にとって大ショックだった。田中義一内閣は張政権を作って満州を中国から分離・独立させ、日本の傀儡《かいらい》にしようと考えており、そのため張に満州へ引き揚げるよう要求していた。これに対し関東軍は張作霖を見限り、彼を殺して、満州の直接支配に乗り出そうと構想したのだが、中央に反対されたため、張作霖の爆殺だけを実行し、犯行は中国人であるように偽装したのだ。

調査によって政府は真相を知ったのだが、田中首相はなかなか天皇に報告せず、ようやく説明に赴いたのは事件から半年以上たった十二月二十四日。昭和天皇即位の大典（十一月十日）が済んだ後である。参内した田中首相は天皇に犯人は日本軍軍人らしいこと、軍法会議にかけて処罰するつもりであることを奏上した。天皇からは「軍紀はとくに厳粛にするように」とのお言葉があり、田中は「誓って仰せの通りにします」と答えて退出した。

しかし軍法会議については陸軍が猛烈に反対した。閣内でも反対の意見のほうが多かった。軍法会議を開けば真相が明るみに出て列強の日本を非難する声が高まり、中国でも日本への敵意が強くなる。日本の駐在部隊の撤退も要求されかねない——との判断だ。田中首相は困ってしまい、事件から一年ほど経過した昭和四（一九二九）年五月六日に再び参内、天皇に村岡長太郎司令官（中将）と河本大作大佐の二人を行政処分する旨の上奏文を読み上げた。天皇の表情がみるみる変わる。天皇はこう回想している。

「……然るに田中がこの処罰問題を、閣議に附した処、主として鉄道大臣の小川平吉の主張だそうだが、日本の立場上、処罰は不得策だと云う議論が強く、為に閣議の結果はうやむやとなって終った。

そこで田中は再び私の処にやって来て、この問題はうやむやの中に葬りたいと云うことであった。それでは前言と甚だ相違した事になるから、私は田中に対し、それでは前と話が違ふではないか、辞表を出してはどうかと強い語気で云った。

こんな云い方をしたのは、私の若気の至りであると今は考えているが、とにかくそういふ云い方をした。それで田中は辞表を提出し、田中内閣は総辞職をした。聞く処に依れば、若し軍法会議を開いて訊問すれば、河本は日本の謀略を全部暴露すると云ったので、軍法会議は取止めと云うことになったと云うのである」

（『昭和天皇独白録』文藝春秋）

このとき天皇は二十八歳。

田中義一内閣は昭和四（一九二九）年七月二日に総辞職し、同日、浜口雄幸内閣が誕生した。田中は辞任して二ヵ月後、狭心症のため死去した。当時は、天皇に激しく叱責されたため自殺したのではという憶測も出たようだが、病死である。

話を少し前に戻すと、張作霖爆殺事件の二カ月ちょっと後の昭和三年八月二十五日、啓介は墓参のため久しぶりに福井に帰った。

友人の福井市長・永井環に連絡してあったので、郷里の福井では大歓迎を受けた。県庁以下、市役所、旭地区教育委員会、在郷軍人会、福井市内の小学校、福井中学校などが歓迎会を催すことになり、啓介の墓参、親族会以外はこうした歓迎会でびっしり日程が埋まるほどだった。啓介の母・波留はすでに三日前の八月二十二日に娘・稔穂の嫁ぎ先である松尾伝蔵宅に到着していた。

啓介が二十五日、十二時十二分の列車で福井駅に降り立つと、たちまち万歳の声が響き渡った。啓介は次男の貞寛を連れてきていた。貞寛は十二歳である。啓介は笑顔で敬礼を繰り返し、宿泊先の名和屋旅館に入り、少し休んだあと県庁と市役所を訪問、さらに藤島神社に参拝した。そして午後三時半からは松平侯爵邸での官民合同祝賀会に出席した。啓介は「長く軍籍に身をおいたが、格別に勲功を立てることもないのに海軍大臣の命を受けたことは、まことに慚愧に堪えない。それなのに今回墓参に帰ったところ、このような歓迎を受け、感謝の言葉もありません」と挨拶した。夕方六時からはさらに在郷軍人会の歓迎会、旭小学校生徒たちによる提灯行列など、熱烈な歓迎を受けた。

翌二十六日は午前八時から歓迎会。旭小学校の校庭には全児童、区内の中学校生徒、在郷軍人会など二千人以上が集まって啓介の帰省を歓迎した。その後、午前十時から母の波留とともに墓参。代々の菩提寺である成覚寺《じょうかくじ》を始め、瑞源寺《ずいげんじ》、泰遠寺などを詣《もう》でた。瑞源寺は松平春嶽から賜った墓地で、また泰遠寺は父・喜藤太（貞弘）の実家である青山家の菩提寺である。そして夕方五時からは市役所での歓迎会。

だが翌日の予定は大きく変更された。市内小中学校での講演会、福井中学の「明新会」などの歓迎会が予定されていたが、「明新会」の歓迎会のみ早朝七時から繰り上げて行ったものの、講演会は中止となり、啓介は午前十時十分の列車で急ぎ舞鶴に向かった。島根県の美保関《みほのせき》（美保ケ関とも）沖で、連合艦隊の軍艦が多重衝突事件を起こし、百名以上が殉職するという大惨事があったのだ。

美保関事件

このときの連合艦隊司令長官は加藤寛治。前述（第五章）のようにワシントン海軍軍縮会議で加藤友三郎全権の首席随員を務めたあと軍令部次長、第二艦隊長官、横須賀鎮守府長官を経て、大正十五年十二月、啓介の後を受けて第一艦隊兼連合艦隊司令長官（第十六代）に就いた。

ワシントン条約で保有主力艦の総排水量を規制されたため、元帥・東郷平八郎は「訓練には制限なし」と督励、加藤寛治もいわゆる「月月火水木金金」、つまり土日休みなしの猛訓練を行っていた。艦艇の不足を訓練でカバーしようとしたのだ。事故が起きたのは昭和二（一九二七）年八月二十四日夜。激しい雨で視界が悪い中、夜間無灯火訓練を行っていた巡洋艦『神通《じんつう》』（五五〇〇トン）が駆逐艦『蕨《わらび》』（七七〇トン）に衝突、『蕨』は沈没し、『神通』も大破した。またこの衝突事故を避けようとした巡洋艦『那珂《なか》』（五一九五トン）が転舵した際に、駆逐艦『葦《あし》』（七七〇トン）に衝突、『葦』は沈没し『那珂』も大破した。死者は『蕨』の乗組員九十一名、『葦』の乗組員二十八名の計百十九名だったが、遺体はほとんど見つからなかった。

加藤寛治は八月二十六日午前九時、次のようなステートメントを発表した。

「今回の事件に多数の部下と艦とを損傷したことは長官として恐懼《きょうく》の至りである。しかしながらここに考えていただきたいことは我々はベストを尽くして訓練をやった、最も真剣な訓練と絶対保安とはなかなか両立しがたいものである。戦艦も駆逐艦も近来夜間戦闘の最新技術をつくしてやっておった。（中略）故に、一面また今度の遭難は不可抗力といい得るものである」

加藤寛治率いる連合艦隊は、舞鶴沖（美保関）での訓練終了後、連合艦隊司令長官に許される恒例の「郷土訪問」のため、八月三十一日に敦賀港に入る予定だったが、準備されていた歓迎会などはすべて中止になった。二年前、啓介が敦賀に来たときの経験から、敦賀市は二七〇〇円の追加予算を組んでいたが、これも使われることはなかった。

この事故は横須賀鎮守府軍法会議にかけられ、判決が出る前日、『神通』の艦長・水城啓次大佐がカミソリで頸動脈を切って自決した。しかし過重な訓練を課した加藤寛治と高橋三吉参謀長は罪に問われず、また自ら責任も取らなかった。

このことが後に思わぬ形で加藤寛治の運命に関わってくる。昭和十（一九三五）年頃、加藤を元帥にしようという署名運動が海軍内であったのだが、当時第二艦隊司令長官の米内光政（翌年、連合艦隊司令長官に）が部下の小沢治三郎大佐（のち中将。最後の連合艦隊司令長官）に意見を聞いたところ、「軍人が署名運動などとんでもない。加藤寛治大将は美保関事件のとき責任を取るべきでした」との返答。結局、加藤寛治の元帥昇格は実現しなかった。

小沢治三郎は美保関事件の際、連合艦隊第一水雷戦隊先任参謀として訓練に参加している。大事故が起こる前、小沢は「この訓練は無謀で危険です」と進言したが、採用されなかった。小沢は啓介の薫陶を受けた海軍軍人で、啓介が巡洋艦『春日』艦長のとき少尉として同艦に乗り込んでいる。また啓介が連合艦隊司令長官のときは連合艦隊参謀として啓介に仕えており、啓介率いる連合艦隊が一度も事故を起こさない「無事故艦隊」だったことをよく知っていた。啓介ならこんな悪天候のときは決して無理をしなかっただろう。加藤寛治には「なんとしてもアメリカに勝たねばならない」という意識が強すぎ、そのために大惨事が起きたといっていい。

さて故郷に錦を飾った啓介だったが、私生活では恵まれていたとはいえない。前妻の英《ふさ》が先に触れたように二人の幼子を残し三十一歳で没したのに続き、再婚した郁《いく》もやはり二人の子供をおいて昭和三（一九二八）年十一月三日、四十七歳で他界した。前月の十月二十四日、宮中の豊明殿での陪食の折り、妻が病気で臥せっていることをなぜか知っていた天皇から啓介に妻の病状についての御下問があった。先例のないことで、啓介はひたすら恐懼したものだった。妻・郁の死に際し、啓介は自らの悲しみは語らず、ただ「お母様のお世話をする者がなくて、お気の毒でたまらん」といっただけだった。

「ヨーッ、音羽屋！」

寂しい話になったので、海相時代の啓介の愉快なエピソードをひとつ紹介しておく。加藤寛治大将も関係する話だ。

内田信也は「内田汽船」の創業者で、第一次世界大戦後、山下亀三郎（山下汽船＝現・商船三井）、勝田銀次郎（勝田汽船）とともに〝三大船成金〟と呼ばれた。その後は政治にも進出、岡田啓介海軍大臣のときは海軍政務次官を務め、啓介と親交を結んだ。

その内田が中国へ視察旅行に赴いていた際、「岡田海相重病、すぐ帰れ」との電報を受け取った。急ぎ東京に帰ると、駅頭に小牧高級副官が出迎えており、「岡田海相は肝臓がんで、どうも重態です」という。内田は啓介を見舞う前に加藤寛治大将を訪ねた。加藤寛治はのち、軍縮をめぐり啓介と丁々発止のやりとりをすることになるのだが、この頃は肝胆相照らす仲で、内田の顔を見るや否や涙を浮かべて啓介の病状を訴えた。内田はその足で隣の海相官邸を訪ねると、啓介は屋根裏の小使い部屋に寝ていた。官邸はすべて洋館造りで、布団を敷いて寝られる部屋はそこだけだったからだ。一通りの挨拶を終えて内田が「誰に診てもらっているのですか?」と尋ねると海軍医務局長と横須賀海軍病院長だという。そこで内田が「それでは僕が稲田博士を呼んでくるから、念のため診てもらったほうがいいでしょう」というと啓介は断った。稲田博士というのは東京帝大・稲田龍吉内科長のことだ。啓介は断る理由をこう話した。

井上良馨大将(左)、東郷平八郎元帥(中央)とともに記念撮影に臨む岡田(右端)

「いや、海軍八万の将兵の生命を海軍軍医に託しておきながら、海軍大臣がこれを信頼せず、民間の医者に診てもらうことはできない」

もっともな理由なのだが、内田は一枚上手だった。

「いったい、海軍将兵の平均年齢は何歳ですか。あなたのような六十何歳の兵隊がいるでしょうか。失礼ですが、あなたは軍艦でいえば艦齢満限後の廃艦に等しい身体です。海軍軍医はそうした廃艦のような六十何歳のおじいさんを診るのが本職ではないでしょう」

といい、これには啓介も全面降伏して稲田博士の診断を仰ぐことになった。その診断の結果は、肝臓がんではなく、過度の飲酒による肝臓の腫れで、当分禁酒すれば治るという明快なものだった。

しかし啓介は無類の酒豪だから、ちょっとやそっとでは禁酒が難しい。内田はなんとかうまい方法がないか考えた。

ちょうどその頃、陛下が軍艦『長門』で紀州（和歌山）方面へ巡幸する予定で、啓介はその供奉《ぐぶ》を熱望していた。『長門』は天皇のお召し艦である。そこで内田は稲田博士にその可否を相談してみた。すると稲田博士は、むしろ供奉したほうが禁酒ができるし、従って健康のためにはよかろうとの意見。内田は時の侍従長・鈴木貫太郎に事情を話し、陛下の御前で供奉お許しの条件として禁酒を申し渡してもらった。啓介も供奉が叶って大喜びで、禁酒のほうも陛下のそばでは過怠を許されないため、しばらくは葡萄酒一、二杯ということで次第に健康を取り戻していった。


「そのうちに英国のコンノート殿下の御来朝があって、一夕総理官邸に御招待し、六代目菊五郎の歌舞伎を御覧に入れることになった。僕も当日陪席したのであるが、宮中席次が低いから後方に着席していると、六代目がしづしづと花道に現れてきた。と、最前列のあたりで『よーッ、音羽屋ッ』と半畳を入れるものがある。伸び上がって眺めると、誰あらん岡田海相が、すっかり良い気持になっているのであった。かくて岡田さんの『節酒』はこの夜から破られ、また好きな日本酒をたしなむことになったのである」

（内田信也『風雪五十年』実業之日本社）

金解禁と軍縮

啓介が海軍大臣だったときの業績の一つに川崎汽船の救済がある。この章の初めに昭和二（一九二七）年三月に起きた金融恐慌のことについて触れたが、恐慌によって民間大手造船会社である川崎汽船が経営破綻の危機に陥った。取引先の十五銀行が倒産したため資金が枯渇したのだ。もし川崎汽船が倒産すれば、戦艦や潜水艦を建造できる数少ない造船所が失われることになる。そこで啓介はなんとも思い切ったことをやった。「海軍艦政本部臨時艦船建造部」という官制を公布、つまり海軍直営とし、五八六六人の造船所工員を海軍の臨時雇いとして賃金を出して通常の作業を継続させたのだ。啓介のきわめて現実的で柔軟な考え方を示すものだろう。

田中義一内閣の総辞職でその啓介も海軍大臣を辞め、同日（昭和四年七月二日）、こんどは軍事参議官に補された。

軍事参議院は重要軍務につき天皇の諮問に応じる国家機関で、明治三十六（一九〇三）年に設置された。その軍事参議院を構成するのが軍事参議官で、メンバーは元帥、陸軍大臣、海軍大臣、参謀総長、軍令部総長及び特に軍事参議官に親補された陸海将官となっている。啓介は「特に軍事参議官に親補された陸海将官」に当たり、天皇の親任式を経て任命された。

立憲政友会・田中義一内閣からバトンを受けた立憲民政党・浜口雄幸内閣は、大命降下からわずか八時間で閣僚名簿を作り、いかにも政党内閣らしい鮮やかな組閣ぶりを見せた。内閣総理大臣・浜口雄幸、外務大臣・幣原喜重郎、内務大臣・安達謙蔵、大蔵大臣・井上準之助、陸軍大臣・宇垣一成、海軍大臣・財部彪、司法大臣・渡辺千冬、文部大臣・小橋一太、農林大臣・町田忠治、商工大臣・俵孫一、逓信大臣・小泉又次郎、鉄道大臣・江木翼、拓務大臣・松田源治という顔ぶれで、浜口雄幸首相は内閣発足と同時に施政方針を発表した。①政治の公明②国民精神の作興③綱紀の粛正④対支外交の刷新⑤軍備縮小の促進⑥財政の整理緊縮⑦非募債と国債総額の減少⑧金解禁の断行⑨社会政策の確立⑩教育の刷新の十大政綱がそれだ。

このなかで最も注目されたのが金解禁と軍縮である。

金解禁は民政党・若槻礼次郎内閣のとき、片岡直温蔵相によって実現しようとしたが、昭和二年の金融恐慌のため断念、浜口首相はこんどこそ自分の手で実現しようとした。蔵相に井上準之助を起用したのはそのためだ。第一次世界大戦で金の国外流出を恐れた各国は相次いで金輸出を禁止したが、大戦が終わると、アメリカ（一九一九年）を先頭に次々と金解禁に踏み切った。しかし日本は大戦後の不況、また大正十二（一九二三）年の関東大震災のため金解禁の環境が整わず、手つかずのままだったのだ。

金解禁の前提となるのは財政の緊縮で、政府はあらゆる機会をとらえて財政緊縮・消費節約の必要性を国民に訴え、官吏の俸給減額まで行おうとした（反対の声が強く撤回）ものだ。こうして組閣から四カ月半の昭和四年十一月二十一日金解禁断行を声明、翌五年一月十一日、これを実施した。大正六年九月に寺内正毅内閣が金輸出を禁止してから十二年四カ月ぶりに難問題が解決されたことになる。

もっとも一九二九（昭和四）年十月二十四日にニューヨーク株式市場が大暴落、世界恐慌が始まっており、その中で金解禁を断行し緊縮財政を続けたことで昭和恐慌をいっそう激化させる結果になるのだが、不況が深刻になるのは昭和五年三月以降のことで、その前月の二月二十日に行われた第十七回総選挙では民政党二七三、政友会一七四と民政党が大勝している。特異な風貌と篤実な性格の浜口雄幸は「ライオン宰相」と呼ばれ、国民の大きな支持を得ていたのだ。

ロンドン軍縮会議

懸案がひとつ解決したことで、浜口内閣の次の政治課題は海軍軍縮条約の締結である。浜口内閣は発足後の予算編成で九千万円余の予算を節約、財政健全化を目指した。田中義一前内閣のように軍拡が進めば予算に占める軍事費の割合はさらに大きくなり、ここはなんとか軍縮で経費の削減を図る必要があったのだ。

日・米・仏・伊の四カ国が英国政府からロンドン軍縮会議の参加要請を受けたのは昭和四年十月七日。

先に述べた（第五章）ように、大正十（一九二一）年から大正十二年にかけてのワシントン会議（全権・加藤友三郎）では保有主力艦の比率を英米五、日本三、仏伊一・七五と決めた。首席随員の加藤寛治は怒りのあまり病を発し、途中で帰国してしまったが、全権の加藤友三郎はうまくまとめ、一応の成功を収めた。しかしワシントン会議で決められたのは主力艦に対する制限規定だけで、巡洋艦や駆逐艦、潜水艦などの補助艦については制限規制がなく、そのためワシントン会議以降は各国間で補助艦の建艦競争が始まってしまい、これを何とかしようという機運が高まった。そこで一九二七（昭和二）年六月から八月にかけてスイス・ジュネーブで英米日三国が参加して海軍軍縮会議を開いた（日本の首席全権は斎藤実）ものの、英米の意見が大きく食い違い、会議は失敗に終わった。

その後、アメリカでは大統領がクーリッジからフーバーに、イギリスもボールドウィン保守党内閣からマクドナルド労働党内閣に交代したため、軍縮会議を仕切り直そうとして呼びかけられたのがロンドン軍縮会議だ。

各国の顔ぶれを見ると、イギリスがマクドナルド首相、ヘンダーソン外相、アレキサンダー海相。アメリカがスチムソン国務長官、ドーズ駐英大使、リード上院議員、ロビンソン上院議員。フランスはダラジエ首相、ブリアン外相、レーグ海相。イタリアはグランジ外相、チュセッペシリアシエ海相など。

いずれも錚々たるメンバーで、日本としても首相級を派遣しなければならない。候補に挙がったのは幣原喜重郎外相と前首相の若槻礼次郎だった。しかし幣原は浜口内閣の十大政綱中の「対支外交の刷新」に欠かせないため長期の離脱は無理。日本は中国に対し不平等条約を押し付けていたが、それを撤廃する第一歩として中国の関税自主権を認め、同時に中国との「日華関税協定」を結ぼうとしており、その通商交渉が目前に控えていたからだ。幣原喜重郎と当時上海総領事だった重光葵の努力で日華関税協定は昭和五年五月六日に調印された。

というわけで、幣原がロンドンに行けないとなれば、残るのは若槻のみである。若槻を強く押したのは幣原喜重郎だった。首席全権になった若槻の述懐。

「浜口内閣が成立して後、伊東の別荘に閑散の生活を楽しんでいると、ある日、浜口から上京を求める電報が来た。上京すると、財部海軍大臣の招待で、前年のジュネーヴの軍縮会議の状況報告があるから、出席せよということだった。海相官邸へ行くと、席上には東郷元帥、山本権兵衛大将、その他海軍の巨星十数人が居り、浜口総理大臣、幣原外務大臣も出席していた。そんな席上に、なぜ私がよばれたのか、全く合点が行かなかった。その翌日、浜口から首相官邸に来てくれという電話が来た。行ってみると、幣原もそこに居た。その用件は、こんどロンドンで開かれる海軍軍縮会議に、日本の首席全権として行って貰いたいということであった。そこで私は、はじめて昨日海軍大臣官邸に呼ばれた意味が判った」（若槻礼次郎著『古風庵回顧録』読売新聞社）

若槻は嫌がったが、浜口首相と幣原外相はなんとかこれを説得、ようやく全権団の陣容が固まった。以下のとおりである。

全　　権　若槻礼次郎、財部彪（海軍大臣）、松平恒雄（駐英大使）、永井松三（駐ベルギー大使）

顧　　問　安保清種（海軍大将）

海軍随員　左近司政三（海軍中将）、山本五十六（海軍大佐）、豊田貞次郎（海軍大佐）、中村亀三郎（軍令部作戦課長）、岩村清一（海軍大佐）、山口多聞（海軍中佐）

陸軍随員　前田利為（ロンドン駐在武官。陸軍大佐）

内　　閣　川崎卓吉（法制局長官）

外 務 省　佐藤尚武、斎藤博、加藤外松

大蔵省　津島寿一（ロンドン駐在財務官）、賀屋興宣（主計局事務官）
山本五十六は随員任命時に大佐だったが、発令後少将になった。

清沢洌の感懐

会議にあたって全権団が政府から受け取った訓令は主に次の三点。
一、巡洋艦の比率は総トン数において日本七、英米十の割合にすること
二、大型巡洋艦についてもこの比率にすること
三、潜水艦については、米国のトン数にかかわらず日本は七万二〇〇〇トンを保持すること
全権団は昭和四（一九二九）年十一月三十日、汽船『サイベリヤ丸』でまずアメリカに向かった。フーバー大統領がぜひワシントンで会談したいといってきたからだ。全権団はシアトルに上陸、大陸を横断してワシントンに着いたのは十二月十六日。フーバーとの会見では特に強調するようなことはなかった。若槻という首席全権がどんな男か知りたかっただけのようだった。全権団に同行した報道陣の中には清沢洌《きよし》もいた。のち『暗黒日記』で有名になる清沢は『中外商業新報』、『朝日新聞』を経て、ロンドン軍縮会議に同行した際は雑誌『中央公論』特派記者だった。

全権団が『オリンピック号』でニューヨーク港を出発、イギリスのサウサンプトンに着いたのが十二月二十七日で、ロンドン会議が始まったのは年明けの昭和五（一九三〇）年一月二十一日からである。場所はセントジェームス宮。

会議は日本とアメリカの激しい応酬で始まった。イギリスは会議には出席するものの、オブザー

バーのような立ち位置で、ほとんど発言しない。フランスとイタリアは、初めこそ会議に参加したが、途中で脱退、つまるところ最初から最後まで日米の論戦が続いたのである。

アメリカの要求はワシントン会議で決められた主力艦の英米五、日本三の割合をそのまま当てはめるべきだとして、「英米十対日本六」を主張、対して日本は六割では国を守れないとして、これまた七割を主張して譲らない。

日本の全権団では若槻が先頭に立って交渉に当たった。むろん若槻は文民であり、元来、海軍の知識はそれほどなかったのだが、アメリカ・イギリスに向かう船の中で猛勉強し、会議が始まる頃には財部海相や海軍随員が驚くほどの知識を身につけていた。このためアメリカやイギリスの交渉団からは「シビル・アドミラル（文官提督）」と呼ばれたほどだ。若槻の奮戦ぶりについて、清沢洌がこう書いている。

「若槻全権は聡明であって、その頭脳も明晰である。日本の政界を見渡して、これ以上の全権を発見しうるかは元より疑問である。併しながらこの若槻氏の特長はまた同氏の欠点ともいへるであろう。たとえば同氏は総べての交渉すべての会合において、悉《ことごと》く自ら先頭に立っている。私は今までのところ未だ嘗《かつ》て財部全権その他が一回も公式な場所において口を開いた事実を知らない」

（清沢洌『不安世界の大通り』千倉書房）

日米間でいちばん揉めたのが重巡洋艦の比率である。交渉はなかなか進捗せず、松平・リード会議でようやく妥協案ができたのは三月十二日で、一月二十一日に会議が始まってすでに七週間も経っていた。果てしない日米の揉み合いにしびれを切らした清沢洌は会議の取材を一時放り出し、欧州大陸の旅に出かけてしまったほどだ。

大紛争勃発

三月十二日にリードが示した妥協案は次のとおりだ。

八インチ砲重巡洋艦

米　十八隻　一八万トン
英　十五隻　一四万六八〇〇トン
日　十二隻　一〇万八四〇〇トン

六インチ砲巡洋艦

米　一四万三五〇〇トン
英　一九万二二〇〇トン
日　一〇万八四一五トン

駆逐艦

米　一五万トン
英　同
日　九万七五〇〇トン

潜水艦
米　五万二七〇〇トン
英　同
日　同
合計
米　五二万六二〇〇トン
英　五四万一七〇〇トン
日　三六万七〇一五トン
リードの計算では日本の比率はアメリカに対して六九・七五パーセントで、若槻の計算でもやはり対米比率は七割を切る六割九分五厘。翌日若槻とリードは若干の手直しをしたが、それでも比率は対米六割九分七厘五毛で、ほぼ七割ではあるが正確には七割未満である。はたしてこれで軍令部は納得するかどうか。しかしこれ以上押すのはもう無理だと考えた若槻は、この線でまとめることを決意、日本政府に回訓、つまり政府の訓令を求めた。若槻はこう書いている。

「請訓に対する政府の回訓は、なかなか来なかった。もし政府が私の請訓を承認しないか、または承知しても、大きな修正、もしくは注文をつけた回訓が来たなら、これは脅かしでも何でもなしに、私は断然全権委員を辞職するつもりで、肚をきめていた」

（前掲『古風庵回顧録』）

若槻からの回訓を求める電報が東京の外相、首相を経て山梨勝之進海軍次官に渡ったのは三月十五日午後五時だった。政府の回訓がなかなか若槻のもとに届かなかったのも道理、このときから政府と海軍軍令部、海軍省間をめぐって蜂の巣をつついたような大紛争が起きたのである。

若槻全権の請訓は次の通り。句読点もないが、当時の公文書の雰囲気を伝えるため、あえて原文のまま掲出する。

「過去二ヶ月余ニ亘リ終始一貫我主張ヲ固持シ遂ニ英米側ヲシテ我方ノ態度ヲ以テ余リニ融通性ヲ欠キ自国ノ立場ニ固着シテ国際協調ノ精神ヲ発揮セザルモノナリトノ不満ヲ漏ラサシムルニ至リタルニ拘ラズ毫モ主張ヲ緩ムルコトナク英米側ガ強テ不合理ナル低率ヲ我ニ押シ付ケントスルニ於テハ敢テ決裂ヲ辞セザルノ決意ヲサエ仄カシテ隠忍先方ヲシテ我主張ニ接近セシメンコトニ努力シタル然ルニ最近松平「リード」会談ニ次ギ十二日若槻「スチムソン」会談ニ於テ看取セラルル通リ米国側ハ事実上既ニ総括約七割ノ原則ヲ認メタルモノニシテ二厘余ノ開キアルコトハ事実ナルモ之米国側ガ全然日本ノ主張ニ屈服シタリトノ批難ヲ避ケ乍ラ日本ノ希望ニ副ハントスル苦心ノ存スル所ナルベク大型巡洋艦ニ付テハ我主張ニに副ハズト雖《いえども》事実次回会議迄ハ大体我方ハ七割以上ノ勢力ヲ保有スルモノト見ルコトヲ得ベク潜水艦ニ付テハ我主張ニ比シ少量ナルノ遺憾ハアルモ先方ガ其ノ保有量ヲ低下シテ我ト均整申出タルハ一ノ譲歩ナリト認ムルヲ得ベシ本委員等ノ見ル所ニ依レバ新ナル事態ノ発生セザル限リ彼ヲシテ之以上ノ譲歩ヲ為サシムルコトハ難キモノト認ム然ルニ仏国問題ガ中心トナリ五国協定不成立ニ終ル場合ハ兎モ角日本ノ態度ニ依

リテ今回会議ノ破綻ヲ見ルガ如キ場合立到ラバ諸般ノ関係上我方ニ重大ナル影響ヲ及ボスコトニナルベキニ付深キ考察ヲナサザルベカラズ今後仏伊ノ態度其ノ他事態ノ推移ニ鑑ミルベキハ勿論ノ議ナルモ此ノ際政府ニ於テ前述交渉ノ成行ニ対シ御考察ヲ加ヘラレ何分ノ御回訓アラシムコトヲ希望ス」

もうこれ以上アメリカから譲歩を引き出すのは難しいというのだ。

この三月十五日の浜口雄幸の日記。

「全権ヨリ重要ナル請訓電報来ル

午後一時半幣原外相来邸。全権ヨリノ請訓電報ヲ携ヘテ協議ス、事態相当重大ナリ。山梨海軍次官ヲ招致シ右電報ヲ手交シ、訓電ニ付海軍部内ノ意見ヲ纏ムルコトヲ命ス」

なんとしても会議の決裂は避けたいが、この内容では海軍軍令部が承知すまいとの浜口の懸念が伝わってくる。

大車輪の活動開始

海軍軍令部は陸軍の参謀本部にあたる日本海軍の最高軍令機関。最初は参謀本部、次いで海軍省の管下にあった海軍参謀部が明治二十六（一八九三）年に独立、海軍軍令部と改称した。軍政機関としての海軍省に対し、天皇に直属して作戦・海防などの任務に就く。「軍令部」という名称になるのは昭和八（一九三三）年だ。

実際、この請訓を手交された海軍軍令部（ここからは単に軍令部と略称する）は一気に緊張、加藤寛治軍令部長や末次信正次長、加藤隆義第一班長たちが集まり、緊急会議を開いている。この戦力では国防に責任を持てないとして、激しく反発したのだ。この軍令部側はのち「艦隊派」と称されるようになり、海軍省側の「条約派」と海軍を二分することになる。加藤隆義は加藤友三郎の養子だが、養父と正反対の強硬な軍拡派であった。

軍令部では山梨勝之進・海軍次官にロンドンへ照会電報を打つことを強く求め、この要求を受けて海軍省でも会議を開いて軍令部の要求を含んだ照会電報を若槻全権宛に送った。

加藤寛治軍令部長は翌十六日、啓介を訪ねている。

啓介は前日の十五日から猛烈に歯が痛み、東海道平塚の海岸にある別荘で寝ていた。別荘といっても小さいもので、めっきり弱ってきた母の健康を考えて借りていたのだ。そこへ午後六時、海軍省から帰京されたしという電話があり、さらに午後八時、山梨海軍次官から帰京を促す電報も届いた。

翌三月十六日の啓介の日記を紹介する。

「八時二十一分平塚発汽車にて帰京す。歯痛甚だし。付近の歯科医にて注射、家に帰る。海軍省副官に帰着の旨通知す。午後四時軍令部長加藤寛治大将来る。『全権より来たりし請訓につき潜水艦は約六万屯として、不足は飛行機にて補わんとせしも、艦政本部においても製艦能力維持上困難あり、また配備上よりするも困難あり、ただし最後は、あるいは請訓の如き所になるやも知れざれども、八吋（インチ）巡洋艦及び潜水艦は譲り難し、なお一押しせざるべからず』と。予もこれに同意す。

午後六時頃野村（吉三郎）来る。軍縮問題につき意見交換、九時頃帰る」

ここで少し説明しておくと、啓介は以前から日記をつけていたが、空襲ですべて焼けてしまい、全文一三六頁のこの一冊だけが奇跡的に焼け残った。この残った日記は昭和五（一九三〇）年一月二十八日に始まり、昭和七（一九三二）年五月二十五日まで続いていて、当時の様子を伝える貴重な史料となっている。ここからは啓介の日記を中心に国内の動きを追ってみる。

この日の日記に出てくる野村吉三郎は和歌山出身の海軍軍人（最終階級は大将）であり政治家、外交官でもある。当時は練習艦隊司令官。国際法の権威であり、第二次近衛内閣のときは駐米大使として日米開戦回避のため奔走した人物だ。

これ以降、啓介は政府と軍令部、海軍省三者の間の斡旋に奔走、大車輪の活動を展開する。

三月十七日は午前九時に海軍次官・山梨勝之進が来訪。山梨はワシントン会議に随員として渡米、帰国後は加藤友三郎海相のもとで軍縮に努力した海軍軍人だ。山梨は請訓の内容や軍令部内の様子を話し、最後はどうすべきかを啓介に相談した。啓介の答えは「やむを得ない場合は、このまま丸呑みするしかない。保有量がこの程度なら国防はやりようがある。会議を決裂させてはならない。ただし、なお一押しも二押しもする必要がある。またこの際、海軍大臣（財部）の意見は那辺にあるのか、電報で問い合わせる必要がある」というものだった。

三月十八日と十九日にはそれぞれ原田熊雄、内田信也の来訪を受けている。原田は元老・西園寺公望の秘書だ。内田については先に紹介した。

加藤寛治を宥める

三月二十日の午前八時半、再び山梨次官が来邸。「財部海軍大臣の意向を問い合わせる点についでは幣原外相が難色を示している。どうも加藤軍令部長の硬論と幣原外相の意見には相当の開きがある。なにとぞ極秘で幣原外相に会って話してもらいたい。本日午後一時から大臣官邸で会合できるよう準備します」と山梨。

承諾した啓介は海軍省に出向き、山梨次官と食事・打ち合わせののち海軍大臣官邸で午後一時半、幣原外相と会う。外相は請訓書を出して見せ、「若槻、財部、松平、永井松三（駐ベルギー大使）四全権署名のものだ。また若槻からはこの上の尽力はできかねると言ってきているので、政府としてさらに押すことは困難だ」と述べた。対する啓介の意見はこうだ。「最後にはあるいはやむを得ないかもしれない。ただし八吋（インチ）巡洋艦は対米七割を必要とする。また潜水艦は五万二千トンでは配備困難だ。これは何とか緩和する方策を講じ、なお飛行機その他制限外艦艇で国防の不備を補えば最後にはあるいはやむを得ないだろう。決裂はいけない。ただし現在の軍令部の意見とこの案とは相当の開きがある。あたかも断崖絶壁から飛び降りろというようなものだ。断崖から降下しうる方法を研究してもらいたい。また財部海軍大臣より省部に対し請訓についてなんら意思表示がない。山梨をして問い合わすことを認められたい」
この会見は極秘ということにし、午後三時、幣原は帰去した。この日の啓介と幣原の会談については『西園寺公と政局』（原田熊雄述）第一巻にも記述がある。

「外務大臣から『一體《いったい》七割が少しでも欠けたら決裂した方がいいと思うのか、或は七割を欠いても纏めた方がいいのと思うのか』と大将自身の意見をただしたところ、岡田大将は言下に『それは六割でも五割五分でも結局纏めなければならぬのだ』と答えたので、外務大臣も『それならぜひ一肌脱いで海軍部内を纏めてもらいたい』という話をされた」

啓介は同年一月二十九日、興津（静岡市）に元老・西園寺公望を訪ねている。啓介の西園寺訪問は原田熊雄の発案で、ロンドン会議の様子を誰かから元老の耳に入れておきたいという考えに基づくもので、吉田茂外務次官（のち首相）も「問題が起きればいずれ岡田大将に調停役を任せるほかないのだから、ぜひ一度西園寺公のところに行ってもらいたい」との希望をもらしていた。そこで原田は浜口首相と相談、啓介の西園寺訪問が実現したというわけだ。三月二十日の啓介と幣原外相の会談の中身も、当然ながら幣原から浜口総理を通して西園寺の耳に入っていたはずだ。
三月二十一日は午前八時に山梨次官から、同八時半には原田熊雄から電話があり、いずれも東京に戻っている斎藤実・朝鮮総督にもうしばらく在京するよう要請してほしいとのことだった。承諾した啓介が電話で斎藤の都合を聞いたうえで午後三時、四谷の斎藤邸に出かけた。啓介は「私は総督に何かしてくださいとはいいませんが、なんとなく今度はただでは収まらず、見苦しい場面が生じる予感がします。ゆえにもうしばらく滞在してくれませんか」と懇請し、さらに軍縮に関する啓介の意見を述べた。斎藤は「その外に途なし。それにて進まれよ」と啓介を励まし、その夜、朝鮮に戻った。

翌二十二日は夜七時半、山梨次官が来訪、二十四日に予定されている軍事参議官の会合について「軍事参議官会議はなるべく避けたかったが、軍令部長の要請でやむなく開くことにした。当日は決議といったことはやめ、単に経過報告程度にとどめたい。軍令部長には話してあるが、なお貴官から加藤大将に話しておいていただきたい」と要請があった。加藤寛治軍令部長のこととなると、啓介以上の宥《なだ》め役はいないのだ。翌三月二十三日は日曜日だったが、啓介は猛然と自分の仕事に邁進する。

狸親父の本領

まず午前八時半、加藤軍令部長を私邸に訪ねた。

加藤は軍服・帯勲の正装で応接間にいた。

「どこに行くんだ?」

と、啓介が尋ねると

「これから内大臣（牧野伸顕）及び侍従長（鈴木貫太郎）に我が配備を説明し、米国案の不可であることを説明しに行くつもりだ。ただ書類に不備の点があるので、末次（次官）の来るのを待っているところだ」

とのこと。啓介は

「よほど心して余裕を後日に残すよう説明したほうがいいぞ」
と忠告した。加藤があまりにも気負いすぎていたからである。さらに啓介が
「二十四日の参議官会合は、単に経過報告だけに止めるべきだ」
と忠言したところ、加藤軍令部長は
「山梨の希望もあるし、経過報告だけにしよう」
とこれを承知した。
加藤は啓介の前ではきわめて物わかりがいいのである。
啓介はそのあと午後一時、伏見宮邸に参上する。
伏見宮に
「明日は軍事参議官が集まりますが、財部大臣の意思がまだ明確ではないので、意見を述べるのは難しい。財部の意見がはっきりするまで、ただ経過報告を聞くだけにしていただきたい」
と申し上げると、伏見宮は
「財部の意思ははっきりしている。財部はロンドンに出発する前、予に向かって二度までも『今度の会議では我が三原則は一歩たりとも譲りません』と明言している。大臣の意思を問い合わせる必要はない」
とのこと。また伏見宮は幣原外交の軟弱ぶりを慨嘆し、
「もしこの際一歩退くようなことがあれば、国家の前途は危うい。いよいよとなれば予は拝謁を願い、主上（天皇）に申し上げようと決心している」

ともいう。啓介は伏見宮にそれは重大事なので、事前に山梨にお知らせいただきたいとお願いし、なお政府と海軍が戦うようなことはなんとしても避けるべきであるとその理由を説明した。伏見宮は

「それはいずれも重大なことだから秤にかけて定めなくてはならないが、さていずれが重いか、なかなか難しいことだ」

と笑った。

伏見宮博恭《ふしみのみやひろやす》は皇族であり海軍軍人（元帥）。横須賀鎮守府司令長官や海大校長、第二艦隊司令長官などを経てこのときは軍事参議官。東郷平八郎とともにロンドン軍縮条約の承認には反対の立場だった。

啓介はこの日、その東郷平八郎とも面談、明日の軍事参議官の会合では経過報告を聞くに止めたい旨を話した。東郷は今回の請訓については大いに不満であることを啓介に語った。夜七時には野村吉三郎が来訪したので山梨次官も呼んで三人で協議した。野村、山梨はいずれも九時に辞去。

啓介の日記には書かれていないが、午前中、加藤寛治と会ったあと、来邸した原田熊雄にも会っている。このとき啓介は「どうしても自分はこれを纏める。いま大事なときに（西園寺）公爵あたりから自分を呼ばれることはかえってよくない。纏めるためには自分としては強硬論者の仮面を被って芝居を打たなければならない。どうにかして一つ纏めましょう。急がれては困る。それで今日も東郷元帥を訪ねようと思っている」と決意を漏らしている（前掲『西園寺公と政局』）

啓介と親交のあった吉田茂は後年、「狸も狸、大狸だ。しかし国を思う狸である」と啓介を評したが、強硬論者の仮面を被って芝居を打とうと考えるあたり、まさにタヌキといっていいだろう。

三月二十四日は軍事参議官の会合が持たれた。参加者は伏見宮、東郷元帥、岡田啓介、加藤軍令部長、山梨海軍次官、末次軍令部次長、堀軍務局長の七名。堀悌吉はワシントン軍縮会議随員を務めた軍縮派の軍人で、のち中将。まず加藤軍令部長から経過報告があり、次いで山梨次官が海軍省から外務省に送付した回訓案の説明があり、各参議官の賛同を得た。啓介の根回しが奏功し、午前十一時半、会合は波乱なく終わった。啓介は山梨と午餐を共にし、大臣に打電する本日の状況の電案を協議、午後一時に帰宅。次に午後八時、鈴木貫太郎侍従長を官邸に訪問し、三時間にわたって協議、帰宅したのは午後十一時だった。

翌日の三月二十五日は午前十時に海相官邸に行き、加藤軍令部長、山梨次官、末次次長、小林艦政本部長、堀軍務局長と会議。随員の左近司政三から財部海相の意思として「米国案には不満足である。しかし全権として署名した。新事態の起こるを望む。目下苦慮中」との通知があった。これに対し中間案を協議したがまとまらず、午餐のあと散会。

浜口雄幸総理と会談

同日午後三時、三土《みつち》忠造が訪ねてきた。三土は東京高師（東京教育大）出身の政治家。田中義一内閣では文相、蔵相も務めた政友会きっての財政通で、「もしもロンドン会議が決裂すれば海軍予算は膨大なものになる。とてもそんな金はない」とのこと。三土が帰ったあと内田信也来訪。

三月二十六日は午前九時、宮城前復興祭場に出頭。山路一善中将から「会議は纏めなければいけないが、もう一押し必要」との意見を聞き、また加藤軍令部長からは「山本権兵衛伯爵は更に押すべきだと申された」との話を聞いた。十一時からは海軍大臣官邸に赴き、堀軍務局長、古賀副官と面談、啓介は「すでに大臣の意思が明瞭となったうえは、省部合体、大臣の意のあるところに動かざるべからず」と語った。古賀峯一は海軍省の首席副官で、山本五十六大将が戦死したあと連合艦隊司令長官となっている。最終階級は殉職（後述）により元帥海軍大将。この時期はなんとかロンドン軍縮会議を成功させようと、暗殺されるのを覚悟で動いていた。

啓介は午後一時から海相官邸で山梨次官と中間案を出すべきかどうかを話し合う。山梨は「いまや海軍は重大な局面にある。この際、海軍の高官が総理に意見を申し出ないのはいかがなものか。ひとつ総理に会ってくださいというので、「加藤軍令部長と一緒なら会いましょう」と返答、結局、翌日の午後三時頃に総理と会うことにした。

三月二十七日午前八時、加藤寛治宅を訪問。三時に浜口首相のところに同行、意見を述べてほしいと話す。加藤、了承。八時半に原田熊雄が、九時半に山梨次官が来訪。十時、山梨と車で海相官邸に。財部大臣より浜口総理、および幣原外相に「回訓案は中間案にて決意を付されたし」との意見電報が届いていた。加藤軍令部長に連絡して来てもらい、山梨と三人で協議、啓介は「財部大臣の意向も明瞭になったので、軍令部より中間案を出すよう尽力せられたし」旨忠告した。また浜口総理の意思も明らかになった。すなわち「現内閣はこの会議を決裂せしむる能わず、中間案も決意を付すならば政府として考慮し難い」とのことだった。

そして午後三時、浜口総理に面会。少し遅れて加藤もやってきた。三時五分頃、浜口総理、啓介、加藤の三人が協議に入った。まず啓介が「海軍大臣の意思が明らかになった以上はこれを尊重せられたい。さもなければ事態ははなはだ重大となる」と述べると、浜口総理は「回訓も長引き二週間を超えた。もはや何とかしなければならない。海軍の事情についての詳細も聞いたので、この上は自分で決定したい」と延べ、啓介と加藤は午後四時に辞去。加藤は浜口に「閣議の席に軍令部長も出席させてもらいたい」と要求したが、浜口は「先例がないのでお断りする。ただし君は閣僚とはみんな親密だから、各自に君の意見を申されるのは勝手である」と加藤の要求を斥けた。

このあと、加藤は啓介に「私の腹は決まった。結局、飛行機に重点を置けば、国防は保持できる」と語る。大艦巨砲主義の権化みたいな加藤がこんなことを言い出すのは啓介にとっても不可解なことだっただろうが、そのことについては日記でも触れられていない。これが加藤の本心ではないことが数日後にわかる。

「腹を切る」と加藤寛治

事態がいよいよ緊迫してきたので、啓介は翌三月二十八日朝、電話で山梨次官の来邸を求め、協議した。啓介は「請訓丸呑みの外、途なし。ただし米案の兵力量では配備にも不足を感じるので、政府が補充することを約束したほうがいい。また元帥参議官会議は、もしこれを開いて政府に反対するようなことになれば重大事になるので、開くべからず」と注意した。午後四時に加藤軍令部長来訪、元帥参議官会議を開くべしと力説。啓介は「それはいけない。開くべきではない」と反対、また加藤がさらに「この場合、軍令部長として上奏せざるべからず」との考えを述べた。内閣を経ずに直接天皇に意見を具申するというのだ。啓介はそれに対しても「いまはその時機ではない」と諭した。

三月二十九日、伏見宮邸より電話があり、来邸を求められた。九時半参殿、伺候。伏見宮は「回訓が出るまでは強硬に押せ、しかれども既に決定せば、これに従わざるべからず、加藤の如く強いばかりでも困る、また元帥参議官会議は開くべからず、この問題は請訓の如く決すれば加藤は辞めるというだろうが、辞めさせざる方がよいが」と述べた。啓介はこれに対し「殿下のお考えは私の考えと全然一致しております」と答えると、伏見宮は「私は兵学校の卒業式や大阪での癌研究会の総会に出席するため今夕出発する。当分不在になるので、その間に参議官の会合があれば適当な機会にこの意思を発表してほしい」と。啓介はすぐ退出、海相官邸に行って山梨次官に会って殿下の申されたことを伝え、喜び合う。さらに軍令部長を訪ね、「元帥参事官会議は開かざる旨」を説いた。すると加藤は「かくなる上は上奏を」と上奏案を啓介に示した。啓介は「上奏についてはなおよく研究すべき」であり、また「時機も回訓の前はよくない」と加藤に伝えた。そんな事態になれば政府と軍令部の正面衝突になるからだ。

三月三十日午前九時半に太刀川又八郎、午後一時に井上清純来る。太刀川は内田信也と同じ船成金、また井上は海軍軍人であり政治家（貴族院議員）。午後六時には山梨次官が来て「補充覚書は総理、外務両大臣の承認を得た。ただし、大蔵大臣の承認も得ておくようにとのことです」と報告した。補充覚書とは海軍省が起案した対策案のことである。

三月三十一日は午前七時半に内田信也が来訪。午前十時半、啓介は海相官邸に赴く。山梨次官より大蔵大臣も今朝同意した旨の報告あり。加藤軍令部長と応接間で会い、伏見宮の意思を伝える。

午後三時、東郷元帥邸に至り、元帥に伏見宮の意思を伝える。大臣官邸に戻り、加藤軍令部長を部長室に訪ねて「明朝、浜口総理は回訓案を説明するようだ。その際君は、この案が閣議に付せられるのは止むを得ないだろう。海軍は三大原則を捨てるものではないが、閣議で決定すればそれに対し善処しますくらいのことは言えないだろうか」と聞くと、加藤は「それでは米案を承認したようになるからなあ」という。啓介は、「だったらその意味のことを私から言おう。君は黙っていてほしい」と提案すると、加藤は承諾した。啓介は部長室を出て山梨次官に会い、その意味の案を堀悌吉に起草してもらった。

そのあと吉田茂外務次官が官邸に来たので、山梨とともに別室で面会。吉田は「回訓案に同意する」という電報を財部大臣宛に打ってほしいと要請。話し合った結果、電報は山梨名で打つことにし、末尾に「岡田大将も同意見である」と付け加えることにした。今朝会った際、加藤軍令部長は悲壮な様子で「予も処決を覚悟している」と漏らしていたので、啓介は官邸にいた大角岑生（当時は横須賀鎮守府司令長官）や山梨と相談し、今夜大角を加藤宅に訪問させて、それとなく短気なことをしないように慰撫することにした。

「加藤は、自分の主張が通らない、というので、『腹を切る』などと口に出す。わたしも一応、そのそばにいるものに注意し、短気なことをさせぬよう気をくばってはいたが、なあに切りゃせんと思っていた。腹を切る、切る、といっているもので、あっさり切ったためしはないからね」

（『岡田啓介回顧録』）

海軍をまとめきる

啓介は午後六時に官邸を退出、午後八時、自宅で大角の電話を受けた。加藤は大角に対し、「明朝の浜口総理との会見では黙っておれというが、欠席しようかなあ」と述べたという。

そしていよいよ重大な日を迎えた。四月一日午前八時半、啓介は総理官邸に呼ばれる。山梨、加藤が相次いで到着。応接間で啓介、加藤、山梨の三名が浜口総理に面会した。総理より外交・内政・財政の事情を書類で説明、次いで回訓案の内容に話が及び、「海軍の事情も充分説明を受け、充分参酌してこのように決した。これより閣議に諮るので、諒とせられたい」とのことだった。そこで啓介は「この回訓案を閣議に上程するのはやむを得ません。ただし海軍は三大原則を捨てません。海軍の事情は閣議の席上、次官をして充分述べしめられたい。閣議決定の上は、これに善処するよう努力します」と述べた。

これに対し加藤軍令部長は「米国案の如くにては、用兵作戦上、責任は取れません」と言明した。あとで明らかになったのだが、この時点で加藤は内心「岡田大将は責任者ではなく、職責もない一軍事参議官なのに、でしゃばりすぎだ」と不満に思っていた。一方、山梨次官は「右回訓案はこれより海軍首脳部に諮ります。閣議上程はそのあとにしていただきたい」旨を希望し、総理はこれに同意して回訓案を手交した。三人はこれにて退出、海相官邸に引き揚げた。同官邸には小林躋造《せいぞう》艦政本部長、野村吉三郎練習艦隊司令官、大角岑生横須賀鎮守府司令長官、末次信正軍令部次長、堀悌吉軍務局長が待機しており、啓介、加藤軍令部長、山梨次官の三者を加えた八名が会議、山梨から回訓案の説明があったあと小林、末次から意見が出たため三点ほど修正した。

十時頃、加藤から「本日、上奏を宮中に願い出たいのだが、側近者の阻止にあう恐れがある。君、侍従長にその辺の消息を問い合わせてくれないか」と頼まれた啓介は、十時半頃に鈴木貫太郎侍従長を官邸に訪問、様子を問い合わせると、侍従長は「本日は陛下の日程がすでに一杯なので、あるいは難しいかもしれないが、上奏を阻止する等のことはない」との返事。啓介はその旨を加藤に伝えた。

十一時、回訓案の修正を終わり、山梨より本日閣議の席上説明すべき案文、および閣議覚書を読み、これを諮る。異議を申し立てる者はいなかったので、山梨はこれを携え総理官邸に向かう。啓介と加藤は車で東郷元帥邸に向かい、十一時半に到着。主として啓介より総理会見の次第を説明、正午海相官邸に戻る。

啓介が八面六臂の活躍で回訓案を巡って対立する政府・海軍省・海軍軍令部三者の間を調整した甲斐があり、軍縮派が待ちわびた閣議はこの日午後一時から始まり、首相の所信と外相の説明を経て、若干の質問はあったものの満場一致で可決され、浜口総理はこの回訓案を携えて参内、陛下に上奏して裁可を仰ぎ、総理官邸に戻ると幣原がその結果を聞いた。そして午後五時、ロンドンの若槻全権に政府回訓案による訓電を送った。ようやく回訓を受け取ったロンドンの若槻は、その夜、大使館からの差し入れである灘の生一本を冷やで飲んでひとり祝杯を上げた。

帰国後、この間の日本国内での啓介の仕事ぶりを知った若槻は、自著でこう記している。

「軍令部の反対には、政府も頗《すこぶ》る苦心したようであるが、そのとき最も斡旋の労をとったのは、軍事参議官の岡田啓介大将であったそうである。もし岡田の努力がなかったら、海軍部内はどうなったか判らない。山梨（次官）はその明敏な頭脳と、強い責任感とから、軍縮条約はこのまま御批准を仰ぐべきだと、固執したのであるが、次官は軍令部長よりも地位が低く、山梨らは加藤に歯が立たない。それを助けたのが岡田で、岡田の力で御批准を仰ぐところまで漕ぎつけたということであった。財部の留守中、濱口総理大臣が海軍事務取扱であったが、何といっても部外の人である。山梨と話して、部内を纏めようとするが、軍令部の反対が強い。ここで岡田の声望が物を云った。岡田は加藤（寛治）の先輩であり、その上、岡田も加藤も福井県の人で、同郷ではあり、先輩でもあり、ついに岡田に抑えつけられたらしい。このときの岡田の働きが、条約の成立を希望して居られた西園寺公に認められたことが、後日、斎藤内閣の後に、公が岡田を総理大臣に推薦せられた結果になったのではあるまいか」

（前掲『古風庵回顧録』）

ロンドンでは、あと四月二十二日の調印を残すのみとなったのだが、しかしこのとき東京ではすでに不穏な動きが始まっていた。

第七章　大命降下

帷幄上奏

この間、啓介はどういう思いで調停に奔走していたのだろうか。手記ではこう回想している。

「そのころの新聞では、わたしの評判もごく悪かった。海軍部内の血気にはやる連中などで、わたしに反感をもっているものも多かった。横須賀の『小松』という海軍のひいきにしている料理屋では、わたしの書いた文字を額にして掲げてあったが、そこに若い士官たちが寄合をやった際、『なんだこんなもの』と引きずり下ろし、池の中にほうりこんで、快哉を叫んだということだった。

わたしのやり方というものは、加藤友三郎さんに学ぶことが多い。あの人はえらいと思っている。ワシントン会議で五・五・三の比率が割合に簡単にまとまって問題が起こらなかったのは、やっぱり加藤さんがえらかったからだ。なんというか、たいへん大きいところのある中庸の人でね。わたしは加藤さんのお弟子だと思っている。

ロンドン会議のまとめ役として奔走するのに、わたしは出来るだけはげしい衝突を避けながら、ふんわりまとめてやろうと考えたものだ。反対派に対しては、あるときは賛成しているかのように、なるほどとうなずきながら、まあうまくやってゆく。軍縮派に対して強硬めいた意見をいったりする。

要するに、みんな常識人なんだから、その常識がわたしの足がかりなんだ。いくら激している人間にも常識的な一面はあるんだからね。そこを相手にする。狂人だったら別だ。ただ逃げる。これがわたしの兵法だ。

加藤寛治などすこぶる熱心に反対したが、正直いちずなところがあるから、こっちもやりやすかった。単純で、むしろ可愛いところのある男だったよ。加藤にくらべると、その下で、いろいろ画策している末次信正はずるいんだから、こっちもそのつもりで相手にするほかなかった」

(『岡田啓介回顧録』)

政府がロンドンに回訓を打電した四月一日、その加藤寛治軍令部長が行動を起こした。先に少し触れたが、浜口首相が若槻に回訓案を天皇に上奏する前に、断固反対の旨を天皇に願い出ようとしたのである。末次次長に促されての帷幄上奏《いあくじょうそう》で、それを鈴木貫太郎侍従長が不穏内容であることを諭して思いとどまらせた。侍従長は海軍の先輩であるし、加藤はいったん納得して下がり、翌四月二日、啓介の説得で内容を穏やかなものに書き改めて再度上奏することになった。そのときはそれで済み、四月二十二日、軍縮条約は無事締結されることになったのだが、この鈴木貫太郎侍従長の対応がのち統帥権干犯と非難され、問題化する。二・二二事件で鈴木貫太郎が狙われたのも、そもそもの原因はこれだ。

ここで加藤寛治の主張を紹介しておこう。

全権団がロンドンに行く際に受けた訓令では巡洋艦の比率を英米十に対し日本七など、いわゆる「三原則」を守るということだったが、この三原則を決めたのは軍令部長である加藤寛治。それだけに回訓通りの内容では不十分で、これでは国を守れないと強硬に主張してきた。また加藤は在ロンドンの全権団顧問・安保清種大将に宛てた手紙でこんなことを書いている。以下、大意。

「日本の主張をアメリカが聞き入れず、そのため交渉が決裂したならば、世界の同情は日本に集まる。そうなればアメリカの大海軍拡張は難しくなり、かえって窮地に陥る可能性がある。また、たとえ日本の何倍もの海軍に拡大しても、その脅威を感じるのは日本よりもむしろイギリスで、その結果、日英が接近してアメリカは第二のドイツになるだろう」。(『加藤寛治大将伝』加藤寛治大将伝記編纂会)

アメリカの言うなりになるくらいなら、むしろ決裂せしめよ、というのだ。どこまで本気なのかわからないが、もし本当にそう考えていたのであれば、少しというか、相当におめでたい。

統帥権干犯問題

加藤の帷幄上奏が一日遅れ、政府の回訓案は天皇が裁可し全権団に打電されたため、条約の調印(四月二十二日)は阻止できなくなったが、まだ批准手続きが残っている。そして批准の前には枢密院の諮詢案可決も必要。軍令部は批准阻止に全力を挙げることにした。

そこで加藤軍令部長が持ち出したのが「統帥権干犯」問題である。明治憲法第十一条(「天皇ハ陸海軍ヲ統帥ス」）によると、統帥権は天皇の大権であり、参謀総長や軍令部長の輔弼《ほひつ》によって行使されるものであるのに、政府が軍令部の同意なしに条約に調印したのは統帥権の干犯であり、天皇の大権を侵すものだというのである。

この加藤の主張を政局に利用、倒閣を図ったのが野党の立憲政友会（犬養毅総裁）。ロンドン海軍条約が調印された翌日の四月二十三日に開会した第五十八回議会（閉会は五月十三日）で、「軍令部の反対を押し切って政府が回訓案を決定したのは統帥権上重大な問題であり、憲法上の疑義を免れない」と浜口内閣を激しく攻撃し始めたのだ。その一方、政友会は海軍の強硬派や枢密院の反対派とも協調して政府に圧力をかけてきた。政府は「条約の締結は純然たる国務だから政府の権限であり、統帥権干犯には当たらない」と主張、しかし憲法十一条と十二条（天皇ハ陸海軍ノ編成及常備兵額ヲ定ム）の曖昧な境界についての見解、また回訓の手続きについての質疑には沈黙を守ったので、議会は大荒れになった。

この政友会の統帥権干犯論は大きな反響を呼び、海軍過激派や枢密院の一部、右翼などがいきり立った。議会が統帥権問題で紛糾している最中、霞ヶ浦航空隊に所属していた海軍の革新派士官・藤井斉が九州の同志にこんな手紙を送っている。日付は五月九日である。

「…浜口は軍令部、参謀本部を廃し、帷幄上奏権を取り上げ、軍部大臣を文官となし、斯くて兵馬の大権を内閣即政党の下に置換へて、大元帥を廃せんとする計画なり。今や政権は天皇の手を離れて最後の兵権迄奪はんとす。

不逞逆賊の政党（財閥）学者所謂無産階級指導者、新聞、彼等は天皇を中心とせる軍隊に刃を向け来った。戦いは明かに開始せられた。国体変革の大動乱は捲き起されつつある。我等は生命を賭して戦ひ、彼等を最後の一人迄もやっつけなければならぬ」（みすず書房『現代史資料〈四〉』）

藤井は青年将校運動（昭和維新）の海軍側指導者で、自身は昭和七（一九三二）年二月に戦死（第一次上海事変）するが、同志の三上卓や古賀清志たちは同年五月十五日、時の首相・犬養毅を射殺する。この五・一五事件によって政党政治は終焉、日本ファシズム台頭の契機となった。ロンドン軍縮問題で海軍軍令部の肩を持った犬養毅が海軍過激派を中心としたグループに暗殺されたのは、歴史の皮肉でもある。

こうした海軍の硬化は陸軍にも飛び火、過激派が台頭してついに桜会を結成するに到る。

桜会は昭和五年九月に結成された陸軍革新派将校の秘密結社。ロンドン条約調印における統帥権干犯、浜口内閣の緊縮財政に不満を募らせた橋本欣五郎、長勇ら参謀本部の中堅将校が中心になり、北一輝や大川周明といった右翼らと結んで国家改造を目指して三月事件、十月事件を企てた。

三月事件というのは昭和六（一九三一）年三月に起きたクーデター未遂事件。橋本欣五郎や大川周明らは宇垣一成陸相を首班とする軍部独裁政権を構想したが、計画の不備と宇垣の反対で失敗。しかし事件は極秘にされ、また関係者も処分されなかったため、同年の十月事件を誘発した。

十月事件は三月事件に失敗した橋本欣五郎たち桜会の幹部が大川周明や西田税《みつぐ》らと協力、若槻礼次郎内閣を倒して荒木貞夫陸軍中将を首班とする内閣の樹立を計画したもの。事前に計画が漏れて未遂に終わったが、三月事件同様、処分は行われなかった。このクーデター未遂事件で若槻内閣は倒れ、荒木貞夫は次の犬養内閣で陸相に就任した。陸軍の鼻息はますます荒くなっていったのである。なお、議会における統帥権干犯問題の論議で、浜口内閣は憲法学者・美濃部達吉が新聞などで書いている憲法論を援用して政友会の攻撃を凌いでいたのだが、のち岡田内閣のときに美濃部の「天皇機関説」が問題になったのは、統帥権干犯にあらずというこのときの美濃部が展開した学説に対する意趣返しという側面が大きい。

「喧嘩両成敗」人事

話を戻すと、四月二十二日のロンドンでの調印を終え、財部海軍大臣が帰国したのは五月十九日午前（なお若槻全権の帰京は六月十八日）。同日夕刻、加藤は財部に面会、天皇に上奏文を取り次ぐよう迫った。四月二日に続き再度上奏しようとしたのだ。財部が上奏文を見ると、ほとんど内閣に対する弾劾文である。財部は、加藤と入れ違いに大臣官邸にやってきた啓介に「文面がはなはだ不穏当だ。こんなものは撤回させなければいけない」と語った。これを受けて啓介は翌日海軍省で加藤軍令部長に面会、「事実文意が現内閣の弾劾のようだとすれば、それを財部に『取り次げ』というのは無理だろう。撤回したらどうだ」と注意したが、加藤は「大臣が『取り次がない』というなら直ちに単独上奏する」と息巻いてこれを拒否した。あくまで批准させない構えなのだ。

財部と加藤は二十一日にも二度目の会談を行った。ここでも加藤は「政府が回訓案を発送するに当たって取った処置は、前例によっても明らかに統帥権を干犯したるものといわざるを得ない。海相が政府の態度を是認するにおいては、事ますます重大である」と強硬な態度を変えない。

こういう事態になると頼られるのが啓介で、五月二十六日付『東京朝日新聞』には「岡田大将、しきりに斡旋」という見出しの記事が載っている。

「加藤軍令部長、末次同次長の進退もここ両三日中に決定するとともに、その結果いかんによっては海軍部内はもちろん、枢密院を中心として政界も相当大きな波紋を描くだろうといわれてその成り行きを注視せられた矢先、岡田前海相は二十五日午前九時、加藤軍令部長をその自宅に訪問して今後の善処策につき種々懇談した後、午後一時半に財部海相官邸に訪問して四時まで約二時間半会見した。次いで財部海相は直ちに末次軍令部次長と会見し、午後七時半まで約三時間半の長きにわたって種々懇談するところあり、財部海相は会見後自宅に帰ったが、末次次長は直ちに加藤軍令部長を自宅に訪問して海相との会見顛末を報告するとともに、今後の対策につき二時間余にわたって凝議《ぎょうぎ》した」

海軍礼服姿の岡田啓介

財部と加藤の会見は二十一日以来行われておらず、このまま物別れになれば海軍省と軍令部の正面衝突になる恐れがあるとして啓介が斡旋した——と伝えているのだ。
そして六月十日、大きな動きがあった。例年四月に行われる海軍の異動が、財部海軍大臣の不在で遅れてこの日の発表になったのだが、山梨勝之進海軍省次官（中将）と末次信正軍令部次長（中将）がともに更迭され、両名は軍令部出仕を命じられたのである。後任はそれぞれ小林躋造、永野修身（ともに中将）。末次だけを辞めさせるわけにはいかず、山梨も辞めさせて「喧嘩両成敗」の形を取ったのだ。

これを見た加藤寛治軍令部長は同日、単独上奏して天皇に辞表を捧呈した。加藤は翌日更迭（後任は谷口尚真大将）された。『昭和天皇独白録』にはこうある。

「加藤が辞表を出したのは、財部の帰朝後の事であるが、それは次の様な経緯がある。当時軍令部次長の末次（信正）は、宮内省御用係として私に軍事学の進講をしてくれていたが、進講の時、倫敦会議に対する軍令部の意見を述べた。これは軍縮に対する強硬な反対意見で加藤軍令部長の上奏（注・四月二日の上奏）内容とは異なるものであった。そして末次は後で加藤にこの事を話したと見え、加藤は軍令部の意見が図らずも天聴に達し云々の言葉を用いて辞表を直接私の処に持ってきた。末次のこの行為は、宮中、府中を混同する怪しからぬことであると同時に、加藤が海軍大臣の手を経ずに、辞表を出したことも間違っている。私は辞表を財部に下げたら、財部は驚いて、辞表はどうか出さなかった事にして頂き度いと云った。当時海軍省と軍令部と意見が相反していたので、財部としてはこの際断然軍令部長を更迭して終へばよかったのを、ぐづぐづしていたから事が紛糾したのである」

海軍から次々に去る良識派

軍令部では「表の加藤、裏の末次」といわれ、熱血漢の加藤寛治を策謀家の末次信正が陰で操っているという見方が多かった。『西園寺公と政局』（第一巻）にも、「……加藤軍令部長も末次次長の休んでいる間は大変おとなしいが、末次が出て来るとまた喧しくなって来る。結局末次が加藤軍令部長を操っているので、末次を操るものはやはり枢密院の平沼あたりであるようだ」とある。

「平沼」とは平沼騏一郎のことで、彼は大正十三（一九二四）年、復古的日本主義による国民教化を目指して「国本社」なる右翼的思想団体を結成している。加藤寛治も末次信正も、陸軍の荒木貞夫や真崎甚三郎などと同様、この国本社のメンバーである。

浜口内閣は何とか議会を乗り切り、五月中旬以降は「困ったときの岡田頼み」で、またまた啓介が動いて海軍強硬派を押さえ込み、七月二十四日にロンドン海軍条約は枢密院に諮詢《しじゅん》された。枢密院は天皇の最高諮問機関で、旧憲法の番人として天皇の大権を守る役割を果たした。貴族院とともに、政党政治を阻害する機関といってもいい。当時の枢密院は倉富勇三郎（司法官僚出身の宮中政治家）が議長、平沼騏一郎が副議長で、書記官長に二上兵治（官僚。のち枢密顧問官）がいた。実権は平沼騏一郎と伊東巳代治枢密顧問の二人。伊東はロンドン海軍条約は統帥権干犯だと非難してやまなかった人物だ。予想通り枢密院の諮詢は難航したが、浜口内閣は強硬姿勢で乗り切り、十月一日に枢密院会議諮詢案が可決、条約は翌十月二日に批准された。

そして翌日の十月二日、財部彪海軍大臣は辞任、軍事参議官に任命された。後任の海相はロンドン軍縮条約全権団の顧問を務めた安保清種大将だ。

財部を辞任させ、後継に安保を推薦したのは啓介である。

条約批准に反対する東郷元帥と加藤寛治は一日も早く財部を辞めさせるよう啓介に迫っていたが、

啓介は不可であることを力説、批准が終わったら自分が財部を辞任させるという条件で東郷元帥、加藤寛治の説得に全力を注いだ。両人には話さなかったが、啓介が心配していたのは批准前に財部が辞任すれば政友会あたりの倒閣運動がまた激しくなり、そのため政府が倒れればもはや条約もおしまいだからだ。啓介も必死だった、加藤は最後に折れ、「財部が責任を負って海軍大臣を辞めることになれば、東郷元帥の承諾を得る望みがあるかもしれない。財部に勧告するのは君がやったほうが一番いい」と啓介に難しい役目を押し付けてきた。そこで啓介は財部に「局面を打開するには、もはや君が辞職すること以外になくなった。御批准があったあとで辞職するということを伏見宮殿下や東郷元帥に表明しておけば、万事うまくゆく。どうかそうしてくれんか」と説得、財部もようやく辞任を決心した。

こうして条約締結をめぐる対立は一応の収束を見せ、加藤寛治軍令部長、末次信正次長、加藤隆義第一班長ら強硬な軍令部側、そして財部彪海軍大臣、山梨勝之進次官、堀悌吉軍務局長ら海軍省側の良識派は次々と辞任した。

ただし、昭和八（一九三三）年、斎藤実内閣の大角岑生海相が行ったいわゆる「大角人事」によって、山梨勝之進大将、谷口尚真大将、左近司政三中将、堀悌吉中将らの良識派はいずれも待命あるいは予備役編入となり、海軍を去って行った。大角人事は伏見宮博恭殿下、東郷平八郎元帥という大御所の意向を受けてのものだった。

堀悌吉は後に連合艦隊司令長官になる山本五十六の無二の親友（海軍兵学校の同期）で、昭和九（一九三四）年、山本五十六が旧条約の期限切れに伴うロンドン軍縮会議予備交渉で日本代表を務めていたときに堀悌吉の予備役編入を聞き、「山梨さんとか堀のような海軍の宝を次から次へと首を切るようではもはや海軍に未来はない。いずれ海軍は慢心のため自滅するだろう」と、山本は自分も辞職しようとした。しかし堀に「お前までいなくなったら海軍は空っぽになってしまう」と諌められ、辛うじて思い止まった。

浜口首相斃《たお》れる

一方、強硬派は相次いで海軍の中枢に復帰した。末次信正が連合艦隊司令長官に補されたとき（昭和八年十一月）など、青年将校たちは歓呼して彼を迎えている。良識派（条約派）を一掃した海軍では、以後、加藤寛治、末次信正ら強硬派（艦隊派）が中心となり、ますます対米強硬路線に傾いてゆく。

昭和五年十一月十四日、浜口雄幸首相は東京駅で狙撃され重傷を負った。犯人は右翼（「愛国社」）青年・佐郷屋留雄。翌日、幣原喜重郎外相が臨時首相代理に任命された。この傷がもとで浜口は翌年八月没した。ロンドン海軍条約が公布されたのは昭和六年一月一日だ。

啓介の努力もどうやら実を結んだが、その反動はやがて軍方面に現れてきて、三月事件、満州事変、十月事件が起こり、天下はますます騒がしくなってしまう。

財部が辞任、谷口と交代した昭和五年十月三日、啓介は海相官邸で財部、谷口の新旧大臣に会い、「今後は軍紀の伸張に努めてもらいたい。今回の問題で最大の軍紀破壊者は自分である。大臣に辞職を勧めるなどは許し難いことだった」と謝っている。こうして軍縮問題での啓介の役割はほぼ終わった。なお、息子の仕事の成果を見届けたかのように、条約公布から旬日を経た昭和六年一月十二日、

斎藤実内閣の閣僚たち。前列左から二人目が斎藤実、右端が岡田啓介

啓介の母・波留は八十八歳の生涯を終えた。

啓介はその後昭和七（一九三二）年五月、請われて斎藤実内閣の海相に就任した。浜口内閣の後を受けて誕生した第二次若槻礼次郎内閣は昭和六年九月十八日に起きた満州事変で軍部と衝突、また閣内不一致もあって総辞職（同年十二月十一日）。次に犬養毅内閣ができたが、昭和七年の五・一五事件でその犬養首相が射殺され、五月二十六日に斎藤実内閣ができ、その海相に迎えられたのだ。このあたりの内閣の変遷をみると、どんどん軍靴の響きが大きくなっているのがわかる。

ことに満州事変は大きな歴史の転換点になった。昭和六（一九三一）年九月十八日、関東軍は奉天郊外の柳条湖の鉄道爆破事件を起こして満州（中国東北部）侵略を開始し、第二次若槻礼次郎内閣の不拡大方針を無視して暴走、翌年一月までに東三省（奉天・吉林・黒龍江）をほぼ占領した。そして同年三月一日、ついに満州国の建国を宣言してしまったのである。

こんな情勢の中で海相に就任した啓介は、海軍統率で斎藤総理の期待に応えるとともに、政友会との調整にも力を注いだ。当時の政友会は自重派と強硬派の二派に分かれ、強硬派は積極的に斎藤内閣を倒そうとしていた。政府提案の匡救《きょうきゅう》予算に対して編成替えを要求、応じなければ内閣不信任案を出すばかりになり、この政府と政友会の対立で法案は一つも通らない状態になった。匡救予算というのは高橋是清蔵相による恐慌対策で、土木事業を中心に不況下の都市・農村に雇用機会を創出、国内需要を喚起しようというものだ。啓介は田中義一内閣の海相時代に政友会の連中と親しくしており、ことに政友会幹事長・森恪《かく》とは仲が良かった。森は自重派指導者だ。そこで啓介は赤坂にあったラトヴィア国使節の公館を使わせてもらって秘かに森恪と会合を続け、妥協の途を探った。結局、両院協議会でようやく妥協が成立、ここでも調整役としての啓介の力量が発揮された。啓介は政党内閣に引き戻したいという森ら政友会幹部の意欲に応じつつ、他方では斎藤内閣の方向を調整する役割も担ったのだ。

しかし半年後の翌昭和八年一月、啓介は六十五歳になったのを機に海相を辞任、代わって海相になったのが先に触れた大角岑生である。

岡田内閣誕生

海軍大臣を辞めたあと、啓介はなにもすることがなく、角筈の自宅でぶらぶらしていたが、一年半後の昭和九（一九三四）年六月、原田熊雄の訪問を受けた。すでに紹介したように、元老・西園寺公望公爵の秘書である。用件は意外なものだった。原田はこういった。

「いまの斎藤内閣は帝人事件に災いされ、遠からず辞めざるを得ない状況になっている。そこで西園寺公爵は斎藤首相の意見を聞いたうえで、その後を岡田にやってもらおうと申されている。後継内閣を引き受けるよう心の準備をしておいてほしい」

帝人事件というのは奇怪きわまる疑獄事件である。詳細を記す余裕はないが、ごく簡単に説明するとこうである。

昭和二（一九二七）年に起きた金融恐慌で大手商社・鈴木商店が倒産した（同年四月）が、その鈴木商店に対する債券の担保として、台湾銀行は帝国人造絹糸（帝人）の株式を二十二万株保持していた。帝人は鈴木商店の子会社である。しかしその台湾銀行も金融恐慌で日銀から特別融資を受け、帝人株は次に日銀に渡った。その後、帝人株が上がったために「番町会」（財界グループ）の河合良成（小松製作所の創業者）らが一〇万株を入手、この買い受けに関してスキャンダルが発覚して昭和九（一九三四）年四月、台湾銀行や帝人の首脳、さらに大蔵省の黒田英雄次官や三土忠造鉄道大臣らが次々と起訴され、とうとう斎藤内閣は総辞職した。

ところが……。

「財界政界を大揺れにゆさぶり、内閣までたおしたこの大疑獄も公判回数二百六十五回という世界裁判史上空前の記録を樹《た》てて、昭和十二年十月五日ついに結審となった。泰山鳴《ママ》動してネズミ一匹。いや一匹のネズミさえ出ず、番町会の行為はまったくの商行為で全員無罪という判決であった」

（室伏哲郎著『実録日本汚職史』筑摩書房）

事件は平沼騏一郎らによる斎藤内閣倒閣の陰謀だったとされている。

ともあれ、西園寺公望の使いである原田熊雄の話に啓介は最初とまどったものの、斎藤実首相にも相談した結果、引き受ける決心をした。こんなただならぬ時局に御奉公できるのなら、もみくちゃになるまでやってみようというのが偽らざる心境だった。

大命降下の前に、秘密の会合が二度あった。最初は麻布市兵衛町の住友別邸で木戸幸一、原田熊雄、後藤文夫の三人が啓介と話し合っている。二度目は麻布鳥居坂の高木喜寛宅で、同じ顔ぶれが集まった。この高木邸の会合では閣僚の顔ぶれの話も出た。どちらも原田熊雄の肝入りで持たれた会合だ。高木喜寛は脚気撲滅で有名な海軍軍医・高木兼寛（慈恵医大創設者）の長男で、医学者・貴族院議員。妻・志摩の兄弟には有島武郎（作家）、有島生馬（画家）、里見弴（作家）がいる。

斎藤内閣が総辞職したのが昭和九年七月三日で、啓介に組閣の大命が降下したのは四日。同日午前中に元老の西園寺が上京、牧野伸顕、清浦奎吾、高橋是清、若槻礼次郎、斎藤実などの重臣と協議し、啓介を推すことで一致、上奏した。元老・重臣たちが啓介を推薦した第一の理由は、直ちに政党政治に戻そうとすれば軍部の抵抗が大きいので、政党に対しても了解のつきうる啓介が適任だと思われたことが挙げられる。また彼が円満な人格者で、国際関係を刺激するようなことをしないであろうこと、それに来るべき海軍軍縮会議を控えて、これに理解のある軍人出身の政治家であったことも理由の一つだろう。ワシントン条約やロンドン条約がいずれも満期になる日が近づいており、関係諸国が再び集まって改めて軍縮を協議することになっていたのだ。啓介はこれらの条件を満たすと判断されたのである。

啓介に大命が降下されて世間は驚いた。昭和九年に出版された高田末吉著『躍進日本を操つる人々』（丸之内出版社）ではこう書かれている。高田は『時事新報』の記者だ。少し長いが引用する。

空前の貧乏総理

「そこで斎藤内閣辞職後の下馬評は宇垣（一成）、清浦（奎吾）、近衛（文麿）、一木（喜徳郎）等あらゆる党人外の人物が一ダースほど、噂の中に投出された。その中でも岡田啓介の名は虫眼鏡で探らなければ解らぬほど小さな存在にしか過ぎなかった。だから岡田に大命の降下した時は多数の国民にとっては正に意外、狐につままれた様な感じがした。その後岡田が狸親父であると解って狐につままれたのは狸の間違いであったと気のついた次第である。ことほど左様に岡田という人物は親しみの薄い人間で、ただ斎藤内閣の初期の海軍大臣、又は海軍大将としての岡田を認識していたに過ぎず、総理大臣の候補者だとは夢にも思わなかった。ところがそれが大した人物で、彼が海軍次官当時に同じ内閣の閣僚であった某氏から『その時分から彼は決して一介の武弁ではなく、海軍きっての政治家で頭の良い、太っ腹の人間であった』と聞いて、なるほど彼が総理大臣になったのは無理もない。それを知らなかったのは一般国民が認識不足であったという事になる。だが彼について国民の知らなかったもっと重要な、興味のある事は徹底的な貧乏人で彼があったという事である。

多くの政治家のうちに決して貧乏人がないわけではない。しかしいやしくも総理大臣となる程の者が五百や千の金に事欠くというのは前代未聞である。（中略）岡田の貧乏は組閣準備にあたって正に暴露された。新聞記者が訪問したとき第一に眼に入ったのが、応接間にある一枚の熊の皮、これはと思って聞いてみると、ナント財産目録の筆頭であると彼はいいながらニヤリと笑って頭をかいた。白いフケがパラパラと膝の上に落ちたが、しかしフケが落ちても払いのける必要がある程の着物では勿論なかった。木綿のカスリが、少しばかりヨレヨレになって、垢さえ眼につく。それを着て彼は平然として泰然として応接間に据っている。周囲の襖には穴があり、障子紙はパラパラと風にたわむれ、畳には煙草の焼穴がそこここに散在していた。（中略）組閣をおえて総理大臣に親任され、彼が官邸に引移るときの荷物は、ナント一重ねの布団と蚊帳、手回りの品を入れた一個のトランクだけであったという。（中略）岡田内閣の政綱政策は前内閣の踏襲に過ぎない。また今後これを如何に生かすか、今後の行動に見なければならん。だが岡田がいままでの総理大臣中最も貧乏であった事、今までの総理大臣はその背景に何れかの財閥の後援があったが、それが岡田にない事、これだけでも岡田内閣に特種の意義がある。岡田の如き正真正銘な貧乏な総理大臣の出現は正に画期的事実であって、その貧乏を証明する数々の事実は国民に非常に親しさと快さを感じせしむるに充分である」

妻の郁が死去してすでに六年、このときの啓介は、身の回りの世話をする者もなく、家ではまったく一人きりのやもめ暮らしだった。

郷里では福井県で最初の総理誕生に狂喜した。ことに生誕地の旭区では大命の下った四日夜、二千数百人が集まり、「岡田大将万歳！」などと唱えながら提灯を手に区内を練り歩いた。また組閣の成った七日には市をあげての提灯行列が行われたものだ。

啓介を救った床次竹二郎

しかしその組閣、時間がかかったのを見てもわかるように、すこぶる難航した。

第一の問題は政友会がまったく協力の姿勢を見せないことだった。斎藤内閣と同様、挙国一致内閣を作るという方針なのだが、民政党総裁の若槻礼次郎は快く支持を表明してくれた一方、議会第一党である政友会の鈴木喜三郎ははっきり協力を拒んだ。政友会が閣僚を出してくれなければ挙国一致内閣にはならないので、啓介は頭を抱えた。組閣が進まないので「岡田内閣はどうやら流産らしい」と書く新聞もあった。

この啓介の窮地を救ったのは政友会の床次竹二郎《とこなみ》だった。彼は政友会にあって挙国一致の協力内閣の必要性を以前から力説しており、党議に反して岡田内閣に逓信大臣として入閣した。そのため政友会から除名されている。啓介は床次を副総理格で迎えた。床次に続いて政友会から山崎達之輔、内田信也も入閣した。それぞれ農林大臣、鉄道大臣で、この二人も政友会から除名された。

第二の問題はやはりお金。組閣費用もままならないのだ。組閣本部は斎藤実の好意で総理官邸の日本間を提供してもらったが、暑い盛りにテント村に陣取って取材を続ける新聞記者連に冷たい飲み物でも出したいのだが、そのカネがない。啓介は仕方なく氷を少しばかり贈った。「氷で冷やす飲み物のほうはそちらで適当にお願いする」というわけだ。それでも新聞記者たちは「大将、無理をしたな」と大いに喜び、自分たちでビールなどを持ち込んで啓介の貧乏を祝福してくれた。

かくしてようやく揃った閣僚の顔ぶれは次の通りだ。

首相兼拓務大臣・岡田啓介、外務大臣・広田弘毅、内務大臣・後藤文夫、大蔵大臣・藤井真信、逓

信大臣・床次竹二郎、陸軍大臣・林銑十郎、海軍大臣・大角岑生、司法大臣・小原直、文部大臣・松田源治、農林大臣・山崎達之輔、商工大臣・町田忠治、鉄道大臣・内田信也、内閣書記官長・河田烈、法制局長官・金森徳次郎。このうち広田弘毅、林銑十郎、大角岑生は斎藤内閣からの留任である。大蔵大臣には高橋是清に就いてもらいたかったが、「彼ならつとまる」として高橋は藤井を推薦した。もし何かのことがあれば自分が収拾役を引き受けると高橋が保証したので、啓介は蔵相に藤井を起用した。

岡田啓介内閣の閣僚たち。前列左から広田弘毅外相、松田源治文相、後藤文夫内相、岡田啓介(拓相兼任)、床次竹二郎逓相、町田忠治商工相、大角岑生海相。
二列左から小原直法相、藤井真信蔵相、内田信也鉄相、山崎達之輔農相、林銑十郎陸相。三列左に金森徳次郎

内閣の親任式が行われたのは七月八日。参内するのにフロックコートが必要だが、あいにく冬物しかない。暑いのは我慢するとして、肝心のシルクハットがなかった。迫水久常が持っていたのでそれを借り、手に持って自宅を出ようとしたら新聞のカメラマンが「閣下、帽子をどうぞ」というので、ああそうかとかぶったところ、迫水の頭が大きすぎたためシルクハットはすっぽりと耳までかぶさってしまった。これはいかんと、啓介は手でほどよいところまで支えた。新聞にはこの写真が載った。

啓介は大命拝受とともに角筈の自宅から永田町の総理官邸日本間に移った。妹・稔穂の夫である松尾伝蔵が義兄の面倒を見ようと、福井から上京、啓介と二人の生活

が始まる。組閣が完了し、初閣議が済んだあと、啓介は松尾、そして実業界から転じて秘書官になった福田耕を日本間に呼び、夕食を摂りながら今後の生活について相談した。総理の給与は年俸一万円、月額にして八百三十余円である。啓介と松尾、そして女中の食事はすべて弁当でまかない、官邸では炊事をせず、お茶を沸かすだけにした。光熱費・水道代は合わせて四三〇円、残り四〇〇円を啓介の小遣いに充てることにした。質素というより、むしろ非常時態勢である。松尾は啓介と一緒に、いや啓介の一歩前で死ぬ覚悟で上京してきた。

秘書官には前述のように迫水久常、そして大久保利隆も加わった。大久保は迫水の母の弟である。啓介は松尾とこの三人の秘書官を周囲に置いて官邸生活を始めた。

船出早々に難問

岡田内閣は当初からいわれていた通り、斎藤実内閣の延長のようなものだった。ただし内閣を取り巻く環境は格段に悪化していた。斎藤内閣と違って政友会の支持を得ることができず、議会運営が厳しくなった。斎藤内閣では政友会から三名の大臣を起用している。

また陸軍の内政干渉も一段と露骨になってきた。啓介に大命が降下したときも、陸軍強硬派は不満の色を見せている。

岡田政権が十大政綱を発表したのは七月二十日。「綱紀粛正」「民心作興」「国際親善」「国防安全」「財政確立」「生活安定」「産業政策」「教育刷新」「対満方針」「行政改善」の十項目だ。ことに政府が重視したのが第一の「綱紀粛正」で、「……よく憲法政治の真髄を発揮して民意の暢達《ちょうたつ》を図らんとす」

としている。つまり立憲政治の本道を歩み、ファッショ政治を排撃して議会政治の実をあげるという決意だ。

しかし岡田内閣は船出早々難問に苦しむことになる。在満機構改革の問題である。

昭和七年に「満州国」ができて以来、満州には関東軍、駐満全権大使、関東長官による三位一体の行政が行われていた。つまり形の上で陸軍、外務省、拓務省という三つの行政系統があり、斎藤実内閣時から陸軍はこれを一本化せよと要求していて、この問題が岡田内閣に持ち越されたのだ。警察も憲兵、領事警察、普通警察があって複雑なので、一本に統合して機構を簡素化すべしというのが陸軍の主張。つまり、名は「在満機構改革」だが、実質は満州のこと一切を陸軍の掌中に収めようとしたのである。

九月に閣議で決定した案によれば、満州に関する事務を外務、拓務から切り離し、内閣直轄の「対満事務局」を置いてこれに移す。関東庁長官の職は廃止し、従来その権限内であった行政事項を駐満大使にさせる。そして駐満大使と関東軍司令官は兼任にする。さらに駐満大使の下に置かれる「在満行政事務局」の警務部長を関東軍司令官に兼任させる、というもので、この案だと関東庁の警察官は憲兵の下につくことになる。

これには外務、拓務両省とも反対したが、とくに拓務省は満州における仕事が消滅することになるので、死に物狂いで抵抗した。もともと憲兵と仲の悪かった関東庁

首相官邸の岡田啓介

の警察官（在満五千人）は数十人の代表団を東京に送って啓介に面会を求め、撤回を迫った。困ったことに啓介は総理と拓務大臣の兼任である。一人二役の使い分けをしなければならず、四苦八苦した。

この案は拓務省の全員が辞表を提出するなどさんざん揉めたものの、結局はほぼ陸軍の主張通りになった。在満行政機構は名実ともに陸軍の隷下に属し、国内の機構として「対満事務局」が設けられたが、その総裁も陸軍大臣が兼ねることになった。国内の文治行政機構の長が陸軍大臣の兼職になるのは初めてのことだ。林銑十郎陸相は当初、対満事務局総裁は文官に、次長を武官にすると発言していたが、いつの間にか武官を総裁にすると言い出し、結局、自分が総裁の椅子に座ってしまった。この問題で窮地に立った拓務省の坪上貞一次官は責任を取って辞任した。また書記官長として寝食を忘れて仕事に当たった河田烈は病に倒れた。

病に倒れた蔵相

対満事務局総裁が陸軍大臣の兼任になったことについては、天皇からも御下問があった。「そういうことでいいのか」と念を押されたのである。

啓介も心の中では決していいことだとは思っていなかったので、申し上げようがなくて困ってしまった。こうして歩一歩と陸軍に押されてきて陸軍の内政干渉が激しくなってきたことに対し、啓介は「いま思えば私も弱かったと反省せざるを得ない」と回顧している。

陸軍の政治進出に関していうと、いわゆる「陸軍パンフレット問題」も岡田内閣の時だ。

昭和九年十月一日、陸軍省新聞班（班長・根本博中佐）は『国防の本義と其強化の提唱』なる小冊子を林銑十郎陸相、永田鉄山軍務局長の承認のもとに発行、その内容が新聞に掲載された。「たたかいは創造の父、文化の母である。試練の個人に於ける、競争の国家に於ける、斉《ひと》しく夫々《それぞれ》の生命発展、文化創造の動機であり刺激である」という書き出しで始まるこの冊子は、台頭しつつあった陸軍統制派の戦争観、国防政策を示したもので、経済の統制化を中核に据えたものだった。総力戦を戦い抜くため個人主義を排して全体主義に移行し、議会政治・政党主義を否定するこの考えは、やがて後に登場する国家総動員法の序曲となる。

　この文書は軍部の政治干与であるとして大問題になり、第六十六、第六十七議会で取り上げられて政党から厳しく追及された。しかし林陸相は「目的は国民への警告にあり、なんら実行を強いるものではない」と答弁、批判をかわしている。またほとんどの新聞がこの内容を報じたのに、朝日新聞は無視したため、陸軍は「なぜ報道しないのか」と朝日新聞を攻撃している。ここにも軍部の政治介入が見て取れる。

首相官邸で閣僚たちとともに記者撮影に臨む岡田（前列中央）。岡田の右には自らの職責に殉じた藤井真信蔵相

　ついで十一月二十日、陸軍青年将校によるクーデター計画が発覚する。行動派青年将校の村中孝次大尉、磯部浅一中尉、片岡太郎中尉が、近衛・第一両師団の歩兵中隊や戦車隊を動員し元老や重臣を襲撃しようとした容疑で、士官候補生五人とともに検挙された。十一月事件、あるいは士官学校事件と呼ばれる。陸軍内では昭和七年頃から統制派と皇道派が対立していた。統制派は旧桜会系の参謀

本部、陸軍省の中堅将校が中心となった派閥で、政財界を結び合法的に権力を握ろうとしたのに対し、皇道派は天皇中心の国体至上主義を信奉、直接行動による国家改造を図った。荒木貞夫・真崎甚三郎両大将とこれを支持する尉官級青年将校とから成る派閥だ。

逮捕された村中ら皇道派側は「これは統制派によるでっちあげだ」と反発、両派の抗争はエスカレートした。岡田内閣で林銑十郎が陸相に就任、また軍務局長に永田鉄山少将、陸士幹事（副校長）に東條英機少将が就くなど、統制派が勢力を盛り返していた中での事件発覚で、のちの真崎甚三郎教育総監罷免問題、相沢事件（後述）につながる。さらに村中・磯部は二・二六事件に加わることになる。

十一月事件が発覚した一週間後の十一月二十七日、藤井蔵相が病気のため辞職した。昭和十年度予算の編成にあたり、藤井は病気を押して頑張り続けた。赤字国債漸減による財政健全化を目指す藤井に対し、陸海軍、内務、農林の各省は猛烈な復活要求を行った。予算閣議は荒れに荒れ、十一月五日、同二十一日、さらに翌二十二日と三次にわたって行われた。ことに二十二日の予算閣議は徹夜になり、藤井は輸血をしながら難役を務めた。隣の席に座った者には藤井の息がぜいぜいと苦しそうなのが聞こえたという。そして十一月二十四日、第四次の予算閣議でようやく予算案と増税案が決定し、藤井はこの日から病の床に着いた。これ以上仕事はできないと、藤井は二十六日、啓介に辞表を提出した。

重大時局の際なので、一日も早く新しい蔵相を決めなければならない。そして後任蔵相は高橋是清しかいない。啓介は赤坂表町の高橋邸を訪ねた。十一月二十六日のことである。啓介は高橋に「あなたが推薦された藤井蔵相が病に倒れ、起つことができません。ご迷惑でしょうが、あとを一つよろしくお願いします」と礼を厚くして要請した。

するとやはり高橋是清はいい人だった。啓介とは昔からの付き合いだし、先の約束もある。岡田内閣の蔵相に藤井を推薦した高橋是清は、「藤井に何かあったら後を引き受けて収拾する」と啓介にいっていたのである。

啓介は、はじめ、かなり辞を低くして談じ込まなければ引き受けてもらえないだろうと覚悟していたのだが、しごくあっさり蔵相就任を承知してくれた。啓介は大喜びで、車の中で待機していた迫水によると、啓介があんなにうれしそうに、靴をはくのももどかしく人の家を出てくるのを見たのは初めてだったそうだ。

しかし官邸に戻ると、わざと難しい顔で記者たちの前に出て、「高橋さんに大蔵大臣就任を頼んだのでしょうが、高橋さんは受けましたか？」という質問にこう答えた。

「なに、あとの大蔵大臣を推薦してくださいとお願いしに行ったのだ」

啓介は狸親父らしくそうとぼけた。ともすればうれしさがこみ上げて笑顔になりそうになるが、ぐっとこらえた。政友会が知って横槍を入れてくるのを警戒し、その日一日は極秘にしたかったのである。そして翌二十七日、啓介は再度高橋邸を訪問、正式受諾の返事をもらい、同日、蔵相交代が発表された。

政友会の爆弾動議

困ったのは政友会である。高橋は政友会の元総裁で、党の大長老。党議に反して岡田内閣の閣僚になったからといって床次竹二郎や内田信也、山崎達之輔のように除名にするわけにはいかない。そこで政友会はやむなく「別離通告」なる苦しまぎれの措置を取った。政友会の人間はみんな高橋是清を尊敬しており、岡田内閣でも議会中に高橋が登壇すると拍手で迎える。高橋のことを「高橋首相」と呼ぶ議員もいたほどだ。高橋蔵相は岡田内閣の自慢であり、またこれほど信頼できる人物はいなかった。高橋と交代した藤井は翌年一月三十一日に死去した。ある種の「戦死」というべきだろう。

高橋是清が蔵相に就任した翌日の十一月二十八日、第六十六回臨時議会が開かれた。会期の延長はあったものの、たいして波乱もなく終わりそうだったが、延長第一日目の十二月五日、政友会の東武が「爆弾動議」を出した。「地方自治体の窮乏打開のため、政府は一億八千万円の歳出を追加計上し、次の通常国会冒頭に提出すべきであり、それを政府が言明するまでこの委員会の審議を中止すべし」との緊急動議を出し、多数を占める政友会によって採択されてしまったのだ。

この年の東北地方は冷害によるかつてないほどの飢饉に襲われた。一日に一度か二度、少しばかりのドングリを食べて辛うじて命をつないでいる貧農が多く、上野駅には毎日のように身売りのため汽車で上京する娘たちが現れた。二・二六事件を起こした青年将校たちの獄中手記や遺書を見ると、このような東北地方の農村の惨状への同情・怒りが事件の大きな背景としてあることがわかる。たとえば斎藤実、渡辺錠太郎を襲撃、殺害した高橋太郎少尉（歩兵第三連隊）は、その手記でこんなことを書いている。

「『姉ハ……』ポツリポツリ家庭ノ事情ニツイテ物語ッテ居タ彼ハ、此処デハタト口ヲツグンダ、ソシテチラット自分ノ顔ヲ見上ゲタガ、直ニ伏セテシマッタ、見上ゲタトキ彼ノ眼ニハ一パイ涙ガタマッテ居タ、固ク膝ノ上ニ握ラレタ両コブシノ上ニハ、二ツ三ツノ涙ガ光ッテ居ル」

「国防ノ第一線、日夜生死ノ境ニアリナガラ戦友ノ金ヲ盗ッテ故郷の母ニ送ッタ兵隊ガアル、之ヲ発見シタ上官ハ唯彼ヲ抱イテ声ヲ挙ゲテ泣イタト云ウ」

それほど農村、ことに東北の貧農は悲惨な状態にあったのだ。

そこで啓介は後藤文夫内相に東北地方の視察を命じ、帰京した後藤の報告を聞いて事態の重要性を認め、災害対策・匡救事業を中心にできる限りの予算（総額七千万円規模）を計上していた。そこに出てきたのが一億八千万円というとんでもない要求で、もちろんそんな金はない。そこで啓介は翌十二月六日、院内閣議を開く。こんな途方もない動議が可決され、予算審議ができなくなった以上、議会を解散するほかないということで、ほとんどの大臣が解散に賛成した。

ところがこれで政友会があわてた。一億八千万円といっておけば三千万円ぐらいの予算を追加するだろうというのがそもそもの思惑で、ちょっと脅すだけのつもりが大騒ぎになり、予想もしなかった解散風に驚いて腰を抜かしたのだ。そこで政友会は山本条太郎を使って事態の収拾に乗り出した。なんとかメンツを潰さないで丸く収められないかというわけである。政友会の山本条太郎は福井出身で、啓介とは同郷である。この問題は次の通常国会にまで持ち越され、結局、政府が第二予備金千五百万円を設けたため、政友会は「政府の誠意の片鱗の片鱗を認めた」という奇妙ないい方で振り上げた拳を下ろした。

当時、政友会と民政党の間にはようやく両党相携えて事に当たろうという機運が興り、十一月二十六日、臨時議会の招集を前に「政民連携共同声明」が出されたばかりだったが、民政党を出し抜いた政友会のばかげた爆弾動議事件で両党間には亀裂が入り、連携は立ち消えになった。「片鱗の片鱗」などという無益な言葉の遊戯で政党自身が自滅の道を選んでしまったような一幕で、これまた議会政治への不信を増長させる結果となった。

天皇機関説問題

こうして岡田内閣の体力が奪われつつある時に起きたのが天皇機関説問題である。

統治権の主体は法人である国家であり、天皇はその最高機関であるという学説が天皇機関説で、主に東京帝国大学教授の美濃部達吉が唱導した。美濃部はロンドン海軍軍縮会議にからんで起きた統帥権干犯問題でも、自らの憲法学説に基づいて浜口内閣による条約締結が正当であると擁護した。以来、蓑田胸喜《むねき》・三井甲之ら反共・右翼グループから攻撃されていたが、昭和九年二月の第六十五議会でその蓑田と深い関係にある貴族院議員の菊池武夫が美濃部の学説は国体に反するものだと弾劾、これに美濃部（貴族院議員）が反論したことで火がついた。菊池は熊本出身の陸軍軍人であり、政治家だ。

美濃部の反論は次のようなものだ。

「これは著書の断片的な一部をとらえて、その前後との関係を考えずになされた攻撃である。私は君主主義を否定してはいない。かえって天皇制が日本憲法の基本原則であることを繰り返し述べている。機関説の生じるゆえんは、天皇は国家の最高機関として、国家の一切の権利を総攬《そうらん》し、国家のすべての活動は天皇にその最高の源を発するものと考えるところにある」

見事な演説で、美濃部が降壇したときは拍手も起こったほどだ。

しかしこのため反対派の弾劾はいっそう激しくなり、今度は第六十七議会で退役陸軍少将である衆議院議員の江藤源九郎が美濃部の著書の処分を迫り、さらに貴族院でもまた菊池武夫が「（天皇機関説は）国体に対する緩慢なる謀叛だ」とし、政府の見解を質した。以降、民間の国家主義団体である国体擁護連合会や大日本生産党、黒竜会、新日本国民同盟といった諸団体や在郷軍人会がいっせいに機関説排撃キャンペーンに乗り出した。美濃部の学説を誤解して「天皇陛下を機関銃に例えるとは怪しからん」という一部右翼もあった。

彼等の要求は、まず天皇機関説が国体と相容れない学説であることを政府が声明すること、美濃部の貴族院議員辞職と彼の著書の発禁、さらに岡田首相・一木喜徳郎の引責辞任などだ。一木は枢密院の議長で、元東京帝国大学教授。美濃部の学問上の師にあたり、一木の著書『国法学』『日本憲法の由来』なども天皇機関説だとして攻撃していたのである。

これらの動きを背景に議会での追及はますます激しくなった。啓介は初めノラリクラリとかわ

昭和10年2月、美濃部達吉、貴族院にて「一身上の弁明」を行い、天皇機関説批難に反論する

同日、国会で美濃部を擁護する岡田首相。後ろは枢密院議長の近衛文麿

していた。「総理は日本の国体をどう考えているか」という何十回となく聞かれる質問に、啓介は「それは憲法第一条に明らかであります」の一本槍。「では憲法第一条には何と書いてあるか」と質問されると、「それは憲法第一条に書いてある通りです」。

ある暇人が数えてみたら、この国会中、啓介は同じことを六十数回繰り返し、政友会の西村茂生などは「始末に負えん」と、啓介の狸親父ぶりにすっかり憤慨してしまった。

しかし啓介は次第に追い詰められる。学説論争の陰にいた陸軍がやがて公然と姿を現し、「この問題にはっきりした処置を取れ。さもないと兵士の訓練に差し支える」などと言い出したのである。驚くべきことに政友会もこの動きに同調した。倒閣のチャンスと見て、三月二十三日の衆議院では鈴木喜三郎総裁が「国体ト相容レザル言説ニ対シテ直チニ断固タル措置」を取るよう政府に求める「国体明徴決議案」を提出して可決された。

永田鉄山、斬殺

また閣内の問題も起きてきた。最初、林銑十郎陸相も大角岑生海相も常識的な見解、つまり美濃部博士の学説が軍に悪い影響を与えたということはない」(三月九日、貴族院での林陸相の答弁)としていたのだが、その後態度を変え、「天皇機関説は今や学者の論争の域を脱して、重大な思想問題となっている。これを機に国体に異見のないようにしなければならない。かかる説は消滅させるように努める」(三月十六日、衆議院での林陸相の答弁)とまで発言するようになってきた。啓介や他の閣僚がこれと違うことをいえば「閣内不一致」になって内閣は倒れてしまいかねない。

岡田内閣はじりじりと後退を余儀なくされ、ついに八月三日、「国体明徴に関する声明」を発表した。「統治権が天皇に存せずして天皇は之を行使する為の機関なりと為すが如きは、これ全く万邦無比なる我が国体の本義を誤るもの」という内容だ。しかしこの声明に納得しない勢力はなおも攻撃を続け、岡田内閣は十月十五日、もっと強い調子の第二次国体明徴声明を出すに至った。結局、金森徳次郎法制局長官がこの問題の犠牲になって辞め、美濃部達吉の著書も発禁になり、美濃部本人も貴族院議員を辞職した。ちなみに天皇自身は機関説について「天皇は国家の最高機関である。機関説でいいではないか」と啓介に語っている（『岡田啓介回顧録』）。

この天皇機関説をめぐる国体問題は二月から始まって十月に一応の決着を見たが、その後もあとをひき、ついに二・二六事件に行き着いてしまう。

岡田内閣時の重大事件としては、もう一つ、永田鉄山暗殺事件がある。陸軍省軍務局長の永田鉄山少将が昭和十（一九三五）年八月十二日、相沢三郎陸軍中佐に刺殺された事件で、「相沢事件」とも呼ばれる。かねてから国家革新運動に関係、陸軍皇道派や青年将校たちと密接な関係にあった相沢三郎は、敬愛する皇道派の重鎮・真崎甚三郎教育総監が林銑十郎陸相によって更迭されたことに憤激して任地の福山から上京、統制派の中心人物である永田鉄山に面会して辞職を要求したが、永田に説得されていったんは引き下がった。しかし八月一日付けで台湾への転任が決まったことを機に永田殺害を決意、ついに実行に移したのだ。

永田が刺殺されたという報告を受け陸軍省は騒然となり、林陸相は色を失った。林は八月二十六日の師団長会議を済ませ後片付けを終えると、「責任を取る」として九月五日に辞任、軍事参議官の川島義之が後任になった。真崎甚三郎の更迭強行で皇道派から「統帥権干犯だ」と非難されていたことから、自分にも難が及びかねないと、さっさと辞任したのだろう。

無能すぎた海軍大臣

後任の川島義之がまた問題だった。川島が後任陸相に選ばれたのは、皇道派にも統制派にも属していない無色の存在だったからだが、同時にきわめて無能だった。

岡田内閣で鉄道大臣を務めた内田信也がこう酷評している。

「川島新陸相は閣議に臨んで一応、型通りの就任挨拶を行ったが、この初対面において各閣僚は、新陸相の頼りなさに呆然失望したのであった。この予想通り川島陸相はその後閣議において、何事も一存で決定する力なく、どんな詰まらぬことまでも、一々本省に帰って相談しなければ成らぬという始末で、一向に事が捗《はかど》らず、各閣僚も困り抜いたものである。十一年一月八日の陸軍始め観兵式の際は、僕は実兄の不幸のため陪観を御遠慮したが、望月圭介逓相がその翌日僕に語ったことは『君は昨日の観兵式には見えなんだが、まあ安心しろよ。陛下御閲兵の折、陸相も扈従《こじゅう》したのだが、馬にさかしまには乗らんかったから……。まあ僕もこれで一安心というものさ』」

（前掲『風雪五十年』）

床次竹二郎逓相は病気のため昭和十年九月八日に死去、代わって望月圭介が逓相になっていた。

その望月に「馬にさかしまには乗らんかった」といわれた川島は、陸軍部内でも大っぴらに「暗君」と呼ばれていた。陸軍にとって、この愚直な川島を背後から操るのはたやすいことだっただろう。その具体的な表れが荒木貞夫の授爵問題である。

陸軍は満州・上海両事変の功により前陸相の荒木貞夫に男爵の爵位を授与するよう、再三にわたって政府に要請してきた。これに対して湯浅倉平宮内大臣も啓介もなかなか承服しようとしなかった。宮内省は宮内庁の前身。皇室が総理大臣の制約を受けないようにするため内閣から独立している機関で、その宮内省の長官が宮内大臣である。

陸軍の意向を取り次いできた川島陸相は、とうとう「それでは自分はその職にとどまり難い」とまでいい出した。国防問題で意見が異なるので辞任するというなら話はわかるが、荒木大将に男爵を与えないなら辞任するというのはとんでもないことである。大角海相はこの問題に一切沈黙していた。前陸相が男爵をもらえるのなら、陸軍と海軍のバランスをとるために前海相である自分にも男爵が授与される可能性が高いので、陸軍の横車を傍観していたのだ。

困った啓介は西園寺に相談した。西園寺は吐き捨てるようにこういった。

「男爵にすれば事は済むのか。いいではないか。男爵二人や三人、それで収まるのなら、こんな安いことはないではないか」

荒木貞夫はこうして男爵になった。もくろみ通り、大角岑生も男爵になった。大角は満州事変にも上海事変にも無関係だが、「事変のときの海軍大臣だった」という理由にならない理由で。これには海軍部内でも失笑が起きたという。

岡田内閣が立憲政友会の不信任案提出を受けて衆議院を解散したのは、第一章で書いた通り昭和十一（一九三六）年の一月二十一日。二月二十日に総選挙が行われ、その直後に起きたのが二・二六事件。啓介は大命降下の際、「もみくちゃになるまでやってみる」と決心していたが、本当にもみくちゃになってしまった。

第八章　対決

謹慎中の生活

二・二六事件のあと、啓介は角筈の自宅でひたすら謹慎した。門を固く閉め、外出も慎んだ。護衛の警官は毎日緊張して、夜中も寝ないで四、五人ずつ啓介の身辺を警戒してくれた。

毎日、何もすることがないので、神宮益太郎という護衛の警察官の一人を相手に、庭の木や盆栽をいじって過ごした。もともとそんな趣味はなく、盆栽などは買うお金もない。ただ人がくれるものだからいじっているだけである。庭に飛んでくる鳥の様子を眺めているのも楽しみだった。それで小鳥の習性がわかったものだ。毎日庭を眺めているうちに、庭にある木のなかでいちばん遅く葉が出て、いちばん早く散ってしまうのは百日紅《さるすべり》だということに気がついたりもした。また漢詩の稽古もやった。

啓介の暇つぶしの相手になってくれた神宮益太郎という警官は首相時代も啓介の護衛をやっていた。殺された土井清松巡査と一日おきの勤務で、事件当日は非番だったので難を免れた。

こんな謹慎生活の中でも、毎晩欠かさなかったのが酒である。首相時代も、夕食に二、三合の酒があればちっとも不自由だとは思わなかった。斎藤実は笑って「岡田なら酒さえあれば、弁当箱の飯ばかり食べていても不服はいわんだろう」といったほどだ。

ようやく門を開けたのは六月になってから。

「門の外へ出ることもなく三カ月ばかり暮らしていたら、宮中からお召しを受けた。謹慎の身にとって思いがけない感激だった。六月十七日だったが、新旧閣僚に昼食を賜るとのおもむきで、『岡田もぜひ出てくるように』との陛下のお言葉だったそうだ。たいへんうれしく、はじめて表門をあけて参内した。感慨深かったのは、事件から一年目の命日に、多磨墓地におまいりしたときだった。これも久しぶりの外出だった。斎藤さん、高橋さんもここに眠っておられるし、なくなった土井、村上両警官のお墓もある。事件の日は雪が降っていたが、このときは小雨だった。濡れておまいりして、葛飾にある清水の墓まで足を運んだが、世捨て人のようになっているわたしにとって、心のなぐさめでもあった。

こうしたわたしに前官礼遇を賜るとの御沙汰があったのは、十二年四月二十九日の天長節の日だった。陛下のありがたい思召しは、事件の直後あったとかで、あれから一年あまりで重臣の列に加えられ、わたしもようやく世の中へ出られるようになった」

（『岡田啓介回顧録』）

引用文中、清水というのは啓介の警護中に殉職した清水与四郎巡査のことである。また前官礼遇というのは総理大臣や国務大臣、枢密院議長、宮内大臣、内大臣などで顕著な功績のあった者に、その退官後も在官当時の待遇を与えることだ。

啓介は「暴徒のために殺されなかったのはよかった」と考えていた。そのことで人の批評を気にすることはない。

ただ、この事件のため斎藤実や高橋是清まで犠牲になったことだけはいつまでも啓介の胸を痛ませた。また松尾と四人の警官の位牌は啓介の家の仏壇におさめていて、毎年忌日には必ずお墓参りをしていた。

近づく戦争の足音

啓介のあと、広田弘毅内閣、林銑十郎内閣、第一次近衛文麿内閣、阿部信行内閣、米内光政内閣、第二次近衛内閣、第三次近衛内閣、そして東條英機内閣へと続いていくが、この間の動きは、多少の曲折はあれ、ほぼまっしぐらに戦争に向かっている。重要なものだけを拾ってみると、広田弘毅内閣時の軍部大臣現役武官制度復活（昭和十一年五月十八日）、日独防共協定調印（同年十一月二十五日）、第一次近衛文麿内閣時の盧溝橋事件（昭和十二年七月七日。日中戦争開始）、それに対する国際連盟の日本の行動非難決議（同年十月六日）、大本営令公示（同年十一月十八日）、南京占領・大虐殺事件（同年十二月十三日）、国家総動員法公布（昭和十三年四月一日）、武漢三鎮占領（同年十月二十七日）などがある。

また平沼騏一郎内閣時にはノモンハン事件が起き（昭和十四年五月十一日）、日ソ両軍が国境紛争で交戦した。この年八月二十八日、水と油の関係だと見られていたドイツとソ連が独ソ不可侵条約を締結（八月二十三日）したのを見て「欧州の天地は複雑怪奇」との迷句を残して平沼内閣は総辞職した。

さらに第二次近衛内閣時は日本軍が北部仏印へ進駐（昭和十五年九月二十三日）、日独伊三国同盟調印（同年九月二十七日）、大政翼賛会発会式（同年十月十二日）、東條英機陸相が「戦陣訓」を示達（昭和十六年一月八日）。続く第三次近衛内閣時には日本軍が南部仏印へ進駐、大本営が連合艦隊に作戦準備を命令（昭和十六年十一月五日）といったあんばいだ。

こうして見ると主に近衛内閣のときに陸軍の勢いが増しているが、その最たるものが三国同盟だ。これではっきり英米と対立することになった。

日独伊三国同盟の基になったのは昭和十一（一九三六）年十一月に日本とドイツとの間に結ばれた日独防共協定である。

同協定はコミンテルン（ロシア共産党を中心とする共産主義の国際組織）に関する情報交換を目的とした協定。日本とドイツはともにソ連を仮想敵国にしており、また両国とも国際連盟を脱退した国同士で、国際的孤立を避けようとする思惑もあって結ばれた。日本は一九三三（昭和八）年三月二十七日、満州問題で非難されたのを不満として脱退、ドイツも同年十月十四日、国際連盟主導による軍縮を嫌って脱退している。

この日独防共協定には秘密付属協定があった。その内容は、両国の一方がソ連に攻撃されたとき、もう一方の国はソ連の負担を軽くするような措置を取らないこと、また相互の合意なくソ連との間に本協定の意思に反した政治的条約を結ばないこと、というものである。一年後の一九三七年十一月、秘密協定を除く防共協定本文にイタリアが参加、日独伊三国防共協定になった。

この日独防共協定、日独伊防共協定を引き継ぎ、アジア及びヨーロッパにおける三国の指導的地位の確認、さらに第三国から攻撃を受けた際の相互援助、つまり自動参戦義務などを盛り込んだのが三国同盟である。「第三国」というのは具体的にはアメリカのことだ。つまり、この同盟によってナチス・ドイツがアメリカと交戦する事態になれば、自動的に日本もアメリカと戦争しなければならなくなったのだ。

天皇は近衛を呼んで「この条約は非常に重要な条約で、このためアメリカは日本に対してすぐにも石油や屑鉄の輸出を禁止するだろう。そうなったら日本の自立はどうなるか。こののち長年月にわたって、たいへんな苦境と暗黒のうちにおかれることになるかもしれない。その覚悟がお前にあるか」といった。近衛は恐れ入って退出した。

転換点になった三国同盟

三国同盟には最初海軍が猛烈に反対した。当時の海軍大臣は英米との衝突は避けるべきだという考えの米内光政で、彼は三国同盟に強く反対、陸軍と衝突した。また海軍次官だった山本五十六も反対し、「暗殺されそうな気配がある」というので水交社（海軍の親睦団体）にカンヅメになった。米内光政の次の海相・吉田善吾も陸軍に抵抗したが、とうとう病気を発症、辞任した。自殺を図ったともいわれている。

代わって登場した海相が及川古志郎大将。就任当初は三国同盟には慎重な態度だったが、突然賛成に転じてしまった。「他に案がないので賛成する」といい出したのだ。

結局、三国同盟は海軍も賛成に回ったため（山本五十六のみ反対）、昭和十五（一九四〇）年九月二十七日に調印された。米内光政はのち緒方竹虎に、

「米内光政海相、山本五十六次官の海軍が続いていたなら、徹頭徹尾反対しましたか?」

と聞かれ、こう答えている。

「むろん反対しました。でも、殺されていたでしょうね」

緒方竹虎は朝日新聞から政界に転じた人物である。

天皇の懸念どおり、アメリカは対日屑鉄禁輸(九月二十六日)に続き、対日石油輸出全面禁止に踏み切った(昭和十六年八月一日)。

陸軍はもちろん、海軍まで三国同盟に賛成したのは、ドイツ軍が破竹の進撃を始めていたからだ。強いドイツと一緒ならアメリカに対する頼もしい抑止力になる、という考えだ。ドイツは一九三九(昭和十四)年九月一日のポーランド侵攻以来、オランダ、ベルギー、ルクセンブルクに侵入、一九四〇年六月十六日にはフランスをも降伏させた。パリ陥落は二日前の六月十四日だ。

このドイツの勢いを見て、日本は昭和十五年七月二十七日、大本営政府連絡会議で武力行使を含む南進政策を決定、これを受けて同年九月二十三日に北部仏印(フランス領インドシナ)に、また翌年七月二十八日には南部仏印に進駐した。仏印というのは現在のベトナム、ラオス、カンボジアなどを指す。米、とうもろこし、ゴム、石炭、亜鉛、タングステンなどが豊富だからで、この後さらにイギリス領ボルネオ、オランダ領東インド、イギリス領マレー、同ビルマなどにも次々と進駐した。鉱物資源、ことに石油と屑鉄が狙いである。

いずれも宗主国がドイツに降伏しており、イギリスもドイツの勢いに押され大苦戦中。その隙を突いたもので、まさしく火事場泥棒である。日本はアメリカ領フィリピンへの進駐も狙っており、これに備えてアメリカは日本軍の仏印進駐と同時に「極東アメリカ陸軍（総司令官は当時中将のダグラス・マッカーサー）」を創設している。太平洋戦争開始はいよいよ秒読みになってきた。

近衛（昭和十六年七月十八日から第三次近衛内閣）は駐米大使・野村吉三郎をアメリカ国務長官のハルと交渉させ、ルーズベルト大統領との首脳会談を申し入れて何とか開戦を避けようとしたが、ルーズベルトはこれを拒否、ここに至って近衛は政権を投げ出した。昭和十六年十月十六日、総辞職したのである。なお、『ハル回顧録』（中公文庫）によると、第二次近衛文麿内閣の外相・松岡洋右と野村吉三郎のやりとり、また第三次近衛内閣の外相・東郷茂徳と野村吉三郎とのやりとりの暗号電報はすべて解読されていた。一方ではアメリカと平和会談を行ってアメリカの参戦を阻止し、他方で侵略計画を進めるという日本の作戦は筒抜けだったのだ。

ついに東條内閣誕生

そしていよいよ東條英機内閣が誕生する（昭和十六年十月十八日）。

東條英機を推薦したのは内大臣の木戸幸一である。木戸は明治維新の功労者・木戸孝允の孫で、内大臣として大きな発言力を持っていた。内大臣というのは天皇を補佐する宮内官で、元老や国務大臣と天皇の間の連絡を行うとともに宮廷の文書事務を所管、また元老に代わって重臣会議も主宰した。

近衛文麿は後継内閣の首班として皇族の東久邇稔彦《ひがしくになるひこ》を提案した。しかし皇族総理だと、もし戦争が起きると皇室が開戦の責任を問われることになる。そこで木戸はよく陸軍の人心を掌握している東條英機を推挽、天皇も同意して東條に大命が降下した。

昭和16年10月18日、東條内閣成立

しかし最初総理候補として名前の挙がった東久邇稔彦は十月十七日の日記でこんな懸念を示している。

「夕方号外で、東條陸軍中将に内閣組織の大命が降下したことを知る。私は、東條陸相に大命が降下したと聞いて、意外に感じた。東條は日米開戦論者である。このことは陛下も木戸内大臣も知っているのに、木戸がなぜ、開戦論者の東條を後継内閣の首班に推薦し、また陛下がなぜこれを御採用になったか、その理由が私にはわからない。私は東條に組閣の大命が降下したことに失望し、国家の前途に不安を感じる」（『東久邇日記』）

陸軍中将にして陸相だった東條は大将に進級したうえ首相と陸相を兼ね、さらに内相（内務省の長官）をも兼任した。内相兼任は治安対策のためだ。

啓介も東條への大命降下に反対している。重臣会議で啓介はこう述べている。

「近衛内閣を倒したのは陸軍なんだから、その倒閣に一役買った陸軍大臣に大命降下するのはどうかと思う」

しかし木戸はもう決めているらしく、それ以上いっても無駄だった。

東條は組閣後、形だけの「国策の再検討」を行ったうえ、十一月五日の御前会議で帝国国策遂行要項を決定した。十二月上旬を武力発動の時期と定め、並行してアメリカに対し甲、乙二案で交渉を進めるというもので、甲案は米国の太平洋全域、および中国における通商の無差別原則を認めること、米国が対独参戦しても日本は日独伊三国同盟によって自動参戦することはないこと、また日本は中国・仏印からなるべく速やかに撤退することを約束するもの。また乙案は日米両国が仏領インドシナ以外の東南アジアおよび南太平洋地域に武力進出しないことや両国の通商関係を資産凍結以前に戻すこと、米国は日本・中国の和平の努力に支障を与える行動を取らないことなどを提案している。

一応は譲歩案だが、しかし両案とも米国が呑む可能性はなく、事実上の戦争決定である。十一月二十六日、中国・インドシナからの日本軍の完全撤退、国民政府（重慶）以外の中国政府の否認などを求めた強硬なコーデル・ハル米国務長官の、いわゆる「ハル・ノート」が到着すると、これをアメリカの最後通牒とみなして十二月一日の御前会議で対米英蘭開戦を正式決定した。

その二日前の十一月二十九日、全重臣が天皇から御陪食を賜り、その後で時局について意見を申し上げたのだが、その前に政府と重臣との懇談があった。政府側は東條英機と閣僚数名、それに企画院総裁の鈴木貞一。重臣側は近衛文麿、平沼騏一郎、若槻礼次郎、広田弘毅、林銑十郎、阿部信行、米内光政、そして啓介の八名。内大臣の木戸幸一も出席している。

席上、東條は

「米国の通牒は到底受け入れられない。このうえは開戦しかない」

と発言した。

重臣たちはこれに対して各自意見を述べたが、はっきり開戦に反対したのは若槻礼次郎、啓介、米内光政の三人だった。若槻は石油の補給難を指摘して戦争遂行は無理だと説いた。啓介も軍の戦争準備についてしつこく質問した。秘書官の迫水に資料を見せてもらっていたので、細かい数字もすべて頭に入っていた。政府側の説明役は鈴木貞一だが、嘘ばかりいう。もし戦争を始めるとして一カ月間でどれくらいの船舶が消耗するのかと啓介が質《ただ》すと、十分の一ぐらい割引して答える。もちろん東條の指示によるもので、東條は重臣たちの顔を苦々しげに見ていた。問いつめられて政府も苦しい答弁をし、この会合はずいぶん時間がかかった。

十二月一日の御前会議はもう形だけのもので、天皇は無言だった。

「十二月一日に、閣僚と統帥部との合同の御前会議が開かれ、戦争に決定した、その時は反対しても無駄だと思ったから、一言も云わなかった」
（『昭和天皇独白録』）

太平洋戦争始まる

十二月八日、日本軍は真珠湾を攻撃、ついに太平洋戦争に突入した。しかし日本はまだ知らなかったが、同じ十二月八日、ドイツのヒトラーはモスクワ攻撃放棄指令を出している。独ソ開戦は同年六月二十二日で、勢いに乗るドイツ国防軍は十月二日にモスクワ総攻撃を開始した。だが十二月五日になってソ連軍が猛反撃に転じ、モスクワまで約三十キロにまで迫っていたドイツ軍が退却し始めた。八日になるとヒトラーはモスクワ攻撃放棄指令を出し、以降、後退に後退を重ねる。日本があれほど頼りにし、勝利を確信していたドイツが勝つ見込みはこれでまったくなくなった。この時点で日本の運命もほぼ決まったといっていい。

開戦の日の八日早朝、迫水久常は東京駅にいた。月曜の午前七時で、サラリーマンたちは勤務先に急いでおり、そのサラリーマンに早朝の号外売り子が「戦争！ 戦争！」と叫んで号外を突きつけていた。しかしほとんどの群衆は無関心で、号外を買った人でさえ、その意味がよくわからないようだった。迫水はすぐ日本橋兜町の東京株式取引所に向かった。

迫水は一カ月前に企画院の課長になったばかりだった。企画院というのは戦時経済の企画と推進に当たる内閣直属の政府機関である。迫水はこの日の午前二時に大蔵大臣の賀屋興宣に呼び出され、蔵相官邸に行った。賀屋の用件は、「開戦のニュースで今朝の株式は暴落する可能性があるので、どんな手段でもいいから株価が上がるようにしてもらいたい」というものだ。暴落すると、敵は日本国民が戦争を支持していないと考えるに違いないからだ。

取引所に着くと、迫水は理事長の藍沢弥八に面会、賀屋からのメッセージを伝えた。藍沢は「できるだけのことをやってみましょう」と返答した。藍沢の協力を得て迫水は取引所の重要メンバーを役員室に集め、株価を上げるための意見を聞いた。その結論は、取引所自身の発行している株式（「東新」といった）を買うこと。仲買人組合の組合長が「東新」二万株の買い注文を出した。

迫水は固唾を飲んで成り行きを見つめていたが、まもなく市場の一般的水準はがた落ちになった。賀屋の懸念が当たったのだ。

同日夕刻、迫水は少し後ろめたい気持で啓介の家に行った。

啓介はかねてから、迫水が他の文官官僚たちと同様に軍国主義者たちとだんだん緊密に連携するようになっているのが気に入らず、繰り返し「やつらに協力するな」といっていた。迫水はこんな事態になってようやく啓介が自分よりはるかに鋭く、そして深く軍部を見ていたことを知ったのだ。

迫水が啓介の家に着くと、迎えに出てスリッパを揃える女中が注意した。

「ご主人様は、ご機嫌が悪いようです。朝から一日中『馬鹿な奴だ！　馬鹿な奴だ！』とつぶやきながら行ったり来たりしていらっしゃいます」

啓介は迫水の姿を見て苛立たしそうに手を上げた。そして
「馬鹿な奴らめ、いまの内閣はこの国を壊そうとしている。天皇陛下に申し訳ない」

と怒鳴るようにいった。

流れを変えたミッドウェー海戦

以上はアメリカのジャーナリスト、トーマス・コッフィの『日本帝国の悲劇』で紹介されているエピソードである。コッフィは戦後、数十人の日本人にインタビューしてこの本を書き上げた。迫水もインタビューに応じた一人だ。開戦の日の啓介や迫水の様子がわかってすこぶる興味深い。

その啓介はこう回顧している。


「太平洋戦争は突然はじまってしまった。はじめのうちは勢いがよかった。一気にマレー、フィリピン、ビルマ、オランダ領東インドまでも占領し、国民を一応ほっとさせはした。シンガポールを日本が取ったとき、英国が和平交渉を持ちこんできたとか、このごろでもそんな話をす

る人がいるが、根も葉もないことだ。英国がそんなばかげたことをするはずもない。わたしは、不安ながら成り行きを傍観していた。無理な戦争でも、勝てればいい。勝てればそれに越したことはないんだが、しかし、だんだん無理の結果が現れてきた。ガダルカナルにアメリカが上陸して、日本はソロモンをめぐる一年の戦争でたいへんな消耗をしてしまった。わたしがいても立ってもおられなくなったのはそのころからである。これでもう、勝負はついたと思わざるを得なかった。すでに重要な攻撃武器である飛行機は、質量共に優劣が決定的となり、電探(レーダー)の登場によって日本海軍は得意の夜戦が出来なくなっている。潜水艦は補給船に使われて壊滅してしまい、潜水作戦もやれない」

(『岡田啓介回顧録』)

転換点になったのは一九四二(昭和十七)年六月五日〜七日にかけてのミッドウェー海戦。ミッドウェーはハワイの北西に位置する珊瑚礁の小島で、ここに米海軍の基地があった。ここを占拠して待っていれば、やがて真珠湾攻撃で辛うじて残った三隻の米空母が出てくるだろうから、それを叩こうというわけだ。そして最終的にはハワイを占領する計画だった。

しかし日本海軍の油断と怠惰があだになり、日本は大損害を受ける。暗号通信はアメリカにすっかり解読され、戦略目的、艦船の陣容、海戦日時まで知られていた。アメリカ海軍は三隻すべての空母を投入、日本軍を待ち伏せていたのだ。日本軍は待ち伏せされているとは夢にも思っていなかった。

日本の空母四隻とアメリカの空母三隻による激しい海空戦の結果、日本は四隻の空母(赤城、加賀、飛龍、蒼龍)すべてを失った。当時の日本には全部で九隻の空母があったが、うち三隻は商船を改造

ミッドウェー海戦。アメリカ軍の攻撃を受け炎上する加賀

した〝空母もどき〟で、正規の空母は六隻だった。そのうちの四隻が沈没してしまったのだ。また兵員三千五百名、飛行機二百余機（全機）も失った。一方のアメリカは空母一隻を失っただけだった。ミッドウェー海戦の大敗は一切公表されなかった。以降、太平洋戦争の作戦主導権はアメリカに移り、日本は一気に苦境に陥る。

その二カ月後、こんどはガダルカナル争奪戦が起きる。

ガダルカナル島はソロモン諸島（ニューギニアの東）南東部の火山島で、日本軍はここに飛行場を作ろうとした。その目的は、まずラバウルの基地を守ること。ラバウルはニューギニアに隣接するニューブリテン島にあり、日本軍は前進基地として航空部隊を進出させていた。そのラバウルを守るためにはさらに南の島に飛行場を作る必要があると考えたのだ。ガダルカナルならそのラバウルから約千キロで、航続距離の長い零式戦闘機（ゼロ戦）で守れる。もう一つの狙いは、ここに飛行場を作ることで、連合国軍の一員であるオーストラリアとアメリカ軍の間の輸送線を遮断することができる。あわよくばオーストラリアを兵糧攻めにできるかもしれない。

これにアメリカ軍が気づいた。日本海軍が飛行場を建設し始めたのを偵察機が発見、同年七月二日、攻略命令を出した。日本軍はここでも見通しを誤った。アメリカ軍（連合軍）が反攻するのは翌年、つまり一九四三（昭和十八）年以降だと見ていて、モッコとシャベルで悠長に滑走路を作っていた。超強力なアメリカ軍が上陸してきたのは八月八日。設営隊ばかりの日本軍はたちまち追い払われた。

アメリカ軍はブルドーザーを使ってあっという間に飛行場を完成させ、ガダルカナルは逆にアメリカ軍の一大拠点になってしまった。

日本軍はこれを取り返すため全力を投入するが、どうやっても奪回できない。ゼロ戦で対抗しようにもラバウルから千キロも離れているので、ゼロ戦はガダルカナルに着いたと思ったらすぐ引き返さなければならないのだ。米軍と交戦できる時間はわずか十分間だけだったというから、なんともばかげた話である。

日本軍は物資不足やマラリアなどの病気にも悩まされ、またソロモン海戦（ガダルカナル作戦における海戦）にも敗れ、戦闘開始から五カ月近く経った十二月三十一日、ついに撤退を決めた。両軍とも大きな損害を出したが、ことに日本軍は派遣部隊の三分の二を失い、戦死約八千二百人、戦病死約一万千人で、戦病死者のほとんどは餓死だった。

啓介が「いても立ってもいられなくなった」のも無理はない。

倒閣に知恵を絞る

当時、啓介の身辺には三人の縁続きの人間がいた。一人は長男の岡田貞外茂で、軍令部一部一課で作戦のことをやっていた。二人目は啓介の身代わりになった義弟・松尾伝蔵の娘婿である瀬島龍三で、当時陸軍参謀本部にいた（中佐）。そしてもう一人が企画院にいた娘婿の迫水久常だ。三人とも戦争の中心で動いており、毎月のように啓介の家に集まった。一緒に食事して話を聞いていると、詳しい戦争の進行状態が手に取るようにわかる。政府が高官に隠している損害まで啓介の耳に入ってくるのだ。

このまま戦争を続けていけば、日本は国力の最後まで使い果たして徹底的に破壊され、無惨な滅び方をしなければならない。勝負がはっきりついた以上、一刻も早く終結させる道を考えたほうがいい。手をこまねいてただ滅びるにまかせては不忠の至りではないか……。

どうすれば戦争を終わらせることができるか。啓介は最後の働きのつもりで知恵を絞り、方法を考えた。

終戦ということは、戦争を始めた内閣にはできないことだ。しかも東條のやり方を見ていると、口では戦争の終結を考えなければならないといいながら、実際はまるで方策を立てようとせず、戦争一本槍で突っ走っているだけだ。戦争をやめる方向に持って行くにはまず東條内閣を倒すことが第一歩だ。

啓介はそう考えて東條内閣打倒を決心した。


では東條をどういうふうに辞めさせたらいいか。東條だってむざむざ内閣を投げ出す男ではない。いまの時局に倒閣運動をやっても成功はとても覚束ないのだから、ここは東條が面目を失わずに首相の地位を去るようにしたほうが上策だ。

それにはたった一つしか方法はない。東條を参謀総長に転出させることだと啓介は思った。啓介は迫水を木戸幸一内府のところへ使いに出した。東條を推薦した木戸を動かそうとしたのだ。迫水はじかに木戸に面会を求めるのもよくないだろうと、有馬頼寧伯爵に手引きしてもらい、昭和十八年八月八日、荻窪の有馬邸で木戸と昼食を共にすることになった、有馬は先に紹介したように、戦後、中央競馬会の理事長になった人物だ。

迫水は啓介にいい含められた通り、まず東條内閣を批判し、次いでこう木戸に持ちかけた。

「戦局がますます重大になってきた今日、もっとも大事なのは国内の政治よりもむしろ軍の作戦指導です。極端にいえば首相は誰でもいいが、参謀総長には相応の人がならないといけない。だからこの際、東條を参謀総長に転任させて戦争のことを専門にやってもらい、国内政治は適当な人を首相にしてやらせたらいかがでしょうか」

木戸の答えはこうだった。

「内大臣というのは鑑のようなもので、世論や世間の情勢を映してそのまま陛下にお目にかける役目をするものだ。自分自身の意見で動いてはならんし、世論を自分の感情でゆがめて陛下にお伝えするのも慎みたい。だから東條の件についても、その意見もよくわかるが、個人的な意見だけでは自分にはどうにもならない。もし世論が東條内閣に反対だということになったら、そのときは陛下にお取り次ぎする。自分はあくまでも東條内閣を支持するつもりはない」

これを聞いて迫水がこう切り込んだ。

「世論というのはどんなものなのでしょうか、もし新聞の論調が世論だとすれば、新聞は検閲制度で口を封じられているので、正確な世論の反映だとはいえないし、議会だっていまは翼賛政治です。たとえ内心東條に反対している者がいても、表に出せる状況ではない。そうすると形の上で世論というものは現れてこない。国民の心の中に、いわず語らずのうちに涌き上がっている気持を取り上げて世論と見なすわけにはいかないんでしょうか」

するとと木戸内府はこんなことを口にした。

「世論というものは、そういう形の上のものばかりではあるまい。たとえば重臣たちが一致してあることを考えたとする。それもひとつの世論ではないか」

帰ってきた迫水の報告を受けた啓介はハタと膝を打った。これはいい暗示だ。重臣の意見をまとめることがひとつの世論を作ることになるのだとすれば、東條を退かせる方法としては今のところもっとも有力で、かつ簡単だ。啓介はまずこの方法で押してみようと準備を始めた。

重臣たちが東條を詰問

啓介は、「国家多難な折、重臣たちもたまには集まって意見を交換し、かつ政府に対しても思う存分いってみたらどうか」と近衛文麿、平沼騏一郎に図り、この三人の思いつきということにして重臣一同に相談したらみんな賛成した。第一回目の会合には「日夜苦労している東條を呼んで政局に対する考えを聞く」ということで話をまとめ、三人の連名で招待状を出した。昭和十八年十月のことだ。

東條は「喜んで出席する」と返事はしたものの、「自分一人ではご意見を聞いたり話をしたりするのに差し支えるから、少なくとも大本営、政府連絡会議に出席する閣僚を同伴して伺う」という。それでは東條を真ん中に座らせて大いに意見をいってやろうという計画が崩れてしまうので、「そんな大勢でも困るから、ぜひ一人でお越しいただきたい」と再三申し入れたが、なにかキナ臭いものを感じたのか、「たったひとりで来いというのなら断る」といってきた。やむなく「ではそれで結構です」

ということで、東條は手勢を率いて出席、話もお座なりのものになってしまった。

翌月には東條と閣僚たちがお返しの懇談会を開き、またその次は重臣側が東條たちを呼ぶというようにして五カ月経った昭和十九年二月、ついにチャンスがきた。重臣側の催した懇談会に東條が一人で現れたのだ。重臣たちは、このまま東條にやらせておいたら日本は大変なことになると意見が一致していたので、これを逃してはならぬというので、みんなで手厳しく東條に迫った。啓介の表現を借りると「みんなで東條に匕首を突きつけた」のだ。みんな存分にいいたいことをいったが、いちばん痛烈だったのは若槻だった。

「政府は口では必勝を唱えているようだが、戦線の事実はこれと相反している。今は引き分けという形で戦争が済めばむしろいいほうで、実際はそれも危ない。こうなれば一刻も早く平和を考えなければならないのに、むやみに強がりばかりいって戦争終結の策を立てようともしない。いったいどうするつもりか」

東條は「そんな手だてではない」と苦い顔で答えていたが、これがきっかけで情勢が動き出した。東條が重臣にいじめられたという話をみんな嬉しがって聞き、やがて議会のうちにも反東條の空気が濃くなってきた。それまでは議会で東條が登壇すると拍手がわいたものなのに、誰も拍手しなくなった。

東條は「これはまずい」と判断したのだろう、すぐ手を打ってきた。国防と統帥との緊密化を図るという名目で、自ら参謀総長も兼任する工作を開始、杉山元・陸軍大将に参謀総長を勇退させ、昭和十九年二月二十一日、天皇より参謀総長に任命されたのだ。大日本帝国憲法第十一条には「天皇ハ陸海軍ヲ統帥ス」とあり、軍を統帥するのは大元帥である天皇である。その天皇を補佐する幕僚長は陸軍では参謀総長、海軍では軍令部総長だけで、内閣も国会も軍隊を動かしたり止めたりはできない。

そこで東條は自ら参謀総長になることで陸軍を自在に動かせるようにしたのだ。

これで東條は首相として国政を、陸軍大臣（就任は昭和十六年十月十八日）として陸軍軍政を、さらに参謀総長として作戦をそれぞれ担う三つのポストを一身に集めて独裁体制を固めてしまった。東條は昭和十八年十一月一日に軍需大臣（初代。兵器生産を司る）も兼任しているから、正確にはこの時点で四職兼任である。史上空前の権力集中で、室町幕府初代将軍の足利尊氏《たかうじ》になぞらえ「東條尊氏」という者もいたほどだ。同時に嶋田繁太郎海相も軍令部総長（昭和八年に海軍軍令部長を改称）を兼任した。昭和十九年二月二十一日のことだ。首相と参謀総長を切り離すという啓介の目論みは失敗してしまった。

しかし、思わぬ効果もあった。行政権の長である首相、陸軍軍政の責任者である陸軍大臣、さらに軍令の長である参謀総長の三職兼任は統帥権干犯ではないかとの意見が陸軍内、右翼、皇族の一部から出てきたのである。東條にとっては逆風である。

そのころ米軍はソロモンを越えてマーシャル群島（北西太平洋・ミクロネシア東部に散在する島々。現在のマーシャル諸島）を制圧、駐留していた日本軍は全滅した。またトラック諸島にも米軍は大空襲を行った。日本はもはや破局寸前だった。

竹槍事件

東條が三職兼任を発表した二日後の二月二十三日、東條を激怒させる「竹槍事件」が起きる。同日付『毎日新聞』が一面で大きな政局解説記事を載せたのだ。同記事はまず「勝利か滅亡か」という大見出しに続き「戦局は茲《ここ》まで来た、眦《まなじり》決して見よ、敵の鋏状侵冠」という中見出しで、連合軍がマーシャル群島からトラック島へと内南洋を目指す線と、ソロモン、ニューギニアからラバウルを狙う線との二つの鋏状作戦を展開している状況を述べ、日本の絶対的防衛線が危機に瀕していることを訴えた。

次いでその左の大きなスペースでは「竹槍では間に合わぬ、飛行機だ、海洋航空機だ」との大見出しの記事で、太平洋での戦闘で戦闘機の消耗が激しく、このままでは敗北必至だと説いたのだ。

実際、陸軍は本土決戦を竹槍でやるんだといい始めており、各地で竹槍訓練が実施されていた。その非近代性を批判されたとして怒り心頭に発した東條は、大本営の松村秀逸報道部長（少将）に「筆者と毎日新聞に断固たる責任を取らせろ」と厳命した。こうして毎日新聞の責任追及が始まり、高田元三郎編集総長が内閣情報局に呼び出された。松村少将は記事の筆者である新名丈夫記者の厳重処分、即時退社を要求したが、高田総長は断固これを拒否した。新名記者は責任上、吉岡文六編集局長に進退伺いを提出したが、吉岡はそれを突き返し、反対に特賞の金一封を出した。その際の吉岡局長の言葉はこうだった。

「東條！　彼は陸軍大将ではない。伍長だ。ヒトラーも伍長だったが、東條は伍長も伍長、憲兵伍長だ！」

その東條の怒りはすさまじく、毎日新聞は存亡の危機にさらされた。新名記者は死ぬ覚悟で記事を書いたが、毎日新聞が潰されるとなると、他の社員にも累が及ぶ。新名が悩んでいたとき、ある老社員が新名に近づき、意を決したように話しかけた。連絡部あたりで地味な仕事をしている人で、名前は知らなかった。

「新名さん、元気を出してください。言論機関が任務を果たすことができないというのなら、社は潰れてもかまわないのです。社が潰れて、私たちは妻子を抱えて路頭に迷うかもしれない。しかしそれでもいいのです。私たちは工場でもどこででも働きます。どうか大いに元気を出してください」

新名は涙を流して礼をいった。

新聞人の烈々たるスピリッツが、平素は地味な、目立たぬ仕事をしている人たちの間に生きているのだ。

「東条大将は絶対的な権力を手にし、暴虐をほしいままにした。だが、ついに重臣が立ち上がった。二・二六事件以来雌伏していた岡田啓介海軍大将が東条打倒を決意し、ひそかに重臣（元首相の地位にあった者）に働きかけた」（新名丈夫著『沈黙の提督　井上成美　真実を語る』新人物往来社）

岡田啓介が立ち上がる経緯は後に詳述する。

一方、筆者の新名丈夫記者には懲罰として指名召集がかけられた。天皇の名前で国民を兵役に就かせるのが「召集」で、この指名召集は東條の常套手段になっていた。この記事を書いた八日後に新名記者に召集令状が届いた。

新名記者はガダルカナル撤退戦に従軍した経験があり、前線の死闘を知っていた。トラック環礁のこともわかっていた。トラックこそ日本海軍の真珠湾で、海軍が三十年間にわたって練ってきた「西太平洋に迎え撃つ」という太平洋作戦は、この南洋群島に米艦隊を迎え入れ、艦隊と基地航空兵力で敵を撃滅しようというものだった。トラックのことは軍事機密で、国民には知らせていなかった。そのトラックのことも新名ははっきり書いたので、読者にも初めて太平洋戦争の実態と戦局がわかったのだ。

新名記者に同情した海軍は、報道班員としてパラオ（北太平洋・カロリン諸島西端にあり、当時は日本の委託統治領）に送ってしまおうとしたが、陸軍の召集令状のほうが一歩早く、結局新名記者は四国の丸亀連隊に入隊させられた。当時、同じ連隊にいた井沢淳（のち映画評論家）によると、新名の身上調書には赤丸がついていたという。生きて除隊させないという人事係の符合だった。

海軍の工作もあって三カ月後に召集解除になったが、陸軍の再召集があるだろうというある陸軍幹部の忠告があり、毎日新聞は先手を打って新名記者を海軍報道班員としてフィリピンのマニラに送った。

謎の海軍乙事件

この「竹槍事件」の一カ月半後、啓介は古賀峯一・連合艦隊司令長官戦死を知らされ大きなショックを受ける。

当初海軍が新名記者を逃そうとしたパラオが三月三十日に大空襲を受けたため、当時パラオにいた連合艦隊司令部はダバオに移動しようとした。長官・古賀峯一以下の連合艦隊司令部が乗った二式大艇（輸送機）は夜間に離陸、そのまま消息を絶った。

この事件は「海軍乙事件」と呼ばれる。前年（昭和十八年）起きた山本五十六長官戦死の「甲事件」

に続くもので、二人の連合艦隊司令長官が相次いで戦死というのでは国民の戦意にもかかわるとして、古賀峯一長官の死は「殉職」とされた。「戦死」ではないというわけだ。海軍乙事件は不可解な部分が多い事件で、古賀峯一長官はアメリカ軍の捕虜になったという指摘もある（詳しくは後藤基治著『捕虜になった連合艦隊司令長官』参照）。

ともあれ、古賀はロンドン海軍軍縮会議問題で山梨勝之進、堀悌吉らとともに条約調印にこぎつけるため一緒に働いた仲間であり、啓介は悲報を聞いて思わず腰を浮かした。啓介に古賀の死を知らせた高木惣吉少将の日記（四月八日）にはこうある。高木は当時、海軍全般の教育を統括する教育局の局長だ。

「『それは大変だ。年寄りもこうしてはおられん。一体どうすれば善いと思うか』と畳みかけた真剣な大将の態度には頭が下がると同時に、凄みを感じさせるものがあった」

高木はこのあと堀悌吉にも知らせている。海軍を追われた堀は、このとき浦賀ドックの社長をしていた。堀は「そらああんた、もう駄目じゃないか」といつもの無造作な口調だったが、眼鏡の奥には光るものがあった。三人兄弟のようにしていた山本五十六、古賀峯一両大将を戦死させた堀の心中を察し、高木も胸が熱くなったという。

「こうしてはおられん」と高木にいった啓介は、すぐさま次の策を立てた。軍令部総長を兼ねている嶋田繁太郎海軍大臣を辞めさせようというのである。

東條にべったりの嶋田が閣内にいれば、海軍が独自の立場から事に処していくことはできない。同時に、嶋田を海軍大臣の座から退かせれば東條の独裁体制を崩すことができる。さらに、後任海軍大臣の任命について海軍が東條内閣に不協力態度を取れば、内閣は潰れる。仮に後任を出しても、その機会に海軍大臣が軍令部総長を兼任するのを改めることも可能だ。陸軍側の東條も、自分だけ兼任しているわけにもいくまい。

そこで啓介は、その用意として米内光政の現役復帰を考えた。ただ、海軍には米内光政の流れと、もう一つ末次信正の流れがあるので、バランスを取って末次も現役に復帰させたほうがいいという意見が周囲から出てきた。つまり米内を海相に、末次を軍令部総長にするという案だ。問題はこの二人の仲が悪いことだった。会ってもお互いにそっぽを向いて話もしないのである。

地獄のインパール作戦

啓介は慎重に事を運んだ。東條は、この時局に倒閣を策すのは敗戦主義者であるとして、実に熱心に、また意のままに憲兵を使って啓介たちの動きを見張っている。現に前年の十月二十一日にはジャーナリストであり政治家の中野正剛が倒閣の容疑で検挙され、六日後の二十七日、憲兵隊から釈放された直後に割腹自殺している。知り合いの青年に中野が「日本は負ける」といった〝らしい〟、というだけの理由で検挙されたもので、中野の逮捕に東條は溜飲を下げた。啓介の身辺も、いつも憲兵に見張られていた。

藤山愛一郎（実業家・政治家）が邸宅を提供してくれたので、六月二日、啓介と米内光政、末次信正の三人はそれぞれ別の時間に藤山邸から離れたところで車を降り、憲兵の目に触れないようにして落ち合った。啓介が「この際、日本のため仲直りしてくれんか。今やもう非常な事態に立ち至っているんだ」といったところ、二人は「国を救うため、一緒に力を尽くそう」とわかってくれたので、啓介はホッとした。

次いで啓介は伏見宮殿下に会った。伏見宮は嶋田繁太郎をかねてから可愛がっており、その同意を得たうえで嶋田海相の辞職工作を進めたほうがいいと思ったのだ。殿下のところへ行き、「今はもう嶋田が辞めて海軍の空気を一新する時期に立ち至っているように思われますが……」と申し上げたところ、殿下は「そうもあろう。私から嶋田にいうことにする」との返事だった。

意を強くした啓介は木戸幸一内府にも会い、自分の考えを述べたところ、木戸は「いちおう東條の耳にも入れておこう」といい、赤松秘書官（東條の秘書）を呼んで伝えさせた。赤松は東條の機嫌のいい時に伝えようとしたが、とうとういわずじまいだったようだ。伏見宮の同意があったので、次に啓介はじかに嶋田海相に会った。六月十六日の午後五時半から六時十五分ぐらいまでの会談だった。

啓介が「米内と末次を現役に復帰させる。同時に海軍大臣と軍令総長の兼任を解いて、海軍大臣は、後任に譲ったらどうだ」と説いた。嶋田は「いま海軍大臣を辞めれば内閣をつぶすことになる」といい、断った。その日は物別れになった。

戦局はどんどん悪化してゆく。六月十五日には米軍がサイパン島に上陸、翌十六日には中国基地から飛び立ったB29が初めて北九州を空襲、十九日にはマリワナ沖海戦で敗北、空母の大半を失った。一方、陸軍のインパール作戦も地獄のような様相になってきた。

インパールはビルマ（現在のミャンマー）に接するインド東端にある都市で、ここを攻略しようとしたのがインパール作戦だ。アメリカ、イギリス、ソ連が蔣介石中華民国を軍事援助するための輸送路（「援蔣ルート」）を遮断する、という名目で始められた。一九四一年一月、日本軍はイギリス領ビルマに侵攻、制圧した。イギリス軍はインドに敗走したが、やがて態勢を整えて反撃、ビルマ奪還を目指した。

そこで大本営はビルマ防衛を強化するため新たにビルマ方面軍を新設した。司令官は河辺正三で、その隷下《れいか》の第十五軍司令官に昇進したのが東條の子分である牟田口廉也中将。インパール作戦はそもそもこの牟田口が提唱したものだ。牟田口は後方支援、補給をまったく考えずに「五十日間で落としてみせる」と豪語して作戦を推進した。本来の仕事はビルマの防衛だったのだが、不人気になってきた東條政権のため、ひとつ大きなことをやって国民の信頼を取り戻そうという政治的判断でむりやり作戦を強行した。ビルマからインドに入るには峨々たる山脈を越えて行かなければならない。補給がないため、兵隊は次々に飢えて死んでゆくのだが、牟田口は作戦をやめない。結果的に日本軍は参加兵力約八万五千人のうち三万人を失って雨期の土砂降りの雨の中、敗走に敗走を重ねた。その後ろからイギリスとインド連合軍の戦車が追うという、まさに歴史的敗北だった。

「河辺も牟田口も、飢えてどんどん死んでゆく兵隊、その死体が山のようになっていくことを知っていました。置き捨てられた死体をネズミが食い、目の玉をかじる。負傷兵の上をイギリス・インド連合軍の戦車がばく進してゆくことも知っていながら、作戦中止を言わなかったのです」

（半藤一利『昭和史』平凡社）

東條英機暗殺計画

大本営が作戦中止の命令を出したのは同年七月四日だった。

インパールで兵士たちがばたばた倒れている最中の六月二十五日、啓介の家にただならぬ表情で高木惣吉少将がやってきてこう切り出した。

「岡田閣下はじめ先輩の皆様が実に一方ならぬご尽力をして頂いていることは、我々の大いに感激しているところですが、大臣は依然として省都の顕職を壟断《ろうだん》してオベッカ使いやお茶坊主に取りまかれながら敗戦行進曲を続けておる現状は到底座視することはできないと思います。すでに戦局を憂う課長級は動いていますし、第一線の空気はさらに険悪です。

私どもがいかに閣下方のご苦心を取り次ぎましても、事実が具体的に現れなければ彼等を抑えることは不可能です。海軍の伝統も国家の興廃には代えられぬし、また負け戦をしても、部内編成だけ保っておけばいいということもないと思います。これからはあるいは閣下方の非常に遺憾にお考えになる事態が続発すると想像しますが、それはお許しを願いたいのであります」

要するに東條を暗殺する、というのである。啓介は驚いてこういった。

「それはとんでもないことだ。いまわれわれは湊川の大楠公の心境で善処しなければならない時だ。たとえ多少思い通りに事が進まなくても、決して軽挙すべきではない。いま事を誤れば大変な結果になる」

「大将のお言葉ですが、私には大楠公の真似はできません」と返答する高木を、眼光炯々、鋭く睨みつけた啓介だが、その額は汗ばんでいた。啓介は重ねて自重を説き、

「もし真にやむをえず何かやるときは必ず私にいってからやってくれ」

と高木を送り出した。

よほど心配だったのか、翌日、高木の勤務先である目黒の教育局に迫水がやってきて、

「楠公の真似なんかせん、とあなたがいったとかで、親父は心配してますよ。なんでも昨日は鈴木（貫太郎）大将と高松宮に伺候したり、一人で伏見宮や木戸さんのところに行ったり、昨日、今日忙しそうです。高木少将に会って『もしなにかやるようだったら事前に俺に話してくれ』と伝えるよう、くれぐれも頼まれました」というと、高木は「承りました。必ずそうします」と返事した。

啓介が反対したのは、テロはダメだということのほか、もし東條がケガでもすれば陸軍は黙っていないだろうからだ。海軍と陸軍が正面衝突し、内乱状態になる可能性もある。そうなれば日本はもっと惨めな敗戦を迎えるだろう。懸命に東條を辞めさせる工作をしているのに、それもぶち壊しになってしまう。だから「とんでもないことだ」と反対したのだ。

高木惣吉の啖呵

ここで高木について少し説明しておく。

高木は熊本出身の海軍軍人で、海兵は四十三期。啓介の二十八期後輩である。海軍大学は二十五期で首席だった。一時病気（喀血して肺尖カタルと診断された）で待命となったが、快復するとすぐ中佐

に進級（昭和八年十一月）、同時に海軍大学の軍政教官に補職された。山本五十六や古賀峯一両大将も経験したポストで、高木はそれほど優秀だったわけだ。

軍政教官として才を認められた高木は、次に海軍省臨時調査課課員兼軍務局局員を拝命する。海軍大臣の議会対策を補佐するのが彼の任務で、昭和十二（一九三七）年二月に米内光政が海軍大臣に就任すると官邸に泊まり込みで議会答弁資料を作成、米内は紛糾した国防予算審議を乗り切った。高木は同年十二月一日に海軍大佐になっている。

その後、太平洋戦争が始まり、教育局局長の発令があったのは昭和十九年三月。高木は少将になっている。すでに戦況は悪化の一途をたどり、嶋田海相や東條首相に対する批判の声が大きくなっていた。ここに至って啓介同様、いても立ってもいられなくなり、もはや政権交代かテロでしか局面は打開できないと考え始めた……。

高木が東條英機暗殺を計画するまでの経緯は以上のようになるが、啓介に打ち明けて反対された三日後の六月二十七日、高木は海軍次官の澤本頼雄（大将）から呼び出しを受けた。本省の次官室に赴くと、澤本がこんなことをいった。

「最近、岡田大将のところへ教育局の少将がよく出入りしていると聞くが、教育局で少将といえば君しかいないと思うが」

高木はこう答えた。

「事実ですが、私が出入りするのは最近のことばかりではありません。東京にいたら少なくても月に一回くらいは岡田大将を訪問します」

澤本次官はこれに対し、

「政局に関し、いろいろと流言が飛ぶこの際だから、もし君が岡田さんのところに行っているなら、李下の冠、瓜田の履《くつ》ということもあるから、なるべく往復しないようにしたほうがいいと思う」

この後が高木らしい。こういったのだ。

「ありがとうございます。以後、注意しましょう。しかし、もし私に東條に好意を持てという意味でしたら、私にはできません。私は海軍に身を置いてきましたから、どんな事態になっても海軍に弓は引きません。しかし東條内閣を庇護せよといわれることになりますと、ここでクビになったとしてもお断りします」

「それはどういう訳かね」

と、澤本。高木はこう啖呵を切った。

「戦局は日に日に行き詰まり、このままでは国民は政府の失政を転嫁して国体に疑いを挟むようになる。このまま推移すれば、平氏が安徳天皇を奉じてついには壇の浦に落ちたように、東條は皇室を負うて亡国の道行きをする恐れがあります。彼は自惚れが強すぎ、自己反省が足りない。こういう人には、たとえ命令されても好意は持てません。ただし、次官からこのように注意される以上、何か根拠があってのことだと思います。大臣、次官にご迷惑がかかるようでしたら、存分にご処分ください。ただし私は東條には同調できないことをはっきり申し上げます」

結局、物別れに終わったのだが、澤本が東條首相、嶋田海相にいわれて高木を呼び、啓介との関係に探りを入れたのは明白だ。啓介はもちろん、高木にも憲兵が張り付いており、日常的に監視されていた。不穏な動きをする高木のバックには啓介がいるのではないかと疑っていたのである。

東條と直接対決

高木が澤本に呼ばれた同日の六月二十七日午前十一時、啓介のもとに赤松総理秘書官がきて、「ご迷惑ながら総理に会ってもらえませんか」という。承知して午後一時四十分頃総理官邸に乗り込んだ。いよいよ東條と直接対峙する機会が訪れたのだ。啓介は閣議室の隣にある応接間に通された。果たし合いに臨むような気持だった。

双方、しばらく無言だったが、やがて東條が

「閣下」

と呼びかけた。以下、二人のやりとりを再現してみる。

東條　閣下は海軍大臣に辞職を勧告されたそうですが、そういうことは総理にあらかじめ了解を求めてくださるのが穏当かと存じます。内閣に対して遺憾なことだったと思われますが……

岡田　いや、言葉を返すようだが、私は閣下に断りなしに勧告した覚えはありません。先に木戸内大臣に会見の際、内大臣から閣下の秘書官赤松大佐にも伝え、総理の耳に入れておくよう話をしてあるはずです（東條は意外そうな顔をした。赤松はまだ東條に話していなかったのだ）

東條　この多難な時局に際して、そういうことをなされては、閣内に動揺をきたすことになるので、はなはだ困ります

岡田　こういう際だから、嶋田海軍大臣がその職にとどまっていることは国のためによろしくないと

考え、そのような勧告をしたわけです。とにかく嶋田ではもう海軍部内は収まらぬ。今の状態では、ますます悪くなるばかりです。閣下もよくお考え願いたい。私は政府のためになるようやっているのです

東條　ではなぜ、宮殿下までわずらわすようなことをするのか。海軍大将を更迭させることは内閣を不安定にする結果となります。重大な時期に政変があっては国家のためによろしくありません

岡田　私は嶋田を代えたほうがいいと思う。このままでは海軍は収まらないし、戦争もうまく行かない。また世間も収まりません。結局、東條内閣のためにならないから、ぜひ考慮していただきたい

東條　お慎みにならないと、お困りになるような結果を見ますよ。戦争のことをいわれるが、サイパンの戦いは五分五分と見ている

岡田　それは意見の相違である。私は私の考えを捨てません。これ以上はただ繰り返しになるが、重ねて嶋田は代えたほうがいいと思っている。ぜひ考慮願いたい

東條　できません！

両者の話し合いはおよそ三十分間だったが、それこそ真剣での斬り合いのようだった。東條はそれでも玄関まで送ってくれたが、歩きながら啓介はまた嶋田を代えるべきだと繰り返した。東條は怒ってとうとう返事をしなかった。ついに物別れである。啓介があとで聞いたところでは、その場から啓介を憲兵隊に拘引しようと考えた者も周囲にいたらしい。

総理秘書官の赤松貞雄はこの日、他の公用で外出しており、帰ってきてから東條首相に岡田大将との会見の模様を聞いたところ、東條はすこぶる不機嫌で、「赤松は確実に本日の会見趣旨を岡田大将

に伝達したのか」と赤松秘書官を詰問した。赤松は啓介に面談の約束を取り付けた際、首相に会ったら嶋田海相排斥の策謀を陳謝し、今後は自重して策動と疑われるような行動をしない旨を東條にはっきり申し述べてほしいと頼んでおり、啓介も「よしよし、承諾したよ」といっていたのだが、実際は啓介がこの機会をとらえて嶋田海相の更迭をさらに激しく東條に迫ったことを聞き、赤松は驚いている（赤松貞雄著『東條秘書官機密日誌』文藝春秋）。

啓介はやはりタヌキだったのだ。

同日、嶋田も伏見宮から呼び出され、殿下から「もうお前も海軍大臣を辞めては」といわれている。嶋田は即座にお断り申し上げ引き下がったが、明くる日になって再び宮邸に赴き、「殿下がここにいらっしゃると政治問題に利用されることになって、面白からざることになります。しばらく熱海のご別荘においでになっていただきたい」と勧告して引き下がった。勧告というより脅迫というべきか。やむを得ず伏見宮は熱海に引きこもった。

それから八日後の七月四日、とうとう大本営はインパール作戦の中止命令を出した。さらに七月七日には「絶対防衛線」といわれたサイパン島の守備隊が全滅、もはやこの戦争での勝利はまったくないことが明らかになった。サイパンでの戦死者約三万人、市民も一万人が死んだ。この時点になると、嶋田は海軍の現役・予備の大将会でサイパンを失った後の作戦について聞かれても答えられない。陸軍側でもいよいよ東條ではどうにもならないとの声があちこちから起こり始め、ただならぬ空気になってきた。焦った東條は嶋田と相談し、七月十三日、木戸内大臣を訪ねた。内閣強化策について相談し、力を借りようとしたのだ。

東條内閣、総辞職

ところが木戸の返事は東條にとって予期せぬものだった。木戸はあべこべに①総理と大臣を切り離して統帥を確立させる②海軍大臣を更迭する③重臣を入閣させて挙国一致内閣を作るという三条件を示した。驚いた東條は「いったいそれは誰の案ですか」と聞いたら、木戸は「陛下のご意志である」という。それでも信じられなかった東條は、翌日の拝謁の際、陛下にお聞きすると、まさしく木戸のいうとおりだった。これで東條は嶋田海相を更迭させるほかなくなった。啓介の狙いどおりの展開になってきたのである。

東條はまた、木戸の出した条件に従い、重臣を入閣させて内閣を補強しようとした。これこそ啓介が待っていたチャンスだった。重臣を入閣させようとすれば、ポストを空けるために閣僚の誰かが辞表を書くことになる。東條はいったい誰を辞めさせようとするだろうか。

東條英機首相と岸信介国務大臣

啓介と迫水が話し合い「岸信介国務大臣だろう」と見込みをつけた。岸は国務大臣だが無所任で、もっとも辞めさせやすいからだ。

しかも前述したように、東條首相は昭和十八（一九四三）年十一月一日、軍需省を創設した。軍需生産、ことに航空機の生産増大を目的にそれまであった商工省と企画院を統合して作った省庁で、初代の軍需大臣には本来、商工大臣だった岸信介が任命されるはずだった。

しかし東條が自ら軍需大臣を兼任したため、岸は無所任の国務大臣に降格され、しかも国務大臣でありながら軍需省次官にされてしまった。完全な東條の部下という扱いで、おそらく岸は東條に対して含むところがあるだろうと推測したのだ。さっそく啓介は迫水を岸信介のところに行かせ、「東條はどうしても閣僚の空席を作らなければならない。きっと君のところへ辞めてくれといってくるはずだ。岡田も君のがんばりに期待しているし、ひとつ力になってほしい。辞表を出せといわれても断ってくれ」と説得したら、岸も東條には反感を持っているらしく、承知してくれた。「辞めさせられる理由はどこにもない。もし辞表を出せといってきても断る」と岸はいったのだ。

はたしてあくる日、そのとおりのことが起こった。深夜、東條の使いとして星野直樹・内閣書記官長が現れ、内閣を強化するため退いてほしいと申し入れてきたのだ。岸は「返事は直接総理にする」と星野を帰して総理官邸に行き、きっぱり辞職勧告を断った。憲兵も出てきて岸を脅し、辞職させようとしたが岸は頑強に抵抗、ついに承知しなかった。

七月十七日、重臣たちは平沼邸にひそかに集まり、重臣は一人も入閣しないことに決め、東條内閣不信任の態度をはっきり表明した。東條は米内光政がキーマンだと見て、入れ替わり立ち替わり人を送って米内を口説いたが、米内は応じなかった。重臣たちは「この際、内閣改造ということは、多難な時局の前途に対してなんの効果もない。国民全部の心をつかんで道を切り開いてゆく強力な挙国一致内閣の登場が必要である」との文書を作り、啓介はこれを携えて赤坂にある木戸の私邸を訪ねた。経緯を説明すると、木戸はまったく反対しなかった。重臣たちの作った文書は必ず上奏してくれるという。

啓介たちの動きを東條が知ったのは十八日の夜明けだった。さしもの東條もこれで身動きできなくなり、同日、ついに総辞職した。東條を退陣させて国難に新局面を開こうと啓介が決心してから一年あまり経ったことになる。

また総辞職によって高木惣吉も東條暗殺を決行しなくてすんだ。高木はのち、こう反省している。

「私は廃人に近い病弱の体で、一切の責めを引受ける気でいたが、それも甘い一方的な判断で、必ず多くの同志を殺人謀議で連座させたことと思う。五・一五や二・二六事件を冷笑したものが、時局にのぼせて年がいもなくバカな計画をしたものと、これまで一切発表しなかったが、東條内閣倒壊の二十周年を迎え追悼と懺悔の心で告白したわけである」(『文藝朝日』昭和三十九年九月号)

なお、高木惣吉とは別の東條英機暗殺計画もあった(陸軍の津野田知重少佐が計画)が、これも総辞職で流れた。

その高木惣吉は啓介の終戦工作についてこんな感想を述べている。

「同じ外交畑にあっても、重光(重光葵)の終戦工作と東郷茂徳の悪戦苦闘したのと較べて、(岡田を)正しく評価すべきである。陸海軍、政府、宮中、重臣層、これらの諸機構にそれぞれ適正なる方向づけを与え、そこから大切なキー・ポイントを摑み出すといった現実的な芸当を巧みにやる、といったことは容易のことではない。米内大将の業績は実に赫々たるものがある。米内は日露戦争のときの東郷元帥の立場にある。しかし、米内をして日露の東郷の如き地位に就かしめたのは岡田大将である。岡田は昔の山本権兵衛である。それに、陸軍という厄介千万のものを向こうに廻して、これと対決する。それには、単なる智恵とか、単なる国家を憂うる気持だけでは駄目である。人を動かすに足る策略と、身命を捨てた度胸がまず必要である。しかも、陸軍という組織に対抗するためには、こっちも組織がいる。それには『海軍』という組織をもってするが、海軍だけでは、政治力において、陸軍に対抗し得ない。そこで海軍に加うるに、重臣層、宮中、政府の一部の努力を併せ、これを一丸として対抗せしめる。これらの政治力を一つに結集する、ということは、あの当時としては容易ならぬ神業である。この厄介な仕事を、時機を見つつやってゆく、あるときは極めて慎重に、あるときは非常に大胆にやる。これは岡田にしてはじめてなしうるところ、今黙って考えてみて、よくもあれだけのことをやりおおせたものと感嘆する」

（『岡田啓介』岡田大将記録編纂会）

また有竹修二著『昭和の宰相』にはこうある。

「嶋田海相を退け米内、末次の二人を海軍の中枢に戻そうという東條内閣打倒の第一石を投じてからの岡田の働きは鬼神のようであった」

長男・貞外茂の戦死

東條内閣が倒れ、小磯国昭内閣ができたのは昭和十九年七月二十二日。戦争に対する批判を強めるかと期待されたが、小磯はただ有頂天になっただけで連合軍の攻勢になすところを知らず、陸相の杉山元が辞表を提出、後任陸相を推薦しないといってきたので、翌昭和二十（一九四五）年四月五日、総辞職した。

小磯内閣になって日本の敗戦は避けようがなくなった。

七月二十一日、米軍グアム島上陸。九月十四日、雲南（中国）の日本軍全滅。翌十五日、米軍ペリリュー島・モロタイ島に上陸。同二十日、米軍レイテ島（フィリピン）上陸。同二十四日、レイテ沖海戦（日本連合艦隊は事実上消滅）。二十五日、海軍神風特攻隊がレイテ沖に初の出撃。十一月一日、マリアナ基地のB29が東京を初偵察。同二十四日、マリアナ基地のB29が東京初空襲。十二月十三日、米軍、ミンドロ島上陸。

十二月二十六日には啓介の長男・貞外茂がフィリピンで戦死している。啓介は迫水に「貞外茂が死んだよ」とぽつんと漏らしただけだった。迫水は啓介にかける言葉がなかった。啓介はこれで両親、姉と弟、夫人二人、子女三人、孫一人と、十回の葬式を出している。「これで俺には資産がありようがない」と啓介はのちに語っている。

翌昭和二十（一九四五）年二月十九日、米軍、硫黄島に上陸。三月九〜十日にかけてB29が東京大空襲。四月一日、米軍沖縄本島に上陸。小磯内閣総辞職はこの四日後である。

啓介は「こうなったら鈴木貫太郎に総理になってもらうしかない」と思い、重臣会議で鈴木を推薦した。平沼も鈴木を推したので鈴木に決まり、四月七日、大命は鈴木に降下した。鈴木は組閣のやり方も事務的なこともまったくわからないので、啓介は迫水を書記官長に出すことにした。

主な閣僚は東郷茂徳外相、阿南惟幾陸相、米内光政海相である。東郷を推薦したのは広田弘毅。東郷は鈴木に戦争をやめる決心が明らかにならない限り引き受けないと頑張っていたが、結局鈴木を信頼して承諾した。鈴木は戦局の見通しに確たるものを持っていないと啓介は見ていて、だからこそ東郷に期待するところ大だったのだが、東郷に入閣を勧める過程（啓介の意を受け、迫水が何度も東郷邸に足を運んでいる）で鈴木はすっかり東郷の終戦論に共鳴し、外交一切を任せると言明した。もう一人の阿南惟幾陸相は、かつて侍従武官として宮中にいたころ、侍従長だった鈴木貫太郎の人柄をよく知っており、これまた鈴木を信頼して入閣した。

四月十三日深夜から四月十四日早朝にかけての大空襲で、角筈の啓介の家も焼けた。大勢の人が死に（死者約二千五百人）、どこもかしこも避難民であふれかえっていた。

啓介は妹の登美穂、次男・貞寛の妻喜美子、そして女中の女性ばかり四人を連れて淀橋署の警察官の誘導で火の中をくぐり抜け、ようやく新宿御苑にたどり着いた。旧福井藩主の松平康昌侯が警察を通じて啓介の所在を突き止めて千駄ヶ谷の松平邸に来るよう誘ってくれ、啓介たちはいったん同邸に身を寄せた。しかしいつまでも厄介になるわけにもいかないので迫水があちこちに当たった結果、同郷（福井県鯖江市）の山崎栄二という人が世田谷の家を提供してくれたので、そこを借りることになった。

大本営発表（十四日）によれば、十三日夜から十四日早朝にかけて飛来したB29は約百七十機。爆弾・焼夷弾を混用、無差別攻撃した。同年三月十日に続く二度目の東京大空襲である。明治神宮の本殿・拝殿も焼けた。なお、この十四日の空襲では木戸幸一内大臣、迫水久常内閣書記官長の私邸も全焼した。

第二次近衛内閣が作った国民統制組織である大政翼賛会も同年六月十三日、解散して国民義勇隊に改組された。本土決戦に備え、空襲被害の復旧などに全国民を動員しようという組織である。要するに民兵だ。

「義勇隊は、その翼賛会を解消して、それに代わる組織として考えられたものだが、いったい義勇隊にどんな武器を持たせるつもりか、ひとつ見せてくれというんで、陸軍がいろいろなものを首相官邸に持ち込んできて陳列会を開いたが、これが大変な逆効果を生んだ。まず鉄砲、それが先込めのやつなんだ。鉄砲のつつの先から小さい袋に包んだ火薬を入れる。つぎに鉛か鉄の丸い棒を、あめみたいにぶつ切りにした一片を詰める。それをドンとやるという仕掛けだ。それから竹やり、さすまた、弓……その弓の説明には『射程距離おおむね三十メートル、的中率は中等射手において六割』と書いてあったんだそうだ。ほかに手榴弾といったものもあったようだが、閣僚一同は、この品々を見て、ただただ、あぜんとなった。こりゃいかん、もう絶対に戦争はやめなければならん、という気持が非常にはっきりしたらしい」

（『岡田啓介回顧録』）

御前会議

五月七日、ドイツ軍が無条件降伏。六月十八日、沖縄でひめゆり部隊の生徒が集団戦死。そして二十三日、日本軍の壊滅で沖縄戦は終了した（降伏調印は九月七日）。犠牲者は戦死十万九千人、一般住民約十万人。なんという犠牲だろうか。

陸軍はこの期に及んでも戦争継続を策し、六月八日の最高戦争指導会議では本土決戦の方針を決定した。無謀な本土決戦をやめさせ、日本に無条件降伏に同意させるため、この時期アメリカのＯＳＳ（戦略情報局。ＣＩＡの前身）では奇想天外な作戦を考えていた。皇居にパラシュートで降り、天皇に直接無条件降伏を訴えようというのだ。さすがにそれは難しかろうというので計画は何度か練り直され、次のようなものになった。

ＯＳＳの日系人要員を日本の信頼できる指導者のもとに送り込み、その指導者は天皇に会って面子を保って降伏することが可能となるような「無条件降伏」の条件を天皇に説明する――というもので、パラシュートもしくは潜水艦で日本に上陸して指導者のところに向かう計画だ。

その日本の指導者として真っ先に名前の挙がったのが岡田啓介で、ＯＳＳの資料には啓介を「海軍大将で重臣。二・二六事件で襲撃され、難を逃れた。軍国主義者ではなくインテリ」と書かれている。啓介以外では近衛文麿元首相、松平恒雄元宮内大臣、広田弘毅元首相などの名前もあったという（春名幹男著『秘密のファイル――ＣＩＡの対日工作』共同通信社）。アメリカ側の啓介への評価がわかって面白い。

この作戦は実行寸前で中止になった。日本がポツダム宣言の受諾を決めたからである。

そのポツダム宣言が発表されたのは七月二十六日。英米中三カ国の名前で発せられた、日本に対する無条件降伏を要求する共同宣言だ。

また八月六日には広島へ原爆が投下され、八日にソ連が参戦、そして九日に長崎に原爆が落とされるに及んで鈴木貫太郎首相は戦争終結の決意を固め、朝早くに参内、続いて官邸で閣議を開いた。さらに同日深夜には宮中の地下室で御前会議が開かれた。

参加したのは鈴木貫太郎総理を始め米内光政海軍大臣、阿南惟幾陸軍大臣、東郷茂徳外務大臣、梅津美治郎参謀総長、豊田副武軍令部総長、平沼騏一郎枢密院議長、それに陸海軍の軍務局長、迫水久常など。陸軍の抵抗でいくら議論を重ねても結論は出ず、鈴木総理は「まことに恐れ入りますが、陛下のご意見を伺いたい」と聖断を仰いだ。天皇は静かにこういった。

「私は、国内の事情と世界の現状を十分に考えて、これ以上戦争を継続するのは無理と考える。国体問題についていろいろ危惧もあるということであるが、先方の回答文は悪意をもってかかれたものであるとは思えないし、要は、国民全体の信念と覚悟だと思うから、この際、先方の回答をそのまま受理してよろしいと考える」

ポツダム宣言の受諾である。

自宅にいた啓介は心配でたまらなかった。本土決戦を唱えてまだ戦争を続けようとする者は大勢いる。終戦の時期はきているが、これをやり遂げるのは並大抵ではない。

「ひとり座敷にすわって、わたしは迫水からの知らせを待っていた。会議はどういう結論を出したのだろう、そう思って床にもはいらなかった。夜はだいぶ更けて、もう明け方に近く、表に自動車の音がして、迫水が玄関に現れた。ついに終戦に決まったという。逐一報告を聞いているうちにかつてないほど涙がとめどなく出てきた。陛下もおつらいことであっただろう。そのお心持をお察しするだけでも涙をせき止めることは出来ない。ありがたい御決断だった。これで国は救われる」

（『岡田啓介回顧録』）

啓介はさらに阿南惟幾のことにも言及しているので、紹介しておく。

「阿南は、決して主戦一方の男ではなかったんだ。その心のうちでは鈴木の終戦説にしたがっていたようにも思われるけれど、主戦論の強い陸軍を代表する大臣として陸軍を混乱に陥れずに終戦にもっていくため、心ならずも戦争継続を論じなければならない立場だったんだろう。心中また察してやりたかった」

八月十二日、日本の降伏条件に対する連合国側の回答が到着した。鈴木貫太郎総理は終日閣議を開いたが、陸軍が終戦の決定をひっくり返そうと必死になったので、いっこうにまとまらない。そこで十四日、お召しによる会議が宮中で開かれ、天皇がきっぱりポツダム宣言受諾を再度言明した。政府は同日午後十一時、スイスを通じて正式に受諾を回答した。戦争はようやく終わった。なんとしても東條内閣を倒すという啓介の執念がようやく実った。

八月十五日正午、借りている山崎栄二宅の座敷で、啓介は家族一同を集め、畳に両手をついて玉音放送を聞き、また落涙した。なお、玉音放送の草稿を書いたのは迫水久常である。

啓介死す

戦後、啓介は相変わらず質素な生活を続けた。いやむしろ戦後のほうが貧乏だったかもしれない。昭和二十一（一九四六）年十二月中旬、次男の貞寛がフィリピンのセブ島から帰還した。貞寛は飢えとマラリアに苦しめられながらアメリカ軍と戦っていたが、玉砕寸前に転進命令が出て、山中をさまよっている最中に終戦になり、捕虜としてアメリカ軍の収容所に入っていた。啓介は「貴様、よく帰ったなあ。まあ飲め」と貞寛にいっただけで、貞寛が捕虜になっていたことには一言も触れなかった。

そして翌昭和二十二年一月十五日、啓介八十歳（数え年）の誕生日に、宮中から「八十歳の高齢につき、とくに宮中杖差し許さる」という御沙汰書と金一封が届いた。宮中杖というのは「鳩杖」と呼ばれるもので、杖の握りが鳩の形になっている。八十歳以上の功臣に贈られるものだが、杖そのものが贈られるわけではない。宮中内で杖をついてよいというお許しなのだ。

しかし啓介には杖を作る費用がない。金一封は形ばかりのものだ。見かねた福井県人、旧海軍の提督たち、それに時の吉田茂総理大臣らがカンパして、握りに銀の鳩がついた杖を贈った。

昭和二十一（一九四六）年五月三日から始まった東京裁判（極東国際軍事裁判）で、啓介はしばしば証人として召喚され、証言を求められた。東京軍事法廷首席検事キーナンから「日本の代表的な平和主義者」だとして若槻礼次郎、米内光政とともに三井の三田倶楽部に招待されたのは昭和二十二年十月二十日である。

啓介は同年十一月二十八日にGHQ（連合軍総司令部）によって公職追放処分を受けている。

GHQは占領直後の昭和二十一年一月四日、「好ましくない人物の公職よりの除去に関する覚書」を出し、①戦争犯罪人②職業軍人③極端な国家主義団体などの有力分子④大政翼賛会・翼賛政治会・大日本政治会などの有力分子⑤日本の膨張に関係した金融機関ならびに開発機関の役員⑥占領地の行政長官など⑦その他の軍国主義者および極端な国家主義者の七項目に分類し、これに該当する者は中央・地方の官職、官庁と関係の深い特殊会社や団体などの役員、帝国議会議員とその候補者になることを禁じた。これが公職追放である。

啓介は最初、このリストには入っていなかった。しかし昭和二十二年一月以降に追放範囲が拡大されて最終的には総計二十万六千人に達し、啓介もその中に入れられた。啓介の公職追放解除は昭和二十七（一九五二）年三月四日である。

八十歳になり、宮中杖を差し許されたころから啓介は心臓発作を起こすようになった。狭心症だ。昭和二十七年一月には強い発作を起こし、このときはおよそ二カ月間の治療・静養で病状はいったん落ち着いた。しかし公職追放解除後あたりから動脈硬化が進み、十月十五日になって肺炎を併発した。ペニシリンやクロロマイセチンなど抗生物質の投与を続けたものの十七日に容態が急変、同日午後三時五十五分に死去した。

同年四月二十八日にサンフランシスコ講和条約が発効、GHQによる占領は終わり、GHQ自体も廃止された。啓介は日本の主権回復を見届け、八十四年九カ月の波乱に満ちた生涯を閉じた。

葬儀は十九日正午から築地本願寺で執り行われた。葬儀委員長は吉田茂。葬儀には天皇・皇后の名代の入江侍従、松尾伝蔵の長男・新一、野村吉三郎、豊田貞治郎元海軍大将、鈴木貫太郎未亡人など約二百人が参列した。祭壇には両陛下、高松宮からの榊も供えられた。戒名は「眞光院殿仁譽義岳啓道居士」。二・二六事件で死んだと思われたときにつけられた戒名がそのまま使われた。遺骸は荼毘に付され、東京府中市の多磨霊園に納められた。

のち高輪光輪閣で啓介の追悼会が催されたとき、ロンドン軍縮会議で啓介とともに奮闘した山梨勝之進大将はこう挨拶した。

「山本権兵衛の前に立つときは爛々と燃え立つ灼熱の太陽に向かった感じがする。加藤友三郎と相対するときは何ものをも隠せない明鏡の前に立った思いがする。斎藤実と語るときは美しきサロンで香り高いウイスキーの杯をくむ気持だ。岡田啓介と対するときは縁台に腰をかけ、冷奴に箸をつけながら、オイ、何か変わった話はないか、と燗徳利を傾ける気持だ」

また元官邸詰め記者（『帝国通信』、『東海通信』）だった百武功によれば、歴代の総理大臣中、啓介ほど首相官邸記者団に慕われた総理はないという。海軍大将時代から「四谷の大将」と呼ばれ、総理になってからも呼び方は変わらなかった。二・二六事件で啓介が辞めたあと、新聞記者たちの間で「四谷の大将を慰めよう」という話が持ち上がり、丸の内の常盤家で慰労会が開かれた。新聞記者が前総理を招待するというのは前代未聞で、大盛会だった。やがて会食となり、みんなでお茶漬けを食べた。啓介は「この味を忘れて何の日本精神か」と喜んだ。

百武記者は「東條は国を滅ぼす」と閣僚を説いて回ったため東條の怒りを買って懲罰召集を受け、出発の日の早朝六時、啓介の家に挨拶に行った。啓介は「武運長久を祈る」と揮毫《きごう》しながら「お前の階級は何だ」と聞くので、「輜重輸卒です」と答えたら「まだそんな階級があるのか。大将とお前とはどのくらい距離があるのか」と爆笑して別れたのが最後だった。啓介は「弾に当たるなよ」と送り出してくれた。百武は満州を転戦、シベリア抑留を経てようやく日本に戻り、すぐ啓介の家（世田谷の借家）に行ったが、啓介は病気で寝ていて会えなかったという。

貧乏で、酒を愛し、国を思い、そして二度死んだ男。

福井市駅前の東口広場にはその岡田啓介と松尾伝蔵の銅像が並んで建っている。（了）

あとがき

岡田啓介に関しては何冊かの伝記があるが、岡田という男を一言で言い表すのはなかなか難しいようで、海軍出身の直木賞作家・豊田穣などは「立派なフィクサー（善意の）」だと書いている。間違いではないのだろうが、ちょっと苦しい表現かもしれない。

フィクサーというとどうしても暗いイメージがつきまとうが、岡田啓介は明るい。ネアカのネゴシエーターというところか。それも稀代のネゴシエーター、調停人である。

彼の特徴は、とにかく精力的に動くことだ。しかも決して焦らない。実に気長で、また障害にひるむことがない。明るさといい、身軽に動くことといい、どこか海軍の大先輩・坂本龍馬に似ているような気がする。龍馬もまた交渉・説得の達人だった。もっとも、岡田本人は安政の大獄で刑死した福井藩士・橋本左内を尊敬していたが。

こうした岡田の粘り強く精力的な交渉力を育んだのは、雪国の福井出身だということもあるだろうが、むしろ水雷屋だということのほうが大きいかも知れない。岡田は水雷の専門家として叩き上げた人物で、海軍では「艇乗り」といったそうだが、岡田の若いときの艦上生活は主として水雷艇がもっぱらだった。海軍でもっとも過酷とされたのがこの「艇乗り」だ。

水雷艇というのは小さなボートに水雷を積んで敵艦に肉薄するのが任務で、自分の置かれた状況を的確に判断し、上下の区別なく全員が一体となって目標に迫らないと成果はあがらない。フンドシまでびしょ濡れになって凍え、それでも立ちっぱなしで動き回る。その訓練に明け暮れた経験が岡田の第二の天性となったのだろう。

もうひとつ、岡田啓介の大きな特質となっているのは大いなるコモンセンスの持ち主、すなわち軍人には珍しいほどの常識人であることだ。軍人には常識を欠く人間が少なくないが、啓介はきわめて健全な常識人で、それが冷静・的確な判断力を支えていた。たとえば岡田は日米開戦に強く反対した。彼我の国力差が大きく、常識に照らせばいずれ日本の敗北は自明だからだ。けだし豊かな常識は視野を広げ、思考力・判断力の根幹となるのだろう。岡田啓介の回顧録、さらにしばしば岡田のところに出入りしていた海軍少将・高木惣吉の日記などで岡田の発言内容を見ていると、ことさらその感が強い。

家族と過ごすときは穏やかな笑顔をたやさなかった

さらに記憶力の良さも尋常ではない。岡田は日記を付けていたが、ノートというものは持たなかった。細かい数字も、ちらっと見ただけで頭に入り、国会での論戦でも細かい数字を少しも間違わずに部下や周囲を驚かせた。一見、茫洋としているが、頭のよさは相当のものだ。

先に拙著『軍が警察に勝った日』で昭和八年に大阪で起きたゴー・ストップ事件を取り上げたが、

そのゴー・ストップ事件から今年は八十五年になる。この事件後の日本がどうなったのか、いかに戦争への歩みを強めて行ったのか、それを追うのが本書の狙いでもある。岡田啓介という人物を通して見た戦前史の読み物になればと願っている。その意味では前著の続編といえるかもしれない。

本書を書く上で、先達たちの仕事に教えられることが多かった。

また、いつもながら現代書館の菊地泰博社長、編集部の吉田秀登部長にはお世話になった。改めて感謝したい。

引用および参考文献

岡田啓介『岡田啓介回顧録』岡田貞寛編、中央公論新社
岡田啓介『東條政権と重臣達』サロン臨時増刊号（昭和二十四年十二月）
岡田貞寛『父と私の二・二六事件』光人社
福田耕『栄枯論ずるに足らず』丸井工文社
迫水久常『機関銃下の首相官邸』筑摩書房
岡田大将記録編纂会『岡田啓介』
上坂紀夫『宰相　岡田啓介の生涯』東京新聞出版局
豊田穣『最後の重臣　岡田啓介』光人社
仙石進『巨木は倒れた』近代文藝社
小坂慶助『特高　二・二六事件秘史』文藝春秋
青柳利之『首相官邸の血しぶき』ヒューマンドキュメント社
小倉倉一『幻の革命　二・二六事件』私家版
大谷敬二郎『昭和憲兵史』みすず書房
角田忠七郎『憲兵秘録』鱒書房
横溝光暉『昭和史片鱗』経済往来社
有竹修二『昭和の宰相』朝日新聞社
高田末吉『政界財界　躍進日本を操つる人々』丸之内出版社
実松譲『海軍大学教育』光人社

『福井県史　通史編』福井県編
『福井市史　通史編』福井市編
『福井藩士履歴』福井県文書館編
『我等の郷土と人物』福井県文化誌刊行会
『福井人物風土記』福井新聞社編
『さばえ人物ものがたり』鯖江市教育委員会文化課
『若越山脈　第三集』福井県企画部青少年課
川端太平『松平春嶽』吉川弘文館
高信峡水『母の力』厚生閣書店
『検察秘録　二・二六事件（匂坂資料）』角川書店
林茂編『二・二六事件秘録』小学館
松本清張『昭和史発掘』文藝春秋
テレビ東京編『証言・私の昭和史』文藝春秋
『二・二六事件と郷土兵』埼玉県県民部・県史編さん室
『目撃者が語る昭和史』新人物往来社
『日本の謎』東潮社
棋本捨三『日本のクーデター』徳間書店
高橋正衛『二・二六事件』中央公論社
有馬頼義『二・二六暗殺の目撃者』恒文社
室伏哲郎『日本のテロリスト』潮出版社
室伏哲郎『実録日本汚職史』筑摩書房
河野司編『二・二六事件　獄中手記・遺書』河出書房新社

植松三十里『雪つもりし朝　二・二六の人々』角川書店
茶園義男編著『図説　二・二六事件』日本図書センター
切通理作『本多猪四郎　無冠の巨匠』洋泉社
半藤一利『昭和史』平凡社
加藤陽子『戦争の日本近現代史』講談社
後藤基治『捕虜になった連合艦隊司令長官』毎日ワンズ
『太平洋戦争の肉声　第四巻』文春ムック
『文藝春秋』昭和四十四年九月号
『文藝春秋』昭和三十九年九月号
『東條英機暗殺計画と終戦工作』別冊歴史読本第17号
今井清一、高橋正衛『現代史資料4　国家主義運動1』みすず書房
高橋正衛『現代史資料23　国家主義運動3』みすず書房
トーマス・コッフィ『日本帝国の悲劇』佐藤剛・木下秀夫訳、時事通信社
ジョセフ・C・グルー『滞日十年』石川欽一訳、筑摩書房
『海軍水雷史』海軍水雷史刊行会
『井上成美』井上成美伝記刊行会
新名丈夫『沈黙の提督　井上成美　真実を語る』新人物往来社
早稲田大学社会科学研究会　プレ・ファシズム研究部会編『日本のファシズムI――形成期の研究――』早稲田大学出版部
青木得三『太平洋戦争前史』世界平和建設協会
原田敬一『日清・日露戦争』岩波書店
櫻井良樹『華北駐屯日本軍』岩波書店

原田熊雄（述）『西園寺公と政局』岩波書店
寺崎英成、マリコ・テラサキ・ミラー編『昭和天皇独白録』文藝春秋
宮内庁編『昭和天皇実録』東京書籍
黒田勝弘・畑好秀編『昭和天皇語録』講談社
大江志乃夫『御前会議』中公新書
参謀本部編『杉山メモ』原書房
池井優・波田野勝・黒沢文貴編『浜口雄幸　日記・随感録』みすず書房
若槻礼次郎『古風庵回顧録』読売新聞社
『加藤寛治大将伝』加藤寛治大将伝記編纂会
緒方竹虎『一軍人の生涯』文藝春秋新社
幣原喜重郎『外交五十年』中公文庫
高木惣吉写・実松譲編『海軍大将米内光政覚書』光人社
高木惣吉『高木惣吉日記』毎日新聞社
東郷茂徳『東郷茂徳手記　時代の一面』原書房
内田信也『風雪五十年』実業之日本社
清沢洌『不安世界の大通り』千倉書房
東久邇稔彦『東久邇日記』徳間書店
赤松貞雄『東條秘書官機密日誌』文藝春秋
森山康平『東条英機内閣の１０００日』ＰＨＰ研究所
春名幹男『秘密のファイル——ＣＩＡの対日工作』共同通信
伊藤隆『昭和初期政治史研究』東京大学出版会
秦郁彦『軍ファシズム運動史』河出書房新社

関静雄『ロンドン海軍条約成立史』ミネルヴァ書房
『明治・大正・昭和　歴史資料全集　災害篇』有恒社
『政治記者の目と耳』政治記者ＯＢ会
『国史大辞典』吉川弘文館

岡田啓介年表（カッコ内は内外の情勢）

年号	年齢	出来事
明治元年（一八六八）年		★一月二十一日　福井藩士岡田喜藤太・同波留の長男として出生。（七月十七日　江戸を東京と改む／九月八日　明治と改元）
明治二（一八六九）年	二歳	（六月十七日　版籍奉還／九月十八日　海軍操練所を築地に開設）
明治三（一八七〇）年	三歳	（十一月四日　海軍操練所を海軍兵学寮と改称）
明治四（一八七一）年	四歳	（八月十八日　東京・大阪に鎮台を設置）
明治五（一八七二）年	五歳	（十一月九日　太陽暦を採用／十一月二十八日　徴兵令公布）
明治六（一八七三）年	六歳	（九月十三日　岩倉具視欧米使節団帰国／十月二十四日　征韓論敗れ、西郷隆盛参議兼近衛都督を罷免／十二月九日　皇族の男子はすべて陸海軍軍人となることに）
明治七（一八七四）年	七歳	★この春、桜の馬場内の藩校で習字を習う。五月　旭小学校開校とともに同校に入る。十一月　弟・喜又生まれる（二月一日　江藤新平の佐賀の乱）
明治八（一八七五）年	八歳	（四月二十五日　参議兼海軍卿の勝海舟辞任）
明治九（一八七六）年	九歳	（十月二十四日　熊本に神風連の乱／十月二十七日　福岡に秋月の乱／十月二十八日　山口に萩の乱）
明治十（一八七七）年	十歳	★三月　妹の稔穂生まれる（二月十五日　西南の役起こる／九月二十四日　西郷隆盛自刃）
明治十一（一八七八）年	十一歳	（五月十四日　大久保利通、紀尾井坂で暗殺さる）
明治十二（一八七九）年	十二歳	★この年、英語、数学補習のため日置塾に入る

年号	年齢	出来事
明治十三（一八八〇）年	十三歳	★五月　明新中学校に入学
明治十四（一八八一）年	十四歳	（八月一日　北海道開拓史官有物払い下げ認可）
明治十五（一八八二）年	十五歳	★明新中学校、県立福井中学校となる（七月二十三日　朝鮮京城事変）
明治十六（一八八三）年	十六歳	
明治十七（一八八四）年	十七歳	★九月　福井中学校卒業（七月七日　華族令制定）
明治十八（一八八五）年	十八歳	★一月　上京。神田共立学校入学。さらに本郷・有斐学校でドイツ語を学び、小川町の私塾で英語も学ぶ。十月　海軍兵学校受験。十二月一日　海軍兵学校入学（十二月四日　伊藤博文、日本最初の総理大臣に）
明治十九（一八八六）年	十九歳	（八月十三日　清国の軍艦、鎮遠・定遠など長崎に入港／英船ノルマントン号、紀州沖で沈没）
明治二十（一八八七）年	二十歳	★二月　妹・登美穂誕生（十二月六日　長浦に海軍水雷学校設置）
明治二十一（一八八八）年	二十一歳	（黒田清隆、総理大臣に／七月十四日　海軍大学校官制公布／八月一日　海軍兵学校、江田島に移転）
明治二十二（一八八九）年	二十二歳	★四月二十日　海軍兵学校卒業。海軍少尉候補生となり、実地練習のため軍艦・金剛乗り組みを命じられる。★八月十四日　ハワイ方面に遠洋航海出発（二月一日　文部大臣・森有礼、刺されて翌日死亡／十月十八日　大隈重信、爆弾を投げつけられ右足に重傷を負う）

明治二十三（一八九〇）年	二十三歳	★二月二十二日　遠洋航海より帰る。三月十四日　「浪速」乗り組みとなる。七月九日　海軍少尉に任ぜられ「浪速」分隊士に（七月一日　第一回衆議院議員総選挙／九月十六日　紀州沖でエルトゥールル号沈没／十一月二十五日　第一回帝国議会召集）
明治二十四（一八九一）年	二十四歳	★八月二十八日　「浪速」航海士に。八月二十二日　隣邦諸港に航海、同二十九日、舞鶴に帰着。（五月六日　松方正義総理大臣に／五月十一日　大津事件が起こりロシア皇太子・ニコライ二世が負傷）
明治二十五（一八九二）年	二十五歳	★五月二十三日　水雷術訓練のため「迅鯨」乗り組みとなる。十二月二十一日　海軍大学校丙号学生に
明治二十六（一八九三）年	二十六歳	★十二月十九日　海軍大学校丙号学生課程卒業。学術優等につき双眼鏡下賜。同日「厳島」分隊士に（一月十七日　ハワイに革命が起きる）
明治二十七（一八九四）年	二十七歳	★三月一日　横須賀鎮守府海兵団分隊長心得。六月八日　「浪速」分隊長。十月五日　「高千穂」分隊長心得。十二月九日　任海軍大尉。「高千穂」分隊長に。（七月二十五日　豊島沖の海戦　八月一日　日本、清国に対し宣戦布告／九月十七日　黄海の大海戦）
明治二十八（一八九五）年	二十八歳	★二月二十日　「対馬」水雷隊施設部分隊長。（一月三十日　連合艦隊、威海衛への総攻撃／四月十七日　日清講和条約調印）
明治二十九（一八九六）年	二十九歳	★四月一日　補佐世保水雷団。長崎水雷施設分隊長。十二月二十六日　補「比叡」分隊長。
明治三十（一八九七）年	三十歳	★四月十三日　兵学校生徒実地訓練のため米国、ハワイ等へ航海。十月二十六日　兼補「比叡」航海長。十一月五日　補「富士」分隊長（十一月十四日　宣教師殺害事件でドイツ艦隊が膠州湾を占領）

年号	年齢	出来事
明治三十一（一八九八）年	三十一歳	★四月二十九日　海軍大学校将校科乙種学生に。十二月十九日　海軍大学校水雷術専科教程修業。学術優等で銀側時計下賜される。同日、水雷術練習所教官に。
明治三十二（一八九九）年	三十二歳	★三月二十二日　海軍大学校将校科甲種学生仰せつかる。九月二十九日　任海軍少佐。（五月十八日　清国、山東省に義和団の乱起こる）
明治三十三（一九〇〇）年	三十三歳	★六月二十日　北清事変のため海軍大学校甲種学生被免。九月一日　補「敷島」水雷長兼分隊長。十二月六日　海軍大学校甲種学生仰せつかる。（六月十五日　北清事変に出兵を決定）
明治三十四（一九〇一）年	三十四歳	★五月二十四日　海軍大学校甲種教程卒業　五月二十五日　川住英（ふさ）と結婚。六月七日　補海軍軍令部第三局員兼海軍大学校教官。
明治三十五（一九〇二）年	三十五歳	★三月四日　常備艦隊特命検閲使に。
明治三十六（一九〇三）年	三十六歳	★七月七日　「千歳」副長に。十月五日　「千歳」副長心得被免、右胸膜炎のため療養。
明治三十七（一九〇四）年	三十七歳	★二月八日　長女・田鶴子生まれる。三月七日　佐世保鎮守府仰せ付けらる。三月八日　補佐世保捕獲審検所評定官。四月二十一日　補「八重山」副長。七月十三日　任海軍中佐。（二月八日　日露国交断絶／二月十日　対露宣戦布告／三月二十七日　広瀬武夫、旅順口閉塞作戦中戦死）
明治三十八（一九〇五）年	三十八歳	★一月十二日　補「千歳」副長。四月五日　補「春日」副長。十二月二十日　補「朝日」副長。（一月一日　旅順陥落／五月二十七日　日本海海戦で勝利／九月五日　日露講和条約成立。同日、日比谷公園焼き打ち事件）

明治三十九（一九〇六）年	三十九歳	★五月十日　補海軍水雷術練習所教官兼海軍大学校教官。（十一月二十六日　南満州鉄道株式会社設立）
明治四十（一九〇七）年	四十歳	（二月七日　足尾銅山で暴動）
明治四十一（一九〇八）年	四十一歳	★三月四日　長男・貞外茂誕生。九月二十五日　任海軍大佐。同日、補海軍水雷学校長。
明治四十二（一九〇九）年	四十二歳	（十月二十六日　伊藤博文、ハルビンで狙撃され即死／十一月十一日　米、ハワイ真珠湾を海軍根拠地に指定）
明治四十三（一九一〇）年	四十三歳	★二月二十四日　次女・万亀（まき）誕生。七月二十五日　補「春日」艦長。十二月二十日　妻・英死去。（六月一日　大逆事件で幸徳秋水逮捕）
明治四十四（一九一一）年	四十四歳	★一月四日　横須賀鎮守府付仰せつかる。一月十六日　補海軍省人事局局員。二月一日　父・喜藤太死去（一月十八日　大逆事件で幸徳秋水以下二十四名死刑／十月十日　中国で辛亥革命起きる／十二月五日　南京に革命政府樹立）
明治四五・大正一（一九一二）年	四十五歳	★三月十三日　結婚願認許、迫水郁と結婚。十二月一日　補「鹿島」艦長。（一月一日　清国、中華民国と改める／九月十三日　明治天皇崩御、陸軍大将乃木希典と妻・静子殉死）
大正二（一九一三）年	四十六歳	★十二月一日　任海軍少将。同日、補佐世保海軍工廠造兵部長（八月八日　孫文、日本に亡命／十月十日　袁世凱、大総統に就任）
大正三（一九一四）年	四十七歳	★八月十八日　補第二艦隊司令官。八月三十日　三女・喜美子誕生。十二月一日　補第一水雷戦隊司令官（一月　シーメンス事件発覚／六月二十八日　オーストリア大公夫妻サラエボで暗殺／七月二十八日　オーストリア、セルビアに宣戦布告し第一次世界大戦開始／八月二十三日　日本、ドイツに宣戦布告）

年号	年齢	出来事
大正四（一九一五）年	四十八歳	★四月一日　補第三水雷戦隊司令官。十月一日　補海軍技術本部第二部長兼第三部長。十二月十三日　補海軍省人事局長。
大正五（一九一六）年	四十九歳	（六月六日　袁世凱没）
大正六（一九一七）年	五十歳	★一月十五日　次男・貞寛誕生。十二月一日　任海軍中将。補佐世保海軍工廠長。（三月十五日　ロシアのロマノフ王朝滅亡／十一月七日　ソビエト政権成立）
大正七（一九一八）年	五十一歳	★九月十日　長女・田鶴子死去。十月十八日　補海軍艦政局長。（八月十二日　チェコ軍救出を名目にシベリア出兵／十一月十一日　連合軍、独と休戦条約調印）
大正八（一九一九）年	五十二歳	（一月十八日　パリ平和会議開催）
大正九（一九二〇）年	五十三歳	★十月一日　補海軍艦政本部長兼海軍将官会議会員（二月十二日　尼港事件起こる／二月十五日　独、ナチス党結成。ヒトラーが党首に）
大正十（一九二一）年	五十四歳	（八月十七日　ワシントン軍縮会議の海軍代表に加藤寛治／十月十五日　ワシントン軍縮会議に加藤友三郎、徳川家達全権一行出発／十一月四日　原敬首相、東京駅で暗殺さる／十一月十二日　ワシントン軍縮会議開会）
大正十一（一九二二）年	五十五歳	★一月十六日　四女・不二子誕生。一月二十五日　海軍次官・井出謙治病気引入れ中、高橋是清内閣の海軍次官代理を命ぜらる。（二月六日　ワシントン海軍軍備制限条約成立。八月八艦隊の建造中止／政府、シベリアからの撤退を声明／十二月三十日　ソビエト社会主義共和国連邦成立）

大正十二(一九二三)年	五十六歳	★五月二十五日　任海軍次官。十二月三日　四女・不二子死去。(六月五日　日本共産党第一次検挙／八月二十三日　首相・加藤友三郎死去／九月一日　関東大震災／九月二十日　大杉栄等が憲兵に殺される)
大正十三(一九二四)年	五十七歳	★六月十一日　任海軍大将。十二月一日　補第一艦隊司令長官兼連合艦隊司令長官。
大正一四(一九二五)年	五十八歳	(四月二十二日　治安維持法公布)
大正十五・昭和一(一九二六)年	五十九歳	★十二月十日　補横須賀鎮守府司令長官。同日、海軍将官会議議員兼補(十二月二十五日　大正天皇崩御)
昭和二(一九二七)年	六十歳	★四月二十日　任海軍大臣(田中義一内閣)。(三月十四日　片岡直温蔵相が渡辺銀行破綻を言明、金融恐慌起こる／四月十八日　蒋介石、南京政府樹立／五月二十八日　山東出兵決定／八月二十四日　島根県美保関沖で駆逐艦「蕨」が「神通」と衝突、一一六名殉職)
昭和三(一九二八)年	六十一歳	★十一月三日　妻・郁死去(三月十五日　第一次日本共産党大検挙／四月十九日　第二次山東出兵決定／済南で日華両軍交戦／五月八日　第三次山東出兵／六月四日　張作霖の乗った列車爆破事件起きる)
昭和四(一九二九)年	六十二歳	★七月二日　軍事参議官に。十二月一日　議定官に兼補。(一月二十二日　鈴木貫太郎大将を侍従長に、加藤寛治大将を軍令部長に任命／十月十八日　若槻礼次郎・財部彪・松平恒雄をロンドン海軍軍縮会議全権委員に任命)
昭和五(一九三〇)年	六十三歳	★六月二十日　特命検閲使仰せ付けらる。(一月十一日　金輸出解禁／四月一日　軍縮回訓案閣議決定、直ちに訓電／四月二日　加藤寛治軍令部長が帷幄上奏／四月二十五日　ロンドン条約をめぐり統帥権干犯問題起きる／六月十四日　軍令部長更迭／十月二日　ロンドン条約批准／財部海軍大臣更迭／十一月一四日　浜口雄幸首相、佐郷屋留雄に狙撃さる)

年号	年齢	出来事
昭和六(一九三一)年	六十四歳	★一月十二日　母・波留死去。(一月一日　ロンドン海軍条約公布／三月　軍部、クーデターによる宇垣内閣樹立を計画するも未遂＝三月事件／九月十八日　柳条溝事件起きる＝満州事変)
昭和七(一九三二)年	六十五歳	★五月二十六日　任海軍大臣(斎藤実内閣)。(一月二十八日　上海事変／二月九日　前蔵相・井上準之助暗殺さる＝血盟団事件／二月二十九日　リットン調査団来朝／三月一日　満州国建国宣言／三月五日　三井の団琢磨、血盟団員に暗殺さる／五月十五日　犬養毅首相射殺／十月二日　国際連盟、リットン報告書を公表)
昭和八(一九三三)年	六十六歳	★一月九日　海相辞任。後任は大角岑生。(一月三十日　ドイツでヒトラー内閣成立／三月二十七日　日本、国際連盟脱退を通告／六月十七日　大阪でゴー・ストップ事件が起き、軍と警察が対立／十月十四日　ドイツ、軍縮会議及び国際連盟を脱退)
昭和九(一九三四)年	六十七歳	★七月四日　岡田啓介に大命降下。七月八日　任内閣総理大臣兼拓務大臣。十月二十五日　兼官を免ぜられる。(七月八日　政友会、床次・内田・山崎の三入閣者を除名／七月二十日　政府、十大政綱発表／八月十九日　ヒトラー、ドイツ総統に／九月十四日　政府、在満機構改革案承認／十一月二日　陸軍青年将校の「士官学校事件」明るみに／十一月二十七日　藤井蔵相病気辞職、後任に高橋是清／十二月三日　閣議でワシントン条約廃棄を決定)

昭和十(一九三五)年	六十八歳	★九月九日　逓相・床次竹二郎の死去に伴い、望月圭介逓信大臣。(二月二十五日　美濃部達吉、貴族院で天皇機関説について質問に反駁。これより天皇機関説問題化/三月二十九日　陸海軍大臣、閣議で天皇機関説排撃を要求/七月十六日　真崎甚三郎教育総監罷免、後任は渡辺錠太郎/八月三日　政府、国体明徴声明発表/八月十二日　陸軍軍務局長・永田鉄山、相沢三郎中佐に斬殺さる/九月四日　林銑十郎陸相辞任、翌日後任に川島義之任命/九月十二日　美濃部達吉、貴族院議員を辞任/十月十五日　政府、国体明徴に関し再声明)
昭和十一(一九三六)年	六十九歳	★二月二十六日　二・二六事件。三月九日　願いにより本官を免じられる(一月二十一日　衆議院解散/二月二十日　第一九回衆議院総選挙/二月二十六日　後藤内相、首相臨時代理/二月二十七日　東京に戒厳令。岡田内閣総辞職/三月九日　広田弘毅内閣成立/五月十八日　軍部大臣現役制復活/七月十二日　二・二六事件関係将校の死刑執行/十一月二十五日　日独防共協定調印)
昭和十二(一九三七)年	七十歳	★四月二十九日　特に前官の礼遇を賜う。(七月七日　盧溝橋事件勃発、日華事変の発端となる/九月十三日　中国の国民政府、国際連盟に日華事変を提訴/十一月六日　イタリア、日独防共協定に参加/十二月十三日　日本軍、南京を占領)
昭和十三(一九三八)年	七十一歳	★一月二十一日　退役。(一月十一日　御前会議で対支最高方針決定/一月十六日　近衛文磨政府、国民政府を相手にせずと声明/三月二十四日　国家総動員法成立/十月二十七日　日本軍、武漢三鎮を占領)

年号	年齢	出来事
昭和十四(一九三九)年	七十二歳	(五月十一日　満州と外蒙古の国境・ノモンハンで日ソ両軍衝突／八月二十一日　独ソ不可侵条約締結／八月二十八日　欧州情勢は複雑怪奇との声明を残して平沼騏一郎内閣総辞職／九月一日　ドイツ軍、ポーランドに侵攻／九月三日　英仏、対独宣戦布告。第二次世界大戦勃発／九月十三日　ノモンハン停戦協定成立)
昭和十五(一九四〇)年	七十三歳	(二月二日　衆議院で斎藤隆夫が反軍演説。三月七日に議員除名／六月十六日　フランス、ドイツに降伏／七月二十七日　大本営政府連絡会議、武力行使を含む南進政策を決定／九月二十三日　日本軍、北部仏印へ進駐／九月二十七日　日独伊三国同盟調印／十月十二日　大政翼賛会発会式)
昭和十六(一九四一)年	七十四歳	(一月八日　東條英機陸相、戦陣訓を下達／六月二十二日　独ソ戦開始／七月二日　御前会議で「帝国国策要綱」発表、対ソ戦争準備とともに対英米戦争も辞さずと決定／七月二十八日　日本軍、南部仏印に進駐／八月一日　アメリカ、日本への石油輸出を全面禁輸／十月十八日　東條英機内閣成立／十二月一日　御前会議で対米英蘭開戦を決定／十二月八日　日本軍、真珠湾を攻撃、対米英宣戦布告／十二月八日　ヒトラー、モスクワ攻撃放棄指令)
昭和十七(一九四二)年	七十五歳	(六月五日　ミッドウェー海戦／八月七日　米軍、ガダルカナル島上陸)
昭和十八(一九四三)年	七十六歳	(二月一日　ガダルカナル島からの撤退開始／四月十八日　連合艦隊司令長官・山本五十六戦死／十月二十一日　中野正剛、倒閣運動容疑で逮捕、十月二十六日自決)

昭和十九（一九四四）年	七十七歳	★十二月二十九日　長男・貞外茂（大本営海軍参謀・海軍中佐）がフィリピンで戦死（一月七日　大本営、インパール作戦認可／二月二十一日　東條陸相が参謀総長を、嶋田海相が軍令部総長を兼任／七月四日　大本営、インパール作戦中止命令／七月七日　サイパン島守備隊全滅／七月十八日　東條内閣総辞職／八月四日　閣議で国民総武装決定。竹槍訓練などが始まる／十月二十四日　レイテ沖海戦で敗北、連合艦隊は事実上消滅）
昭和二十（一九四五）年	七十八歳	（二月十九日　米軍、硫黄島に上陸／三月九～十日　東京大空襲／四月一日　米軍、沖縄本島に上陸／四月七日　鈴木貫太郎内閣成立／五月七日　ドイツ軍が無条件降伏／七月二十六日　対日ポツダム宣言発表／八月六日　広島に原爆投下／八月八日　ソ連、対日宣戦布告／八月九日　長崎に原爆投下／八月十四日　ポツダム宣言受諾回答／八月十五日　天皇、終戦の詔書放送）
昭和二十一（一九四六）年	七十九歳	（一月一日　天皇人間宣言／一月四日　ＧＨＱ、軍国主義者の公職追放を指令／五月三日　極東国際軍事裁判開廷）
昭和二十二（一九四七）年	八十歳	★一月十五日　八〇歳の高齢につき特に宮中杖を許される／十一月二十八日　公職追放仮指定者に（解除は昭和二十七年三月四日）
昭和二十三（一九四八）年	八十一歳	（十一月十二日　極東国際軍事裁判所、戦犯二五被告に有罪判決／十二月二十三日　東條英機ら七名の絞首刑執行）
昭和二十四（一九四九）年	八十二歳	七月五日　下山事件／七月十五日　三鷹事件／八月十七日　松川事件／八月二十六日　シャウプ税制勧告
昭和二十五（一九五〇）年	八十三歳	★『岡田啓介回顧録』談話筆録出版／六月二十五日　朝鮮戦争勃発
昭和二十六（一九五一）年	八十四歳	九月八日　対日平和条約・日米安全保障条約調印
昭和二十七（一九五二）年	八十五歳	★十月十七日　岡田啓介死去。墓地は多磨霊園。

（年表の年齢は満年ではなく数え年）

山田邦紀（やまだ　くにき）

一九四五年、福井県敦賀市生まれ。早稲田大学文学部仏文科卒業。夕刊紙『日刊ゲンダイ』編集部記者として三十年間にわたって活動、現在はフリー。編著書に『明治時代の人生相談』（幻冬舎）他。共著書に『東の太陽、西の新月——日本・トルコ友好秘話「エルトゥールル号」事件』、『明治の快男児トルコへ跳ぶ——山田寅次郎伝』、著書に『ポーランド孤児・「桜咲く国」がつないだ765人の命』『軍が警察に勝った日——昭和八年　ゴー・ストップ事件』（いずれも現代書館）がある。

岡田啓介《おかだけいすけ》

——開戦に抗し、終戦を実現させた海軍大将のリアリズム

二〇一八年七月二十五日　第一版第一刷発行

著　者　山田邦紀
発行者　菊地泰博
発行所　株式会社現代書館
東京都千代田区飯田橋三—二—五
郵便番号　102-0072
電　話　03（3221）1321
ＦＡＸ　03（3262）5906
振　替　00120-3-83725

組　版　プロ・アート
印刷所　平河工業社（本文）
東光印刷所（カバー）
製本所　積信堂
装　幀　奥冨佳津枝
地図製作　曽根田栄夫

校正協力・沖山里枝子

 ISBN978-4-7684-5836-5